本辑焦点：中庸心理研究—I (Psychological Studies of Zhongyong-I)

中国
社会心理学
评论

第七辑

Chinese Social Psychological Review

(Vol.7)

○ 杨宜音 / 主编
杨中芳 韦庆旺 / 本辑特约主编

社会科学文献出版社 SOCIAL SCIENCES ACADEMIC PRESS (CHINA)

中国社会心理学评论
编辑委员会

主编简介

杨宜音　博士，中国社会科学院社会学研究所社会心理学研究中心主任、研究员、博士生导师，中国社会心理学会理事长，《中国社会心理学评论》主编。主要研究领域为社会心理学，包括人际关系、群己关系与群际关系、社会心态、价值观及其变迁等。在学术刊物上发表论文六十余篇。代表作有：《自己人：一项有关中国人关系分类的个案研究》〔（台北）《本土心理学研究》2001 年总第 13 期〕、《个体与宏观社会的心理联系：社会心态概念的界定》（《社会学研究》2006 年第 4 期）、《关系化与类别化：中国人我们概念形成的社会心理机制》（《中国社会科学》2008 年第 4 期）。

本辑特约主编简介

杨中芳 中国社会科学院社会学研究所社会心理研究中心客座研究员。1966 年毕业于台湾大学心理学系，1972 年获美国芝加哥大学心理学系社会心理学专业哲学博士学位，其后分别在耶鲁大学和不列颠哥伦比亚大学（University of British Columbia）进行博士后研究工作。杨中芳教授先后任教于西雅图华盛顿大学、洛杉矶南加州大学、香港中文大学、台湾中正大学和阳明大学以及香港大学，2002～2006 年，任广州中山大学心理学系系主任。杨中芳教授多年来一直从事社会心理学研究工作，尤其致力于研究中国人的自我及人际关系。已出版的代表性著作有《如何研究中国人》、《如何理解中国人》以及《中国人的人际关系、情感及信任》等，发表论文数十篇。近年来，她潜心研究中国传统文化的核心部分（即"中庸"的思想）对中国人心理与行为的影响。

韦庆旺 中国人民大学心理学系讲师。2008 年于浙江大学心理学系获得博士学位，2008～2010 年在中国人民大学社会学博士后流动站从事研究工作。主要研究领域：本土与文化心理、权力与社会等级心理、存在幸福感。曾主持（或参与）博士后基金项目、国家自然科学基金项目、国家社会科学基金项目等多项课题。在《公共人事管理》（*Public Personnel Management*）、《亚洲社会心理学报》（*Asian Journal of Social Psychology*）以及《心理学报》、《心理科学》等学术期刊上发表多篇论文。

目　录

CONTENTS

Table of Contents

中庸社会心理学研究的构念化：
兼本辑导读[***]

杨中芳

中国社会科学院社会学研究所社会心理学研究中心

摘　要：传统思维到底在现代人生活中还起不起作用，以及起着什么样的作用，一直是有心采用本土研究进路做研究的学者及一般民众所关心的问题。笔者认为，现代社会心理学的实证研究思路及方法有助于探讨这一问题。笔者及研究团队将传统文化中的"中庸"概念，用现代心理学的研究程序予以构念化、操作化，然后通过实证方法，来探看"中庸"作为一套思维体系，是否仍在现代中国人的做人处世中占有一席之地，以及它通过什么样的机制及程序来影响人们的生活。这一课题的研究可被视为传统文化与社会科学相结合的一个实例，也是采用本土进路做社会心理学研究的一次尝试。本文先简述了笔者对"中庸"所做的社会心理学构念化、理论构思及研究路线图；之后，笔者依研究路线图，将本辑的论文串联起来，为读者导读。

关键词：中庸思维　中庸实践思维体系　社会心理学研究的构念化　心理健康

---

* 本文部分内容曾在《中国人民大学学报》上刊载（2009 年第 3 期，第 53～60 页），题目为《传统文化与社会科学结合之实例：中庸的社会心理学研究》。

** 笔者用"社会心理学"构念化，而非"心理学"构念化，是因为在中庸的世界观里，个体与其他万物在一个动态平衡的宇宙里彼此消长，他或她与周围环境有"牵一发而动全身"的关系。因此，个体的行动抉择必须考虑到对其所处之局部环境（包括他人）的影响。为此，研究中庸心理学，其实是研究中庸社会心理学。

一 引言

笼统地说，传统文化是指过去代代相传的东西，而社会心理学的研究对象主要是现代人在生活中所呈现的心理及行为现象。两者的结合需要研究者做出一些价值判断及选择，接受以下看法：传统文化以某一种形式，以及某一项内容，代代相传，至今仍被保留及作用于人们的生活之中。"中庸"社会心理学研究的团队①选择以"思维体系"的形式，及"执两用中"这一内容作为探讨传统文化是否还在现代人生活中起作用及起什么作用的切入点。

（一）为什么选思维体系？

由于篇幅的限制，笔者无法将选择以思维体系的形式来研究"中庸"的理据详加说明，有兴趣的读者可参阅笔者的其他相关著作（杨中芳，2001，2008；杨中芳、赵志裕，1997）。在此仅指出，在本文中，"思维体系"是指人们用以理解及解释现象与问题的一套架构。相较于文化内容，它是可以脱离其生活处境，被独立出来加以研究的。也就是说，它可以被用来理解及解释在不同的时空情境下出现的现象与问题。为此，也就有代代相传的可能性，并成为研究者可以将"中庸"这样一个古老的文化概念，付诸现代社会心理学研究的一个理据。

（二）为什么选"中庸"？

至于为什么选择"中庸"作为传统文化的代表"内容"，则涉及笔者的价值判断：①"中"的概念融合了中国古代各文化学派的思想精髓；②影响中国文化至深的儒、释、道三家都以"中"为至道，尽管对"中"的理解及领悟各不相同；③笔者致力于本土社会心理学研究多年，在观察现实社会中所发生的各种现象，以及聆听人们对这些现象的理解及解释时，发现"中庸"似乎是人们用以做人处世及解决问题的基本及普遍原则；④仔细了解这一"中庸之道"的内涵，发现它事实上是一套思维体系，与西方社会心理学研究所内含的思维体系大相径庭，因此值得深

---

① 这里说的研究团队，只是指一个松散的群体，包括目前参与"中庸"相关研究的各方学者。从2006年开始，由笔者、台湾大学的林以正及台北科技大学的黄金兰牵头，带领一批有兴趣的同事及同学不定期举办"中庸心理学研讨会"，到各大学做专题演讲，或在相关心理学年会上举办"中庸"专题研讨会及工作坊，进行交流及对外宣传。

入研究，以便将来有和主流（西方）社会心理学进行对话及互补的可能性。

二　本土概念的构念化

（一）　什么是构念化？

研究的构念化是指，研究者针对一个被研究群体（如"中国人"）心中所普遍存有及运用的心理概念（在这里是指"中庸"），将之转换为可以付诸实证检验之研究构念的过程。在这一构念化的过程中，研究者所建立的"构念"，有别于人们心目中的一般"概念"或"观念"，因为它们是研究者为做研究而"构想"出来，用以精简地捕捉该被研究群体的想法，并易于实证操作的念头。构念化的成品通常包括对一组构念的描述及定义以及对这组构念之间关联的构想。研究反映了研究者的理论构想，也提供了实证检验的方向及依据。实证研究的目的是去检验这一研究者所构建的蓝图与现实生活所反映的世界是否吻合。

值得一提的是，构念并非一成不变，随着研究者实证检验工作的进行，研究者会对原有的构念做某种程度的修订，甚至不排除放弃它的可能。这是因为构念化的目的是去寻找研究构念在现代人心中的存有及运作，如果研究者所界定的构念与现实生活之表象找不到任何关联，研究者应勇于放弃，"另起炉灶"。在大多数情况下，研究的构念会随着实证研究的进行，被不断地修订，令其内涵变得更清晰及易操作，从而更容易得到明确的被"支持"或"否定"的检验结果。

（二）　对本土概念进行构念化

在各地以中国人做被研究群体的心理学研究中，多半是延续西方主流理论思路，所以构念化的过程及结果都被一笔带过，而将主要力量放在如何验证西方理论及探看中国人与西方人的结果有什么差异上（跨文化研究）。在验证西方理论方面，则以认知心理学为主，不觉得文化会对人的基本认知心理历程有什么影响，因为他们以为自己研究的是人类的基本心理历程；在探看中国人与西方人之差异方面，以社会心理学为主，通常以结果（如果找到差异的话）来做"研究后的解释"，去寻找差异背后的文化基础。事先往往没有去调研这些差异是不是理解自身文化的关键概念，更遑论以本土观察，找出这些关键文化概念，再去建构理论，并依据其做实证检验。

随着社会认知心理学把认知及社会心理学结合在一起，心理学工作者不能再忽视文化对自己研究的重要性。而且，世界各地本土心理学的兴起，也使有些生活于非西方文化中的学者不再满足于借用西方主流文化发展出来的理论架构来做自己的研究，开始注意到，如果认真地针对自身文化进行本土探讨，有朝一日可能会对现有心理学做出更大、更全面的贡献。这样，他们就必须先对自己的文化做一些更深入、更全面的整理，发展出一套本土理论架构，以便累积本土研究成果。

因为有这样的目的，使对"本土"或"传统"概念进行心理学的构念化，不但成为研究的"重中之重"，也变得异常艰难，研究者时不时会陷入两难困境。这是因为，一方面研究者必须针对本土概念用现代生活语言在自身文化的脉络中进行整理，另一方面又不能完全脱离社会心理学的常规学科语言及思路，因为那样会令自己的研究成果完全失去可比性。这就令研究者在对本土概念进行整理时如履薄冰，还真必须用上"中庸"的智慧！研究者要时时注意不让自己受西方心理学训练的经验蒙蔽，要冷静地做萃取本土精华的工作。

"中庸"这一本土概念的心理学构念化，可以说就是反映这种困境的一个很好的例子。研究者必须将整个过程分为两个步骤：①对"中庸"之含义做现代意义上的整理，再将之②融入现时心理学学科的习用语言之中，从而找到可以进行实证研究的方向及路线。

三　对"中庸"概念的整理

根据笔者（杨中芳，2010）对"中庸"内涵的详述，笔者认为，中庸实践思维及行动应包括以下几个特点。

（1）在一套中国文化的世界观（包括宇宙观、人观及价值观）的奠基及支撑下，"中庸"的基本含义及精神是："执两端而允中"。首先，它是理解问题的一个模式：看到任何事物的"一体两面"，以及这两个面之间的关系——对立，但不是逻辑上相矛盾，而是相生相克的关系。其次，它是一种价值观："以中为美"。据此，笔者建构了一套"中庸生活哲学"。

（2）将"中庸"思维实践于处理日常生活事件时，首先要谨言慎行①——

---

① "凡事预则立，不预则废；言前定，则不跲；事前定，则不困；行前定，则不疚；道前定，则不穷。"（《中庸》，第20章第4节）

凡事要想清楚再做，先审时度势把事情的两端抓好，再去找恰到好处的行动方案。其次是情绪掌控①——如能事先不让自己有情绪产生固然好，但如果有了情绪，要学习适当控制自己的情绪反应，不要一有情绪就立刻释放，当然也不要一味地压抑，让自己太委屈，中节是至道。

（3）在选择具体行动方案时，基本原则是做到"不偏不倚"或"合时合宜"。也就是说，要做到"恰到好处"、"无过无不及"②。但是，这"恰到好处"是"说得容易，做起来难"，连孔子自己都曾感叹，能做到这一点的人少之又少。③正因为如此，中庸实践思维体系包括一个不断反省、学习、练习、修正的过程。

（4）中庸世界观强调的是维持自身与周围环境的动态平衡。因此，中庸行动有全局性、场依性、暂时性的特点，要求行动者根据实际情况展现一定的灵活性，亦即要"能收能放"。在自我掌控方面，在努力为自己争取机会的同时，要有原则、有底线（不过分）地做到"有所不为"④；在人际交往方面，能意识到退、忍、让对维持和谐的重要性。

根据以上对"中庸"之含义的总结，我们可以粗略地看到"执两端而允中"虽然只是一句话，但其背后有一套特殊的世界观为基础，形成一套特殊的"人生哲学"，包括怎么看人论事，什么是人生追求的目标（生活目标），以及要如何做人处世（处世原则）。同时，当人们在处理具体生活事件时，用"中"会显现一定的思维特性——深思熟虑、收敛情绪、灵活变通、恰如其分等。最后，这又是一"用"的过程，要求行动者必须通过反复练习、改进、提升做到得心应手。

基于以上对"中庸"的认识及整理，笔者展开了对"中庸"社会心理学研究的构念化。

四　"中庸"的社会心理学构念化

最早将"中庸"进行心理学构念化的是杨中芳和赵志裕（1997），他

---

① "喜怒哀乐之未发，谓之中；发而皆中节，谓之和。中也者，天下之大本也；和也者，天下之达道也。致中和，天地位焉，万物育焉。"（《中庸》，第1章）

② "子曰：可与言而不与之言，失人；不可与言而与之言，失言。知者不失人，亦不失言。"（《论语·卫灵公》）

③ "道之不行也，我知之矣：知者过之，愚者不及也。道之不明也，我知之矣：贤者过之，不肖者不及也。人莫不饮食也，鲜能知味焉。"（《中庸》，第4章）

④ "子曰：不得中行而与之，必也狂狷乎！狂者进取，狷者有所不为也。"（《论语·子路》）

们将"中庸"建构为一套"元认知"的"实践思维体系"。它是人们在处理日常生活事件时，用以决定如何选择、执行及修正具体行动方案的指导方针。"元认知"是人们用于获取及运用知识的架构，又常被称为"认知方式"或"思维方式"。"实践思维"在此指人们在处理日常生活事件时，亦即"用"时，对要如何理解及思考事件的性质及涉及面（虑）、采用什么策略或行动（略）、要如何执行（术），以及事后要如何反思/修正等所做的思考。"体系"在此是指，在运用"中庸"思维的生活实践中，个体反映了其所生长及生活于其中的文化之集体思维特色，以及他（或她）自身在认知、动机及信念/价值观等心理层面上的特色，以至于成为一个包含很多子构念，而且彼此之间相互关联的思维架构。

在杨中芳、赵志裕进行构念化之后，随着"中庸"研究范围的扩大及研究的深入，不同的研究者对"中庸"都进行过不同形式及程度的构念化（详见杨中芳，2008），但基本上都局限于一些子构念的个别定义。笔者（杨中芳，2008）综合各方局部的构念化，绘制了一个"中庸实践思维体系构念图"。为了让"中庸"蓝图更能反映现实世界，在过去的数年间，笔者经常与"中庸"研究团队其他成员进行交流，对构念进行厘清、细化及修订，并曾针对其架构进行了局部的效度检验（杨中芳、林升栋，2012）。下面就将笔者最新版的构念图（见本辑附录一）做一简介，并依之来进行后续的论述。

在这一构念图中，"中庸实践思维体系"包括集体文化思维层面，作为个体心理思维层面下三个部分——生活哲学、具体事件处理、事后反思/修正——的基础。同时，在这一架构中，还包括一组反映个体生活适应及心理健康层面的构念，作为评估"中庸"思维运作效度的依凭。

下面简述各层面的相关子构念。

（一）集体文化思维层面

笔者提倡以本土的研究进路来研究社会心理学。本土心理学研究的重点是将研究现象（当代中国人的社会行为）放在被研究群体（"中国人"）的文化脉络中来探看问题及寻求解答。所以"中庸"研究构念化认为个体所表现的社会行为（处理生活中的具体社会事件），是受其所持有的一套思维方式影响的，而这套思维方式的形成又是与其所处文化集体经年累月所沉淀下来的一套特殊的世界观密不可分。这套世界观包括"阴阳、五行（动态平衡）"的宇宙观，"天、地、人相互依存"和"人、我相互依存"的人观，以及"一分为三"、"以中为极"的价值观。

（二）个体心理思维层面

个体心理思维层面的"中庸"实践思维，包括三大部分的内容，它们各自又内含几组心理学的子构念，现将它们的"中庸"特色陈述如下。

1. 生活哲学

（A）看人论事（感知）

看人论事涉及心理学中认识及理解世界的领域。"中庸"思维对世事的感知包括两个特点：一是"全局感知"，指个体在看问题时，会将时、空拉长、拉高及拉大，从而能跳出个体"自己"这个"陷阱"，能更客观及冷静地来理解万事普世之理。另外一个特点是"阴阳感知"，指个体在看问题时，总能看到问题的"一体两（或多）面"（称为"两极感知"），并认识到这两（或多）面的相生相克关系（称为"转换感知"），从而能够体会到对任何事情都不能走极端。①

（B）生活目标（动机）

生活目标是指个体的人生理想及追求，属于心理学动机的范畴。它包括对"生活质量"、"幸福"的理解，追求及对什么会产生"焦虑"而必须回避的想法。"中庸"所追求的生活目标是一个"中"字，它可以说是个体内心及人际均维持相对和谐、安宁的一种状态。因此，对"中庸"行动者来说，生活质量及幸福的定义可能与西方文化中强调的单向更强、更好的追求是不一样的。

（C）处世原则（信念/价值）

处世原则是指个体日常待人接物所遵循的大原则和大方向。运用"中庸"的看问题方式，以及以"中"为人生目标，令个体在日常生活中，会遵循一定的做人处世原则，并有一套为什么要遵循这些原则的道理，是心理学中有关信念及价值观的领域。这些原则经常内含于人们耳熟能详的用语之中，如"顾全大局"、"以和为贵"、"不走极端"、"合情合理"等。它们代表人们对"什么是应该及最值得做的"的想法及指引（信念/价值），提供人们决定要怎么做的大原则。

2. 具体事件处理

"中庸"作为一套"实践思维"体系，我们不能只在认知、动机及信

---

① 因为"两极感知"和"转换感知"属于中庸实践思维体系中较次级的子构念，而附录一的构念图无法将所有的子构念都包含在内，因此，这两个子构念并没有在图中显示。以下各章同此。

念/价值等个体心理思维层面来看待它，还必须看它在日常生活中如何体现出来。所以笔者（杨中芳，2008）依据人们处理具体事件的步骤，提出三组子构念，这三组子构念彼此虽可说有时序的先后，但还是可以相互影响的，构成一个整体。

（D）择前审思（虑）

择前审思是指个体在处理具体生活事件时，在还没有决定要怎样做之前，如何去理解及看待问题的思考特点。"中庸"的择前审思，一言以蔽之，就是"全局思考"——扩大视野，让自己从"个我"或"小我"的格局中跳出，找到可以妥善处理好事件的关键。也就是说，事先保持冷静，按兵不动（静观其变）；从较长的时间段（包括过去、现在及未来）来审观形势的发展及变化（审时度势）；将视野拉高，在更大的空间框架下，把自己与所处环境（包括人际）之相互关联看清楚，以便做全盘打算（多方权衡）。例如，把自己放在一个更大的集体（大我思考）或换到他人的角度（换位思考）；能将自己可能采取的行动对当事各方所造成的后果向阴阳两极做全盘推演（后果推演）；等等。

（E）策略抉择（略）

策略抉择是指以什么为大原则来选定最佳行动方案。"中庸"的谋略精髓就在于"恰如其分"这几个字，亦即不偏不倚、无过无不及地尽量照顾到各方的情况及诉求。要做到这一点，策略必须具有整合性，亦即在寻求最佳方案前，必须深思熟虑，先看清楚关键各方之间相生相克的关系，并整合它们，找出一个能照顾到大家的方案。这一"中庸"的抉择智慧常隐藏于一些我们常用的成语中，例如，"和而不同"、"合情合理"、"虚实并济"、"公私兼顾"等。细观这些成语我们会发现，它们代表了我们在日常生活中常见的一些会引起内心及人际冲突的对立面及抉择困境："和/不同"、"情/理"、"虚/实"、"公/私"。然而，这些有关解决方案的成语均只是原则上的指导，当把它们应用在不同的具体事件中时，会因情境的不同、所涉及关系人的不同而启用不同的具体解决方案。因此，变通性亦是实施"中庸"策略的特点之一。

（F）执行方式（术）

执行方式是指用什么方法、方式或技巧来执行个体已拟定的行动方案。"中庸"的执行方式，主要目的是维持自己与周围人的和谐相处（以和为贵）。为了避免人际冲突，"中庸"行为的一个特点是其迂回性：以退、让、忍等方式，来达到自己的目的和获得机会（以退为进）。常用的迂回术还有：使对方自动"知难而退"（他人引发）。除了迂回术之外，平衡术也是在执行方案时常用的"和谐化"手段。例如，事后的"摆平"工作（补偿/调控）就是常见的平衡术。在执行方案之后，不管多么万全，难免还是有受伤害及委屈的一方。如果受伤害及委屈的人是自己，那么要对自己的负面情绪做调节及平复；如果是他人，对他们做适时、适当的补偿，都有可能减少人际冲突。

3. 事后反思/修正（省）

笔者（杨中芳，2008）认为，"中庸实践思维体系"的一个最主要的特色就是加入了事后反思/修正的心理历程。它不但包括（G）个别事件反省/纠正——对当前具体事件的检讨及纠正，以求将来在策略及技巧的运用上能做到"无过无不及"，也包括（H）自我修养/提升（超越小我）——通过对具体事件的体会，让我们放弃对小我的执著，不因小我的得失而掀起情绪波澜，从而能比较平心静气地看世界、自己及其他人，进一步达到尽心尽力为所有"人"的超越境界。这个过程也给自己一个机会去再认识自己及再认识"中庸"生活哲学。这一循环过程，提升了自我修养，让自己在道德及处世层面都能更接近"中"。

（三）心理健康层面

在这里，心理健康是指运用中庸实践思维来处理具体生活事件时，希望能达致的心理效应。它们不是个体中庸实践思维的一部分，但它们是用以评估"中庸"思维运作效度的依凭。这组构念包括"行动后果：无怨无悔"（J）和"长期效应：安适宁静"（I）两个子构念。"无怨无悔"是指人们在每一次实践中庸行动过后，针对该项行动所产生的即时心理后果（简称"行动后果"），感到自己"对得起自己，也对得起别人"；"安适宁静"则是指人们在长期实践中庸行动后，逐渐产生的长期心理效应（简称"长期效应"），感觉自己处于（自我/人际）和谐、身心安适的状态，也可以说是逼近中庸理想生活目标——"中"的状态。如果没有达致前一种状态，中庸行动者会启动反思/修正机制，要看看在具体事件中，自己有哪些地方做得不到位——没有达致"无过无不及"的境界。这些做得不到位的地方，反映了中庸行动者向上修养/提升的程度不够，会引发其对自己进行再检讨、再修正以及对中庸生活哲学的再体验和再认识。

五　中庸研究假设

在笔者所绘制的"构念图"中，也标出了许多连线及箭头，说明各组子构念之间的关联、时序或因果关系等。它们反映了构图者对"中庸"通过什么方式及如何运作来影响现代人处理生活事件的构想。亦即，在进行实证检验时假设：①具"中庸"特色的生活哲学（A、B、C）会让人们在处理具体事件时，比较倾向于采取"中庸"式的思考及拿捏方式，以及选择"中庸"式的行动方案及执行方式（D、E、F）；②如果用之得当，可以带来符合他们生活目标（B）的正向结果：内心平和、无怨无悔（J），从而感受到和谐与快感，达致安适宁静（I）的理想状态；③如果没有得到正向结果，他们对具体事件及自我认识的事后反思/修正（G、H），会让他们通过反省/纠正，在下次用"中"时更加准确及有技巧，从而逐渐逼近中庸处世的目标，同时，在自我修养/提升方面也让自己更接受"中庸"思维体系的生活哲学。

　　基于这一对"中庸实践思维体系"的构念化及理论构想，我们可以以之绘制"中庸研究路线图"，把所有与"中庸实践思维体系"本身相关的8个（A－H）子构念、两个运用"中庸实践思维体系"产生心理效应的构念（I、J）串联起来。研究路线包括横向研究路线、纵向研究路线及综合研究路线。

六　中庸研究路线图

　　检验以上这些假设就是"中庸"社会心理学的主要研究范畴。在做检验研究时，这些构想会得到实证支持或被否定。于是，我们可以根据这些研究结果进一步修订这一构念图中的构念及其关联，从而对"中庸"这一传统文化概念在现代人生活中所起之作用有更为深入的认识及理解。下面依研究者对图中构念关心的重点之不同，分成三大研究路线予以说明。

（一）横向研究路线

1. "中庸"生活哲学研究 〔（A－B－C）－I〕

　　"中庸"社会心理学研究的第一要务是要确定"中庸"生活哲学确实存在。也就是说，构念图所列出的A、B、C这三个子构念确实都存在，而且彼此之间都有一定程度的横向关联，从而可以形成一套所谓的"中庸"生活哲学。

　　除此之外，既然中庸思维被构念化为一套"实践"思维体系，那么这套思维体系还要被证实是有用的才行：要找出持有这一"中庸"生活哲学者比不持有者，在处理日常生活事件时更会运用这套哲学，并且在运用后对其生活质量及心理适应有不同于不运用者的后果（I）。

　　因此，在这一研究路线中，除了要编制测量个体当下具备的与"中庸"感知、生活目标以及信念、态度、价值观相关的生活哲学工具之外，还要对这些子构念是否相关进行分析，以及对它们以生活质量和心理适应指标为效标的效度进行研究。

当然，持有"中庸"生活哲学者对生活质量及快乐、幸福的定义可能与不持有"中庸"生活哲学者不同，所以在这一横向研究路线中还包括对上述这些重要概念进行的本土思考、构念化及测量。

2. "中庸"思维在处理具体事件时的运作 {（D – E – F） – J – I}

既然"中庸"在这里被构念化为一个"实践"思维体系，那么具有"中庸"思维的人，在处理日常生活事件时，应该更倾向于运用具"中庸"特色的思考模式，来做事前思考、选择行动方案及执行方法（D、E、F）。所以我们要在现实生活的具体情境中，横向地去看在这三个处理阶段，"中庸"思考特色有没有表现出来及这三个子构念之间是否彼此相关。

同时，相对于没有采用这套处理方式的行动者而言，采用"中庸"式的事件处理方式者应该会得到比较令其满意（对得起自己，也对得起别人，以至于能"无怨无悔"）的心理状态（J），最终导致其处于内心"安适宁静"的心理健康状态（I）。

3. 事后反思/修正 {（G – H） – J – I}

由于"中庸"实践是一个学习的过程，那么在学习之初就有可能由于思考不周、技术欠佳等原因导致行动结果不理想，从而导致需要做事后反思及修正。事后反思分两个方面进行：一方面，反省在处理一个个别事件时，有没有做得太过，或不足，从而在处理下一类似事件时能加以纠正，最终让自己的行动达致"恰到好处"的境界；另一方面，反思后再认识"中庸"及其价值，使自我得到提升。所以，研究事后反思/修正的内容（G、H）之间的联系也是很重要的研究课题，这两者之间应该有一定的彼此促进之关联。同时，它们的运作应该会让行动者的行动更能达致自我及人际的和谐，从而收到"无怨无悔"的实时行动效果（J）及内心"安适宁静"的长久心理健康效果（I）。

（二）纵向研究路线（以箭头表示，有时序的先后，但没有一定的因果关系）

1. "中庸"生活哲学是否会令人们在处理具体事件时运用具"中庸"特色的思维 {（A – B – C）→（D – E – F）}

这里的研究想要看看人们的"中庸"感知、生活目标以及信念/价值（A、B、C），是否会对其处理具体事件有一定的影响，以致会比较多地采用"中庸"式的择前审思、策略抉择及执行方式（D、E、F）。

2. 处理具体事件的思维与事后反思/修正的下行纵向关系 {（D – E –F）→J→（G – H）}

在这一构念化中，运用具"中庸"特色的思维来处理具体日常生活事件（D、E、F）所产生的结果，会令行动者做出不同的反思/修正。这种行动的结果可能是好的或不好的。如果有好的结果（做到"无怨无悔"），会提高行动者的心理健康（J）水平；如果没有好的结果，会引发行动者进行检讨及反思/修正（J→｛G – H｝）。

3. 对具体事件的事后反思/修正与日后类似具体事件处理的上行纵向关联 {（G – H）→（D – E – F）}

此构念化的目的在于探看事后对具体事件的反思/修正，包括对个别事件的反省/纠正（G）和通过这样的反省/纠正之后，在自我修养/提升（H）上的进步，是否会增加下一次处理类似事件的技巧。

4. 对具体事件的事后反思/修正与认识和稳固个体的生活哲学的上行纵向关联 {（G – H）→（A – B – C）}

经过事后对个别事件的反省/纠正（G），以及由此形成的自我修养/提升（H），是否会进一步增加行动者对"中庸"生活哲学的再认识及进一步巩固这种认识（A、B、C）。

（三）综合研究路线

这里是指将上面所述的部分横向及纵向研究路线混合在一起，对"中庸"的社会心理学研究构念化进行综合性检验的大型研究路线。例如，将生活哲学、具体事件处理及事后反思/修正放在一起做路径分析。

七 本辑内容导读

依据以上对"中庸"的社会心理学研究构念化及对其研究路线的陈述，我们可以看出本辑的脉络。在此特做导读如下。

（一）有关"中庸"生活哲学的横向研究

"中庸"生活哲学的起点是，人们运用"全局感知"（全时空定位）及"阴阳感知"作为感知世界的方式，所以"中庸"社会心理学的首要研究课题是对这两种认知方式的研究。目前已经研制出几种不同的测量工具，并就它们与其他和人生哲学相关的子构念——"生活目标"、"处世信念/价值"，以及"心理健康"指标——进行相关分析。

在这一板块，最早的研究是对"中庸"处世信念/价值的测量，针对这一子构念的研究工具也比较多样化，其种类及发展历史详见笔者的论文（杨中芳，2010）。其中以黄金兰、林以正、杨中芳（2012）编修的"中庸处世信念/价值量表"应用最广，在本辑中，许多研究报告都有采用。但这一量表本身并不是完美的，存在一些心理计量的问题。故在《反中庸，还是非中庸？——检验中庸信念/价值量表反向计分的有效性》一文中，徐慧金、邹智敏讨论了它的计分问题。之后，在《"中庸信念/价值量表"到底在测什么？》一文中，杨中芳、林升栋用因素分析法，比较了大量的样本，提出了如何比较有效地使用该量表的建议。

在本辑"中庸思维基础历程：阴阳思维及其转换"这部分，我们把注意力集中在对阴阳感知这个子构念的探研及测量上。大部分研究是两者同时进行：一方面寻找或自编可用的、测量阴阳感知的工具；另一方面也在探讨它与同一层面其他子量表之间的可能联系。在《阴阳转换思维与看人感知的关系初探》一文中，林升栋自行编制了两种不同的测量工具，研究了广州大学生的阴阳转换思维，对阴阳感知与"中庸"信念/价值之间的关联进行了探研。在《来得早不如来得巧：中庸与阴阳转折的时机》一文中，林玮芳、黄金兰、林以正用自编的"故事完成法"工具，测量了台湾大学生的阴阳转折表述，并探讨了中庸信念/价值与转折表述之时机之间的关联。

以上这些都可以说是在"中庸"人生哲学层面，探研各子构念之间关联的横向研究。

（二）"中庸"生活哲学与处理日常生活事件之间的纵向关联

本辑包括的许多研究走的都是纵向研究路线，大部分探讨了个体在"中庸"生活哲学层面的阴阳感知或信念/价值，如何影响人们在现实生活中处理事件及解决问题，如何对自己及自己的心理健康做出评价，等等。

在阴阳感知方面，孙蒨如在《阴阳思维与极端判断：阴阳思维动态本质的初探》一文中，用自编的"故事完成法"工具让台湾大学生对故事中所述事件给予转折表述，作为对阴阳转换思维的测量，并探研它与"中庸"信念/价值以及行动者在假想事件中是否做极端判断（亦即是否有不走极端的作答倾向）之间的关联。在"中庸"信念/价值方面，王飞雪、刘思思在《中庸思维对自我一致性和自我矛盾冲突感的影响》一文中，运用人格形容词勾选法，测量了广州大学生对自我认识的不一致性（亦即两极并存性），并探研"中庸"信念/价值是否会让受测者更能把两极的人格自评加以化解及整合，以至于不会有自相矛盾的感觉。

人们的现实生活，不外乎工作及家庭生活两大类。在本辑"中庸思维对家庭生活的影响"这部分，研究者探讨了"中庸"信念/价值与家庭生活的关联，重点在于探讨"中庸"信念/价值对现实家庭生活及其出现的问题是否有影响，以及通过什么方式来产生作用。在《中庸思维对家庭功能之影响：初探》一文中，阳中华、杨中芳应用了一个在华人社会广泛使用的、西方学者编制的家庭功能自评工具，作为探研家庭成员的"中庸"信念/价值及行为与其对家庭运作评价之间关联的起点。在《工作压力因素对工作－家庭平衡的影响：中庸的调节作用》一文中，李原探研了"中庸"信念/价值在北京职业妇女的工作－家庭冲突及生活满意度之间所起的调节作用。

接下来，本辑的"中庸思维与心理健康"部分包括两篇研究报告，以现实生活中的抑郁症病人为研究对象，探研"中庸"信念/价值与心理健康之间的联系。在《正常人与抑郁症病人在中庸信念/价值上的比较》一文中，高瞻、阳中华、李炳洁比较了抑郁症病人样本与相匹配的正常成人样本在"中庸"信念/价值上的差异，并从因素分析入手来审视日常生活处世信念/价值是否与抑郁症状的出现有一定的关联。在《中庸信念/价值与自评抑郁症状之关系的深入探讨》一文中，高瞻、李炳洁更具体地探研了抑郁症病人的两个"中庸"信念/价值子构念如何以不同的途径影响他们对情绪处理的灵活性及其抑郁症状的严重性。

（三）对整体架构的综合研究

在本辑《"中庸构念图"之建构效度再检验》一文中，杨中芳、阳中华、丁宇利用多年来用以测量"构念图"中之不同子构念的工具，检验了"中庸实践思维体系"构念化的有效性。由于涉及的层次较多，可以说是上述综合研究路线的一个典型例子，其目的是希望能用实证结果来进一步完善研究构想。

本辑除了在结构上遵循上述"构念图"中之研究路线外，为了增加"中庸"社会心理学研究的开放性及多元性，还在"中庸理论深入探讨"这部分加入了两篇理论性的探讨文章，以丰富内容，促进这一领域全面、健康地发展。

在《外柔内刚的中庸之道：实践具自主性的折中原则》一文中，林以正针对"中庸"信念/价值着重退、忍、让，提出人们如何在这样的生活实践体系中，培养独立性及自主性的理论问题。他想将"外圆内方"以及"择善而固执之"的概念加到"中庸"的理论之中。在《走向存在幸福感：中庸思维与生活平衡》一文中，韦庆旺、郭政提出如何在着重处理人际事宜的"中庸实践思维体系"中，加入个体追寻自身生存意义的内容。

八　结语

"中庸"社会心理学研究虽然已经有近 16 年的历史，但是直到最近四五年才引起较多研究者的注意及兴趣，形成了一个小型的研究团队，从事较有系统的探研工作。可以说，这一领域的研究还处在起步阶段。即便如此，我们仍然可以看到它将来对个体、人际、群际或国际冲突之和平解决，以及对人们的生活追求和心理健康可能做出的贡献，从而看到用本土研究进路来进行社会心理学研究是有发展空间及潜力的。

由本文粗略的介绍，读者可能已经看到"中庸"社会心理学研究的构念化是庞大而复杂的，要求研究者放弃许多西方主流的惯性思维，从头思考问题，其难度是非常大的。因此，未来要走的路将是坎坷的、艰难的，希望本文及本辑的内容能引起更多人的兴趣并吸引他们参与，以加快研究进程。也为此，本辑编者曾要求所有作者，在撰写论文时，加强对未来可能进一步深入研究的地方做出讨论，同时在附录二中，将过去研究所使用过的或特别编制的、与中庸构念相关的测量工具列出，提供给未来研究者，以统一版本，便于做跨样本比较。

参考文献

黄金兰、林以正、杨中芳，2012，《中庸处世信念/价值量表的修订》，（台北）《本土心理学研究》第 38 期，第 3～14 页。

林升栋、杨中芳，2012，《中庸相关量表的信、效度研究》，《社会心理研究》第 3 期，第 1～19 页。

杨中芳，2001，《中国人的世界观：中庸实践思维初探》，《如何理解中国人》，台北：远流出版公司，第 269～287 页。

杨中芳，2008，《中庸实践思维研究——迈向建构一套本土心理学知识体系》，载杨中芳主编《本土心理研究取径论丛》，台北：远流出版公司，第 435～478 页。

杨中芳，2009，《传统文化与社会科学结合之实例：中庸的社会心理学研究》，《中国人民大学学报》第 3 期，第 53～60 页。

杨中芳，2010，《中庸实践思维体系探研的初步进展》，（台北）《本土心理学研究》第 34 期，第 3～96 页。

　　杨中芳、林升栋，2012，《中庸实践思维体系构念图的建构效度研究》，《社会学研究》第 4 期，第 167～186 页。

　　杨中芳、赵志裕，1997，《中庸实践思维初探》，第四届华人心理与行为科际学术研讨会，台北，5 月 29～31 日。

A Social Psychological Conceptualization of Zhongyong： A Reader's Guide to This Issue

Yang Chungfang

Center for Social Psychology Studies，Institute of Sociology，

Chinese Academy of Social Sciences

Abstract：This paper introduces a conceptualization to serve as a research-route map for conducting social psychology studies of zhongyong, an ancient Chinese concept that remains in use in contemporary Chinese societies. Yang adopts the indigenous approach to study the social psychology of the Chinese people and chooses zhongyong as a vehicle to achieve this goal. She conceptualizes zhongyong as a system of deliberation guidelines by which the Chinese people deal with their daily life events, especially those involve internal or interpersonal conflicts. Yang lays out a 4-level model illustrating how zhongyong influences people's attempt to live peacefully and harmoniously with themselves and with others surrounding them.

The first level gives a life philosophy which includes the zhongyong world-view, life goal and a set of beliefs/values regarding how life events should be managed. The second level consists of a flow of three stages in which people deal with a real-life event: the appraisal of the context in which the event happens, the choice and the execution of action. The third level concerns a meta-cognitive monitoring process through which people reflect and adjust perspectives and tactics so that improvements can be made on themselves and on their choice and execution of action in future events. Finally, the fourth level involves the mental-health consequences of zhongyong actions.

Employing this framework, the author draws a research map, suggesting 3 routes to engaging in zhongyong studies: Concentrating horizontally on the relationships among sub-concepts within any of the levels; or vertically on examining the associations across layers; or testing the model as a whole. She uses chapters included in this book to demonstrate how zhongyong social psychology can be systematically studied.

Keywords: Zhongyong Thinking Mode, C. F. Yang's Zhongyong Action Deliberation System, Conceptualization of Social Psychology Studies, Mental Health

"中庸构念图"之建构效度再检验

杨中芳

中国社会科学院社会学研究所社会心理学研究中心

阳中华

深圳市儿童医院儿童保健科

丁　宇

腾讯科技（深圳）有限公司

摘　要：本文作者继续杨中芳、林升栋（2012）的尝试，再次检验了杨中芳（2008）所建构的"中庸实践思维体系构念图"（简称"中庸构念图"）。此次与上次检验的不同之处是：①用新编的几个中庸量表，填补了原来图中若干子构念没有测量工具的缺陷，令检验比较全面；②引进新的效标变量——家庭功能指标、临床症状及工作满意感等，这些均与受测者的日常生活息息相关，因此检验更能反映中庸在现实生活中的作用；③引进了社会赞许量表，从而可以探看中庸各测量工具是否受到它的影响；④在控制了社会赞许的影响之后，可以更纯净地检验图中各子构念之间的关系；⑤用了较大的成人样本，令结果的稳定性得以提高。

关键词：中庸实践思维体系构念图　建构效度　中庸实践自评量表总汇　社会赞许控制

自杨中芳（2010）提出"中庸实践思维体系构念图"之后，对这一构念图进行建构效度研究一直是她努力的方向。我们期望能用实证研究将该"构念图"进行修订，令其更能反映中庸思维在当代人们生活中的运作及影响。这一"构念图"包括相当多的子构念，且分布于四个层次之不同研究板块之中

（详见**附录一**）。要检验这一"构念图"的建构效度，就必须先对这些子构念进行定义及测量。由于这是一个新的研究课题，并没有太多的、现成的研究工具可供使用，特别是本土开发的研究工具。为此，杨中芳、林升栋的研究（2012）在第一次对这一"构念图"进行效度研究时，除了自行编制的两个量表及改编自他人的本土量表之外，还借用了一些西方现有的研究工具，主要是考虑到它们受文化因素的影响比较小，在缺乏工具的情况下，暂时借用之。

尽管如此，当时也找不到足够的工具来检验各板块中涉及的所有子构念，因此留下一些空白有待日后编制或找到适当的工具后再行填补。本研究就是在朝着这一方向努力的第二次尝试。本文作者除了新编制了一个"中庸实践自评量表总汇"，测量了在杨中芳、林升栋第一次检验中没有涵盖的一些子构念外，还将在实际生活（家庭或工作）环境中的适应（或不适应）作为检验的重点。更重要的是，本研究考虑了一个一直困扰着社会心理学量表之效度的难题——如何减少社会赞许因素的干扰。

一　第一次建构效度检验

（一）检验方法

在杨中芳、林升栋（2012）第一次对"中庸构念图"进行检验时，选取厦门大学 128 名大学生（男 47 人，女 81 人，年龄在 18～22 岁之间）为样本，采用杨中芳自行编制的"中庸阴阳感知成语量表"及"中庸处世原则成语量表"，测量了"生活哲学"中两个板块的构念："看人论事"之"阴阳感知"（A，参阅**附录一**）及"处世原则（信念/价值）"（C）。这两个量表分别包含两个子量表：前者为**两极感知**及**转换感知**；后者为**律己宽人**及**因应逆转**①。除此之外，又采用了黄金兰、林以正、杨中芳（2012）的"中庸信念/价值量表"（简称"9 题量表"），来测量一般性的**中庸信念/价值**。它与**律己宽人**及**因应逆转**对应同一个板块。

在"具体事件处理"之"择前审思"（D）板块，用了杨中芳改编自余思贤（2008）的一个"长程取向思维量表"来测量个体在长时段审时度势时的**趋势掌握**情况；并用吴佳辉、林以正（2005）的"中庸意见表达量表"来考察当受测者面对与他人意见不合的情况时，在"择前审思"（D）、"策略

---

① 在杨中芳、林升栋的研究（2012）中，这两个子量表名为**待人守则**及**拿捏意识**，后来，为让其更贴近测题内容，更名为**律己宽人**及**因应逆转**。

抉择"（E）及"执行方式"（F）上的中庸特色：**多面性、整合性**及**和谐性**。

在"事后反思/修正"板块，由于当时没有适当的测量工具，只好采用西方学者编制的"自我意识量表"中的**私我意识**作为测量自我修养/提升（H）板块的一个暂时性工具。**私我意识**是指人们把对自己的注意力集中在探索自己内心的想法及感受上。为了能更谨慎地探研**私我意识**的作用，我们将该量表所测的另一与其相对的构念——**公我意识**①，也放在研究中与之进行对比，以确保其结果的效度及意义。

最后，在"心理健康层面"，杨中芳将李怡真的"安适幸福感量表"（2008）改编为"安适感量表"，来测量中庸构念化中的心理健康特点——安适宁静（简称**安适感**）。不过，杨中芳、林升栋也借用了目前最常用的一个由西方学者编制的、测量心理健康的工具——"生活满意度量表"（变量称**生活满意度**），目的是以之帮助检验新编"安适感量表"之效度。

有关上述测量工具的详细资料，请参阅杨中芳、林升栋的文章（2012）。所涉及之量表均罗列在本辑**附录二**中。

（二）检验结果

杨中芳、林升栋的研究探研了 4 个不同层面的 13 个变量之间的相关。结果发现，除了一个例外，这些相关大致支持该构念图的构想。这一例外是有关阴阳感知构念的两个变量，将在稍后对其进行讨论。在其他支持了构念图的结果中，有几个比较突出，引出了一些问题，也暴露了一些缺陷，它们正是我们在这次检验中想解决及应对的。

在这一研究中，**律己宽人**与**信念/价值**之得分，如预期一样呈显著正相关，而且两者与许多其他变量的相关形态都很类似，表明两者在测量中庸信念/价值的共同部分，只不过测量的方式不同（一个用成语，另一个用迫选题）。因此，它们都增加了一个板块（"处世信念/价值"）测量工具的多样性，对研究而言是健康的。这两个变量与"具体事件处理"各变量的相关形态非常接近，特别是它们与**整合性**及**和谐性**的相关较强，与**多面性**及**趋势掌握**的相关则较弱，显示它们与"择前审思"的关联不及与"策略抉择"及"执行方式"的关联强。这一结果显示，"构念图"中两层间的纵向通道可能不止一条。

另一条纵向通道是由"处世信念/价值"板块中的**因应逆转**与"择前审思"板块中的**多面性**及**趋势掌握**形成的，它们之间有很高的正相关，特

---

① 公我意识是指人们把对自己的注意力集中在自己给他人的印象上。

别是后两者与许多其他变量的相关形态非常接近，显示杨中芳自行编制的这两个量表所探测的构念范畴很接近。这一结果显示，我们又找到了两个性质不同的测量工具来探研同一个关键构念——"对当前局势从长从宽计议"。这一结果增加了研究变量的说服力。这里的结果表明，这三个变量共同构成了"构念图"中"处心积虑"的一面。

不过，研究结果也发现，**趋势掌握**及**多面性**都与**私我意识**呈显著正相关，而且**律己宽人**也与**私我意识**呈显著正相关，倒是信念/价值与之没有相关。我们推测前三者与私我意识显著相关可能是因为它们与**私我意识**共同受社会赞许因素影响。而"中庸信念/价值量表"则因采用迫选方式作答，从而已经控制了这一因素的影响，所以没有呈现显著正相关。有关社会赞许这一问题，我们将在稍后提出来讨论。

前面说过，杨中芳、林升栋研究中唯一出乎意料的结果，出现在"看人论事"板块的两个变量——**两极感知**及**转换感知**——上，它们除了相互有高相关外，与"构念图"中大部分其他变量之间没有关联，尤其是**转换感知**几乎与所有其他变量均无关联。这一结果显示，也许这两个变量有其独特性，而这一独特性，并不能从该研究所采用的变量中探得，因此有待进一步去探索可能与它们相关的变量，才能对阴阳思维有更深入的了解。

不过，我们倒是有一个假设，两极感知及转换感知可能与情绪的再评估及缓解等应对行为有关，亦即与应对生活事件，特别是应对负面生活事件的灵活性有关。可惜在这一研究中，并没有特别测量情绪控制的变量，以致使其无法显现关联性。在本次检验中，我们加入了**沉着克制**这一与克己有关的变量，希望能找到与"阴阳感知"的联结点。

（三）安适感作为一中庸心理健康指标

安适感量表的得分与生活满意度量表的得分之间有相当高的正相关，表明它们是在测相似的构念；安适感与其他效标之间的相关并不高，远逊于生活满意度与其他变量之间的相关。我们推测可能有两个原因：其一是生活满意度量表没有反向题，故受测者受惯性答"是"的作答倾向的影响较大；而安适感量表则有反向题，因此受到的影响会比较小。

其二是安适感量表受社会赞许因素的影响比较小。"中庸"是一个至今在华人社会中仍然非常盛行的处世信念/价值体系（见本辑《"中庸信念/价值量表"到底在测什么?》一文），因此受测者在回答中庸相关量表或问卷时，受到社会赞许因素的影响是可预见的。在杨中芳、林升栋研究中任何两个高相关的变量，均无法排除社会赞许因素的影响。该研究中有少许数据间接地支持了这一点。首先，**安适感**得分与**中庸信念/价值**得分有比较高的正相关，而前面说过，后者是用唯一控制了与**社会赞许**相关的量表测得的（黄金兰、林以正、杨中芳，2012）。其次，**安适感**与**公我意识**呈显著负相关，这是该研究所有其他变量都没有的。**公我意识**主要是指人们注重自己外表形象的程度，因而有可能与人们向社会赞许方向回答的倾向有关。这一点也说明了**安适感**与其他易受社会赞许因素影响的中庸变量之相关比较低的原因。

由以上的讨论，我们可以看到，**安适感**即是反映人们心理健康层面的构念，但却与像生活满意度这样的指标不一样，与中庸构念中的心理健康构念较接近，值得我们保留作为再检验时使用的工具。

（四）问题与缺陷

前面的讨论已经让我们看到，杨中芳、林升栋（2012）的第一次建构效度检验有以下 4 点需要在这一次检验时加以关注。

（1）需要加入对情绪控制（克己）构念的测量，以便更深入地探研**阴阳感知**在"中庸构念图"中所扮演的角色。

（2）私我意识固然与不少中庸子构念有正相关，但这些相关都不能排除受到正向作答倾向及社会赞许因素的影响，而且它与"中庸构念图"中的"事后反思/修正"构念相差甚远，故与其去猜测这些正相关的意义，倒不如尽快编制出更适合的反思/修正测量工具。

（3）急需加入对社会赞许的测量，以便更直接地还原各子构念之间关系的本质。

（4）需要用更大、更多样化的样本。学生样本其实并不是研究中庸实践思维的最理想样本，因为学生大多年纪轻、生活经验少，而中庸生活哲学的获得往往是从生活经验中体会而得，所以用不同性质的样本、在不同的生活情境中做检验是必要的。

为此，本研究用了两个性质不同的大型样本，加入了对克己、反思/修正及社会赞许的测量，并且以与受测者生活息息相关的经验，来探研"中庸构念图"的建构效度。

二 新编"中庸实践自评量表总汇"

为了弥补第一次检验时没有克己及反思/修正的测量工具的不足，本文作者之一杨中芳自行编制了一个"中庸实践自评量表总汇"。这里，中庸实践是指人们在生活中以"中庸"为指引的"实际做法及经验"，它们与"中庸信念/价值"不同。许多人可能有很"中庸"的信念/价值，但未必付诸行动，使之成为自己的生活习惯。同时，中庸是需要学习及练习的，因此即使付诸行动，也未必立即有好的结果（多半在年轻的时候）。"中庸实践自评量表总汇"（见本辑**附录二**）就是想撇开信念/价值，让受测者针对自己在现实生活中如何运用中庸信念/价值的一些想法、做法（简称中庸行动）及经验做自我报告及评估。量表的题目是以"我"为主词，述说自己行中庸之道的实际经验。① 受测者在一5点量尺② 上表达自己有与之相符的心理、行为/经验的频率。

（一）测量构念

"中庸实践自评量表总汇"共有4个子量表，分别测量以下4个构念。

沉着克制：在事件发生时，能控制住自己的情绪，不随便发火，不实时反应，等把情况摸清楚后再反应。原本4题，经项目分析后减为3题。

多方慎思：在事件发生后，能谨慎地从不同的角度把事情细看明白、梳理清楚后再去想要如何处理。共包括6题，经项目分析后减为5题。以上两个子量表是想与已有的**趋势掌握**量表相呼应，共同测量中庸在"具体事件处理"之"择前审思"板块的构念。

事后反省：是指在处理过事件后，能回头去评价自己的行为是否恰当，并思考要如何改进。原本5题，经项目分析后减为4题。

迷惘委曲：是指因对中庸信念/价值的误解或误行所造成的迷乱及怨悔的不良心理反应及情绪，例如迷惑、焦虑、疲累、委曲、后悔、哀怨等。原本10题，经项目分析后减为7题。

之所以称这一测量工具为"总汇"，是因为它所包含的4个子量表，虽然都在对与中庸相关的行为/经验做自评，但却测量了"构念图"中不同层面的子构念，它们之间的连接可能性及形态还在探研之中，所以不能合并成一个总构念。为此，量表编制者认为，目前并不适合将它们相加得出一个总分，建议使用者分开计分，并分别做分析，或者拆开单独使用。不过，由于前3个构念涉及处理具体事件时的思维历程，故在本研究中做合并分析，统称中庸行动变量；而**迷惘委曲**则因是一负面经验及感受，需要单独分析，称为中庸负面经验变量。

① 一般信念/价值量表则多不以"我"为陈述句之主词，而是给出一个想法或价值评价，让受测者回答自己同意的程度。

② （1）从未如此，（2）偶尔如此，（3）有时如此，（4）经常如此，（5）总是如此。

总体而言，"中庸实践自评量表总汇"虽然包括对 4 个构念的测量，但它们分属"中庸构念图"中的 3 个不同部分：**沉着克制**及**多方慎思**属于"具体事件处理"之"择前审思"板块；**事后反省**则属于"事后反思/修正"部分；而**迷惘委曲**则是"心理健康"层面的负向指标。

（二）信、效度研究

1. 样本

本量表的信、效度研究样本是长沙一所重点高中学生的家长，共 856 人，其中男 420 人，女 436 人（大部分包括了同一家庭的父及母）。平均年龄为 43.01 岁（标准差为 3.53）。详细说明见阳中华（2012）。

2. 信度

表 1 给出了这 4 个子量表的内部一致性系数及它们彼此的相关。本研究没有再测信度资料。

表 1　中庸实践自评子量表的内部一致性系数及相关

中庸实践自评子量表	内部一致性系数	沉着克制	多方慎思	事后反省
沉着克制	.601			
多方慎思	.802	.080 *		
事后反省	.794	− .049	.707 **	
迷惘委曲	.849	− .592 **	.091 **	.176 **

* $p < 0.05$；** $p < 0.01$，下同。

上述相关数据显示，正如我们所预料的，**沉着克制**与**迷惘委曲**得分呈显著负相关，但我们没有预料到两者的相关那么高（− 0.592），显示沉住气、不发火与让中庸实践产生良好效果有关。**多方慎思**与**事后反省**呈显著正相关，固然也是预期的结果，但是相关高至 0.707，也是有点意外。我们的推测是：它们同受社会赞许因素的很大影响，特别是**多方慎思**与**事后反省**这两个构念，至今仍与一般待人接物的教导相符合。至于是否将这两个子量表合并为一，则视在下面的效度检验中，两者与效标之间是否呈一致的相关形态而定。

另外，这两个高相关组彼此的相关却出乎意料的低，甚至没有相关。**沉着克制**与**多方慎思**及**事后反省**几乎没有相关；**迷惘委曲**则与它们有比较低的正相关，这不是预料中的负相关，是很值得深思的结果。我们推测，部分原因可能是这两组测题的陈述方式存在差异。**多方慎思**及**事后反省**用的是正向的陈述句（例如，"在做事前，我会仔细想想有哪些方面必须考虑进去"）；而**沉着克制**①及**迷惘委曲**用的是负向的陈述句（例如"因为太过谨慎，考虑得太多，以致我做不成事"）。对正述题的肯定与对负述题的否定（或肯定）可能由不同的效果所致。

3. 效度

阳中华（2012）曾针对这一量表总汇进行了效度检验。她用了 5 个效标变量："中庸信念/价值量表"得分通过因素分析得到的两个因子（名为**拔高视野**及**自我收敛**）、"家庭功能量表"中一个对功能做整体评价的子量表（**家庭功能**）、"临床症状自评量表"（SCL－90）（**临床症状**），以及**生活满意度**。

其中，"中庸信念/价值量表"及"生活满意度量表"在前述杨中芳、林升栋（2012）文中已经详尽介绍过了，在此不赘述。而采用因素分析，将"中庸信念/价值量表"之得分分为两个因子的原委及做法，请参阅本辑杨中芳、林升栋的《"中庸信念/价值量表"到底在测什么？》一文。在此仅将未曾出现过的量表简介如下。

（1）家庭功能量表

家庭功能量表译自 Epstein、Baldwin 和 Bishop（1983）所编制的"家庭评定工具"（McMaster Family Assessment Device，简称 FAD）。这一量表是根据 McMaster 所提出的家庭功能理论模型编制的。他的理论认为，家庭能否正常运作，主要与家庭系统中成员的相互作用和其系统性质有关。因此，这一问卷主要是收集与整个家庭系统之特性相关的资料。全量表共 60 题，均为与家庭互动状况有关的正、负向陈述句。受测者给出 7 种对家庭功能项目的评价：问题解决、沟通、角色分配与执行、情感反馈、情感投入、行为控制及整体功能。他们在一 4 点量尺上，勾选自己家庭的实况与这些正、负向陈述句相像的程度，数值越低，表示越相像。经反向计分之后，在此量表上得分越低，表示家庭功能越好；得分越高，家庭功能越有问题。

此量表是当前海峡两岸研究家庭功能失调及治疗的学者和治疗师最常用的评定工具之一。有关它的信、效度资料，请参阅 Miller、Epstein、Bishop 和 Keitner（1985）。本研究在对"中庸实践自评量表总汇"进行效度检验时，因为各子量表之内部一致性系数差别很大（0.481~0.716），故仅选择了其中一个子量表——"整体功能"作为家庭功能的效标。这是因为过去有研究对"家

---

① **沉着克制**之测题为负向陈述句（例如，"我觉得自己性子太急、出手太快，以致坏了事"），亦即是不**沉着克制**陈述句，**沉着克制**之得分为反向计分。

庭评定工具"进行因素分析，发现它是可以单独作为一个家庭功能效标来用的（Ridenour，Daley，& Reich，1999；Shek，2001）。在用本研究的样本检验时，也发现它的一致性系数为 7 个子量表之首，与全量表之总平均分之相关也最高。我们称之为**家庭功能**，得分越高，表示家庭功能越差。

（2）临床症状自评量表

临床症状自评量表译自 L. R. Derogatis 所编制的"自觉临床症状勾选单"（Sympton Check List）的修订版（Derogatis & Savitz，2000），全量表共 90 题，测量 9 大临床症状：躯体化、强迫症状、人际关系敏感、抑郁、焦虑、敌对、恐怖、偏执、精神病性（Derogatis & Cleary，1977；Brophy，Nervell，& Kiluk，1988）。它于 1984 年被引进大陆（王征宇，1984），1986年建立大陆成人样本之常模（金华、吴文源、张明园，1986），目前它是海峡两岸临床心理学界最常用的自评式症状量表，简称 SCL - 90（唐秋萍、程灶火、袁爱华、邓云龙，1999）。由受测者在一个有 90 个症状的描述列单上，就每一项描述给出自己具有该症状的严重程度，由"没有"到"严重"，共5 等，得分越高表示症状越严重。由于测量这 9 大症状之子量表得分的相关非常高（在 0.633 ~ 0.848 之间），故在本研究中仅用各子量表得分之总平均分为效标变量，称为**临床症状**，分数越高，表示症状越严重。

表 2 给出新编的"中庸实践自评量表总汇"之 4 个子量表的得分与 5个效标变量之相关。在表 2 中，我们看到 4 个构念中，前 3 个中庸行动变量（**多方慎思、沉着克制**及**事后反省**）与两个中庸信念/价值变量（**拔高视野**及**自我收敛**）均显著相关，但这两组正相关显示出不同的形态。至于测量中庸负面经验的**迷惘委曲**，则与**拔高视野**呈负相关，而与**自我收敛**无显著相关。这一点似乎显示**迷惘委曲**与因顺应中庸信念/价值中的**拔高视野**而产生的迷惘之相关，要高于与因顺应退让而产生的委曲之相关。

表 2 中庸实践自评子量表得分与效标变量得分之相关

中庸实践自评子量表	拔高视野	自我收敛	家庭功能	临床症状	生活满意度
沉着克制	.220 **	.163 **	- .296 **	- .382 **	.153 **
多方慎思	.183 **	.248 **	- .327 **	- .064	.141 **
事后反省	.147 **	.211 **	- .278 **	.042	.131 **
迷惘委曲	- .182 **	- .058	.308 **	.490 **	- .210 **

这些结果也支持了我们认为可以将"中庸信念/价值量表"细分为两个变量的看法，因为细分的两个变量与"量表总汇"中的 4 个变量呈现不

同的相关形态。同时，这些结果也支持了要将信念/价值与行动经验分开来探研的构想。

不过，我们原本以为**沉着克制**应该与**自我收敛**价值观有较高的正相关，但结果它与**拔高视野**的正相关高于与**自我收敛**的正相关。这一结果显示，**沉着克制**是对具体事件情境处理之"不发火"，与冷静地把问题看清楚、想明白有较大的关联，而与处理人际关系时的"退、忍、让"信念/价值的关联比较小。倒是**多方慎思**及**事后反省**与**自我收敛**的正相关要高于它们与**拔高视野**的正相关。

在进一步探讨两个中庸信念/价值变量及 3 个中庸行动变量对**迷惘委曲**这一中庸负面经验变量的相对影响时，用二阶回归分析所得的结果显示，与两个中庸信念/价值变量相比，3 个中庸行动变量均对**迷惘委曲**有较强的预测力，其中以**沉着克制**的预测力最强，**事后反省**次之，**多方慎思**较弱。[①]这一结果支持了**迷惘委曲**与中庸行动变量均属实践层次的变量的假设，与我们原本编制量表的设想相符。

这 4 个子量表的得分与**家庭功能**均呈现预料中的相关形态。**沉着克制**、**多方慎思**及**事后反省**与家庭功能呈负相关，与**迷惘委曲**则呈正相关。检视它们与临床症状之相关，发现**沉着克制**及**迷惘委曲**与症状严重性显著相关，正如预期，前者为负相关，后者为正相关；而**多方慎思**及**事后反省**则与之无显著相关。由于临床症状自评量表向来被认为与受测者的情绪反应及控制能力有关联，这里，**沉着克制**及**迷惘委曲**与临床症状严重性显著相关，表明这两个测量工具确实具有一定的效度。

最后，这 4 个子量表的得分与**生活满意度**的相关并不是很高，尽管方向还是符合预期的；**沉着克制**、**多方慎思**及**事后反省**与**生活满意度**呈较低的显著正相关，**迷惘委曲**与**生活满意度**呈稍高的负相关。这一点似乎表明，中庸做不好，所带来的负面心理压力及焦虑，与对生活满不满意的感受相关更大、更直接。倒是中庸正向行动（**沉着克制**、**多方慎思**及**事后反省**），反而不一定直接给**生活满意度**带来正面效果。是什么在它们之间起中介作用，有待进一步探讨。

总的来说，以上对"中庸实践自评量表总汇"之信、效度研究的结果分析显示，该"量表总汇"包括的 4 个子量表的信、效度还是符合预期及可以接受的。但因为这一信、效度研究未包括对社会赞许的测量，因此结果不能排除社会赞许因素及测题陈述方式的影响。为此，下面我们在针对

---

① 有关这一二阶回归分析的详细资料，见本辑《中庸思维对家庭功能之影响：初探》一文表 3。

"构念图"做建构效度研究时，就特别加入了对社会赞许的测量，试图在排除其影响的情况下进行再检验研究。

三　建构效度再检验

（一）样本

这次再检验，想在一个更贴近人们生活的领域中进行，故选用了工作环境的中庸行为为研究课题。样本为企业员工307人，其中有76人为广东地区的企业员工，问卷是以纸笔形式作答；对另外231人是通过上海的一家问卷公司代为收集数据。他们的年龄分布为：35岁以下245人；35岁及以上54人，平均年龄为30.7岁（标准差为4.73）。受教育程度分布为：大学/专科245人；大学以上57人。职位分布为：一般职员118人；基层主管108人；中级主管67人；高层主管12人。①

（二）量表维度与中庸构念

这一研究的各种量表共有21个维度，旨在对应"构念图"中不同层面和板块中的构念（参见附录一）。与"个体心理思维层面"之"生活哲学"相对应，在"看人论事"板块（A）的"阴阳感知"，有**两极感知**和**转换感知**；在"生活目标"板块（B），有**中庸人生**及**圆满人生**目标；在"处世原则（信念/价值）"板块（C），有**律己宽人**、**因应逆转**、**拔高视野**及**自我收敛**。与"个体心理思维层面"之"具体事件处理"相对应的，在"择前审思"板块（D），有**沉着克制**、**多方慎思**及**趋势掌握**；在"策略抉择"板块（E），有**消极应对**；在"执行方式"板块（F），有**工作和谐性**、**工作克己性**及**工作圆融性**等三个与工作行为相关的构念。与"个体心理思维层面"之"事后反思/修正"相对应的，在"个别事件反省/纠正"板块（G），只有**事后反省**。与"心理健康层面"相对应的，在"行动后果：无怨无悔"板块（J），有施用中庸策略不当从而产生的负面感受——**迷惘委曲**，有在工作环境产生的**情绪衰竭**、**工作满意感**；在"长期效应：安适宁静"板块（I），则有**安适感**、**生活满意度**。其中沉着克制、多方慎思、事后反省及迷惘委曲由"中庸实践自评量表总汇"测量，其他不少维度（变量）的测量也已经在早前陈述过了，在此不赘述。需要说明的是，在本次检验

---

① 以上各项均有若干人未填答。

中，中庸信念/价值量表被用来测量拔高视野和自我收敛两个构念（详见本辑《"中庸信念/价值量表"到底在测什么?》一文），而不像在第一次检验中被用来测量单一构念。下面将第一次检验中没有出现过的新测量工具简介如下。

1. 人生目标量表（见附录二）

人生目标是指人们在日常生活中做人处世时想要达到的目标。在本研究中采用了两个相对的但并不完全相冲突的构念加以对比，用以展现中庸人生目标的效度。这一量表由杨中芳自行编制，共有6题，全为一般民众常用于评价自己做事效果的形容词。受测者在一6点量尺上，表达自己想要达到这些状态（或目标）的程度，由"非常不想要达到"到"非常想要达到"。其中，把符合"中"的人生目标之形容词（恰到好处、问心无愧、融洽和谐）相加，称为**中庸人生**，把另一个中国人喜爱的圆满概念形容词（万无一失、八面玲珑、外圆内方）相加，称为**圆满人生**，通过对两者结果差异的比较，来确保中庸"生活目标"的效度。

2. 企业员工行为中庸化问卷

企业员工行为中庸化是指在企业的工作环境中，人们自觉表现出的具中庸特色的行为。这一问卷由邵爱国（2003）编制。他认为，人们在企业中表现出的中庸行为有以下三个特色：和谐性、克己性及圆融性。量表共20题（见附录二），3个子量表的信度系数为：和谐性，0.676；克己性，0.625；圆融性，0.658（张珍，2006）。在本研究中，用三因子因素分析，所得的累积解释变异量之百分比为45.8%，将三因子称为**工作和谐、工作圆融及工作克己**。[①]

在细查各题在三因子之上的负荷量之后，发现第一因子**工作和谐**解释的变异量最高，但内容比较复杂，几乎所有的正向题皆聚集在一起。而**工作圆融**的题目，只包括了对他人说话直接、罔顾他人的感受等"不够圆融"的反向题；而**工作克己**的题目则只包括对他人批评自己之敏感、易怒"不克己"的反向题。其实两者都在测人际交往时的直接情绪反应，都可被视为是一种"不克己"的表现。（事实上，在用二因子做分析时，**工作圆融及工作克己**即合并为一了。）这两种"不克己"的差异在于：一种是自己对他人"不克己"，任意直言，没顾忌（故称不圆融）；另一种对他人之批评反应过激的"不克己"。

这里还需做一下解释：这里的"不克己"与杨中芳编"中庸实践自评

---

① 后两个因子的测题均为负向陈述句，故曾做反向计分。

量表总汇"中之**沉着克制**的情绪克制，是不同的构念，尽管其看起来涉及克己。但**沉着克制**的克己是针对事件情境的，而非针对人际交往的。本研究采用了 3 个与克己或不克己相关的变量（**沉着克制**、**工作圆融**及**工作克己**），是为了要弥补前一次杨中芳、林升栋的检验缺少情绪及自我控制变量的缺陷。在企业员工行为中庸化问卷中，三个因子的得分越高，在企业中与人相处之和谐性、圆融性及克己性程度越高。

3. 消极应对量表

消极应对是指人们在工作环境中，以避免出错被骂、受罚出丑或被人看似懒惰等为目标的应对策略。测题译自 Rioux 和 Penner（2001）的"组织公民行为动机量表"中的一个子量表，原名为"印象管理"。量表共 5 题，测题描述了应对工作时的 5 个消极行为动机（例如，"想要避免遭人非议"及"想要避免被主管责骂"）。受测者在一 6 点量尺上表达这些行为动机对自己工作表现的重要程度。在此量表上得分越高，表示消极应对的动机越强。

4. 工作满意感量表

工作满意感量表测题译自 Cammann 等（1983）的一个 5 题量表，包括 2 个负题。内容覆盖对目前工作喜欢及满意的程度，以及会不会想要离职另找工作。受测者用一 6 点量尺来表达自己同意各陈述句的程度。量表得分越高，工作满意感越高。

5. 工作情绪衰竭量表[①]

工作情绪衰竭量表测题译自 Tepper（2000）的一个 6 题短版量表，主要测量在工作上因压力太大而引起的情绪反应，如疲惫、易怒、消沉、紧张、害怕等。受测者在一 5 点量尺上表达自己在工作时，这些情绪反应出现的频率。量表得分越高，情绪衰竭越严重。

6. 社会赞许量表[②]

这是由廖玲燕（1999）编制的一个社会赞许量表的短版。该量表是按照一贯编制"测谎题"的原理，以台湾的大学生为样本，从头寻找现今台湾社会被赞许及不被赞许的行为编写出测题，共 10 题，包括 5 题正向自我行为描述句（例如，"我总是虚心地接受别人对我的批评"）及 5 题负向自我行为描述句（例如，"有时我会因情绪不佳而迁怒于别人"）。受测者用 6 点量尺来表达自己与该描述句相符的程度。在正向题上得分越高，表示受社会赞许的影响越大；相反，在负向题上得分越高，表示受社会赞许的

---

① 本文作者感谢周丽芳提供量表。

② 本文作者感谢黄金兰、林以正提供量表。

影响越小（因为其愿意承认自己有缺点）。两个得分应呈负相关。

过去有许多研究发现同意正向题与否认负向题并不代表同一种心理意义，因为同意正向题还可能表示受测者中有对凡正向题都表示同意的乐观主义者；同样，也有倾向于对负向题都表示同意的悲观主义者。受测者要既同意正向题又否认负向题才能说是受社会赞许的影响。为了剔除以上所述各项可能出现的干扰，本研究将正、负两类题分别计分，称为**社赞正题**及**社赞负题**。

（三）检验结果

这次再检验主要是在排除了社会赞许因素的影响之后，查看"构念图"中各层面内的构念之间，以及各层面构念之间的关联。本文作者选用相关分析法，而非更高层次的结构方程法，主要是因为现今对"构念图"的检验尚处于初期阶段，针对图中各个子构念，研究者还在寻找适当的测量工具，以及探研它们之间是否存在关系。找到它们之间存在稳定关联后，则把探研关系性质的任务留给后续研究。

1. 社会赞许作为控制变量

表3给出**社赞正题**、**社赞负题**及两者平均值与各量表所测得之变量的相关，以及各量表的内部一致性系数。**社赞正题**、**社赞负题**之内部一致性系数分别为0.759及0.825。两者之相关为−0.433，它们与其平均值的相关分别为0.779及−0.902。这些数据说明，**社赞正题**与**社赞负题**的相关并不算高，但后者与平均值的相关甚高，支持了我们用**社赞正题**及**社赞负题**而不用平均值的决定。

表 3　社会赞许正、负题及平均值与各量表变量之相关

	社赞正题	社赞负题	社会赞许平均值	内部一致性系数
社赞正题	1	− 0.433 **	0.779 **	0.759
社赞负题	− 0.433 **	1	− 0.902 **	0.825
中庸人生目标	0.320 **	− 0.149 **	0.257 **	0.574
圆满人生目标	0.220 **	− 0.041	0.133 *	0.622
两极感知	0.348 **	− 0.131 *	0.258 **	0.716
转换感知	0.351 **	− 0.073	0.219 **	0.773
律己宽人	0.375 **	− 0.185 **	0.308 **	0.663
因应逆转	0.403 **	− 0.151 **	0.298 **	0.753
拔高视野	0.165 **	− 0.137 *	0.174 **	0.552
自我收敛	0.186 **	0.001	0.088	0.560
趋势掌握	0.735 **	− 0.267 **	0.537 **	0.796

续表

	社赞正题	社赞负题	社会赞许平均值	内部一致性系数
沉着克制	0.256**	− 0.389**	0.393**	0.714
多方慎思	0.586**	− 0.260**	0.461**	0.745
工作和谐	0.624**	− 0.411**	0.584**	0.860
工作圆融	0.161**	− 0.380**	0.343**	0.466
工作克己	0.090	− 0.279**	0.238**	0.680
消极应对	0.063	0.101	− 0.040	0.914
事后反省	0.420**	− 0.175**	0.323**	0.719
迷惘委曲	− 0.277**	0.479**	− 0.466**	0.877
工作情绪衰竭	− 0.343**	0.490**	− 0.505**	0.883
工作满意感	0.410**	− 0.438**	0.500**	0.864
安适感	0.342**	− 0.406**	0.446**	0.659
生活满意度	0.500**	− 0.238**	0.404**	0.858

再看这次再检验所涉及的各变量与**社赞正题**、**社赞负题**的相关。大部分变量得到预期的结果：与**社赞正题**呈显著正相关，与**社赞负题**呈负相关，仅有少数几个例外，与**社赞负题**没有显著相关。同时，大部分变量与**社赞正题**的相关高过与**社赞负题**的相关很多。这一点说明，受测者在填答这些量表时，受肯定正向描述句的影响比受否定负向描述句的影响大。这也有助于解释，为什么当量表有正、负双向描述句时，受测者受**社赞正题**的影响比较小（例如，信念/价值、安适感等）。

在这些变量中，也有几个变量与**社赞正题**、**社赞负题**的相关都很高，例如，**趋势掌握**、**多方慎思**、**事后反省**、**生活满意度**、**工作和谐**、**工作满意感**等，尤其是后两者，与**社赞正题**、**社赞负题**几乎有相等的高相关，表明它们受社会赞许的影响非常大。最后，也有少数几个变量（例如**沉着克制**、**安适感**）与**社赞负题**有较高负相关，这是以否定负向描述句来反映社会赞许的影响。还有几个变量与**社赞负题**有很高的正相关（**迷惘委曲**及**工作情绪衰竭**），表明它们可能与肯定负向描述句的悲观倾向有关。

总而言之，本次检验所用的量表，或多或少受到三种可能的干扰：社会赞许、肯定正向描述句的乐观心态及肯定负向描述句的悲观心态。为此，在下面的分析中，我们均用偏相关法，先将**社赞正题**、**社赞负题**的影响剔除。

在内部一致性系数方面，大部分测量工具都在 0.70 以上，有 7 个较低，在 0.50 ~ 0.70 之间，仅有 1 个在 0.50 以下。

2. 生活哲学有关变量的相关分析

表 4 给出了"生活哲学"有关变量之间的偏相关。两个人生目标变量，正如所预期的，呈现 0.272 的正相关，表明两者均代表中国文化所惯用的待人接物的目标。但是，两者在与其他板块内变量的相关上，却呈现不同的形态。相对于**圆满人生**，**中庸人生**与**两极感知**及**转换感知**的相关比较弱，与**两极感知**甚至没有显著相关，但与**律己宽人**及**因应逆转**之相关则比较强。虽然它与**自我收敛**没有显著相关，但与**拔高视野**呈显著正相关，而**圆满人生**则与两者均没有相关。这一结果说明，中庸人生目标与中庸信念/价值中的感知部分有一定的关联，这是我们所预期的。

表 4　生活哲学有关变量之偏相关

	中庸人生	圆满人生	两极感知	转换感知	律己宽人	因应逆转	拔高视野
圆满人生	.272 **						
两极感知	.070	.144 **					
转换感知	.172 **	.200 **	.640 **				
律己宽人	.205 **	.126 *	.682 **	.542 **			
因应逆转	.252 **	.209 **	.474 **	.475 **	.448 **		
拔高视野	.191 **	.090	.103 *	.146 **	.198 **	.199 **	
自我收敛	.070	.020	.170 **	.162 **	.194 **	.186 **	.205 **

比较出乎意料的结果是，4 个用成语为题材的变量（**两极感知**、**转换感知**、**律己宽人**及**因应逆转**），在这一次检验中，彼此的相关都非常高（0.40 以上）。这一结果与杨中芳、林升栋前一次检验的结果非常不同。前面已经说过，在他们的研究中，属"阴阳感知"板块的**两极感知**、**转换感知**，除了彼此相关甚高外，与其他两个变量（**律己宽人**及**因应逆转**）均没有太多的相关。当时的推断是，可能是（大学生）样本的偏差造成的。在这一次检验中，我们用了较大及较多样化的成人样本，结果果然很不一样。**两极感知**及**转换感知**非但彼此之间的相关很高，而且与**律己宽人**的信念/价值的相关也很高，但与同属于"处世信念/价值"板块的**因应逆转**的相关略低。不过，这一点并没有与杨中芳、林升栋前面的研究结果相冲突，因为在他们的研究中也发现**因应逆转**与处理具体事件的**多方慎思**有关，而**律己宽人**则与处理人际关系及情感有关。这一点会在本辑后面的文章中讨论。

中庸**拔高视野**及**自我收敛**信念/价值，在与 4 个成语变量的相关方面没有太大的差别，都如所预料的，呈显著正相关，但都不算高。

3. 具体事件处理有关变量的相关分析

表 5 给出了"具体事件处理"有关变量之间的偏相关。首先看 3 个"择前审思"板块的变量（**趋势掌握、多方慎思及沉着克制**）之间的相关。结果发现，前两者呈显著正相关，但两者与**沉着克制**没有相关。另外我们来看这 3 个变量与工作环境中的中庸实践特点（**工作和谐、工作圆融及工作克己**）的相关，会发现**趋势掌握**和**多方慎思**分别与**工作和谐**（亦即与工作伙伴合作愉快、处理危机能力强等）呈显著正相关，但两者与情绪控制相关的 3 个变量——**沉着克制、工作圆融及工作克己**的相关则很弱或没有；相反，**沉着克制**与**工作圆融及工作克己**之间有比较高的相关，特别是**沉着克制**与**工作克己**因都涉及"不发火"的一面，故正相关比较高。这一结果也说明"中庸实践自评量表总汇"与"企业员工行为中庸化问卷"相互呼应，效度还是不错的。这些结果显示，在处理具体事件时，"冷静思考、酌酌情境"变量与"按捺脾气、控制情绪"变量之间没有太多共通性，从而形成两条通路。它们如何和其他层面的变量相通则留待后面说明。

表 5 具体事件处理有关变量之偏相关

	趋势掌握	多方慎思	沉着克制	工作和谐	工作圆融	工作克己
多方慎思	.285 **					
沉着克制	.080	− .030				
工作和谐	.343 **	.246 **	.060			
工作圆融	.080	.123 *	.246 **	.080		
工作克己	.020	.030	.397 **	.050	.109 *	
消极应对	.020	.161 **	− .334 **	− .030	− .080	− .222 **

本研究的另一项尝试是对工作环境中一种相当普遍之应对策略进行探研。其中，这一应对策略就是以消极不出错为行事目的，来避免因被责骂或处罚而失去个人的面子及尊严。我们想看看，这一**消极应对**策略与中庸行动及经验是否有关联。由**表 5** 的结果可知，这一应对工作的方式与**多方慎思、沉着克制及工作克己**都显著相关：与**多方慎思**呈正相关；与另两个情绪控制变量则呈较高的负相关。这一结果表明，消极应对策略和其他情绪控制变量同与工作环境中的人际交往有关联。

4. 心理健康层面有关变量的相关分析

表 6 给出了"心理健康层面"两个板块的 5 个变量之偏相关。其中有

两个负向心理健康变量：**迷惘委曲**（由循中庸之道时，遇到的心理压力及困境引起），以及工作**情绪衰竭**（在工作环境中，因压力过大而引发的疲惫、易怒等心理反应）。在**表 6** 中，我们看到两者的正相关非常高。但是工作**情绪衰竭**与工作**满意感**、**安适感**及**生活满意度** 3 个正向心理健康变量的显著负相关都比**迷惘委曲**与它们的相关高。**迷惘委曲**甚至与**生活满意度**没有相关。也许**迷惘委曲**与心理健康指标的联系是比较间接的，中间有些什么因素影响两者的关系，有待深入探讨。

表 6　心理健康层面有关变量之偏相关

	迷惘委曲	工作情绪衰竭	工作满意感	安适感
情绪衰竭	.626 **			
工作满意感	−.190 **	−.383 **		
安适感	−.115 *	−.312 **	.269 **	
生活满意度	−.012	−.191 **	.340 **	.484 **

　　至于**工作满意感**、**安适感**与**生活满意度**之相关，则一如预期，都为显著正相关。**工作满意感**与**安适感**之间的相关要低于它们各自与**生活满意度**的相关，这也与预期相同，因为工作满意度是生活满意度的一部分，但高工作满意感的人是否会觉得内心安适宁静就另当别论了。

　　5. 各组变量之间的相关分析

　　（1）"生活哲学"有关变量与其他 3 组变量之间的相关

　　表 7 给出了"生活哲学"有关变量与和"具体事件处理"、"事后反思/修正"，以及"心理健康层面"有关的 3 组变量的相关。

　　在表 7 中，与**圆满人生**的结果相比，我们看到**中庸人生**与**多方慎思**、**工作和谐**、**事后反省**及**安适感**有较高的正相关；而**圆满人生**则与**趋势掌握**、**工作和谐**、**工作圆融**及**消极应对**的相关比较高。同时，这两个人生目标都与**沉着克制**、**工作克己**、**迷惘委曲**、工作**情绪衰竭**、工作**满意感**、**生活满意度**没有相关。这里的结果似乎显示，中庸人生与在处理事件时**多方慎思**、**工作和谐**及**事后反省**有关，从而导致有较高的有中庸特色的心理健康水平——安适宁静。但是我们注意到，**工作圆融**及**消极应对**与**中庸人生**也呈低相关，表明体谅他人的感受及保护自己的面子也是**中庸人生**应对生活的一部分。人生目标变量与情绪控制变量及生活满意度变量没有相关，可能说明人生目标变量与它们之间还需要有其他因素才能联结，有待日后再探讨。

表7　"生活哲学"有关变量与其他3组变量之间的相关

	中庸人生	圆满人生	两极感知	转换感知	律己宽人	因应逆转	拔高视野	自我收敛
具体事件处理								
趋势掌握	.070	.145 **	.133 *	.134 *	.102 *	.282 **	.181 **	.080
多方慎思	.294 **	.152 **	.030	.126 *	.090	.143 **	.199 **	.100
沉着克制	- .040	- .040	- .263 **	- .173 **	- .153 **	- .060	.247 **	.128 *
工作和谐	.208 **	.145 **	.180 **	.311 **	.264 **	.245 **	.321 **	.242 **
工作圆融	.108 *	.129 *	- .110 *	- .010	- .111 *	.161 **	.208 **	.117 *
工作克己	.000	- .060	- .090	- .030	- .050	- .010	.252 **	.164 **
消极应对	.175 **	.203 **	.194 **	.162 **	.170 **	.100 *	- .111 *	- .050
事后反思/修正								
事后反省	.214 **	.122 *	.080	.185 **	.119 *	.165 **	.188 **	.010
心理健康层面								
迷惘委曲	.090	.090	.133 *	.110 *	.070	- .060	- .208 **	- .090
工作情绪衰竭	.000	.030	.020	- .040	- .060	- .090	- .196 **	- .090
工作满意感	.060	- .050	.163 **	.090	.186 **	.090	.080	.118 *
安适感	.169 **	.090	.218 **	.154 **	.237 **	.080	.010	.010
生活满意度	.043	.014	.217 **	.150 **	.203 **	- .024	- .096	.021

　　4个成语量表测量的**两极感知、转换感知、律己宽人**及**因应逆转**，它们之间的相关固然很高，但审视它们与这里其他变量之相关形态时，会发现前三者的形态相近，但**因应逆转**却有较不一样的结果。前三者与**趋势掌握**呈显著但较低的正相关；与**沉着克制**有负相关；与**工作和谐**及**消极应对**都呈显著正相关；与**事后反省**相关较低，或没有；与**工作满意感、安适感**及**生活满意度**均呈显著正相关。而**因应逆转**则只与**趋势掌握**及**工作和谐**有较强的正相关；与**多方慎思、工作圆融**及**事后反省**有较低的正相关；与所有心理健康层面的5个指标都没有显著相关。

　　我们发现，用"中庸信念/价值量表"所测的**拔高视野**及**自我收敛**，前者与大部分变量都或多或少呈显著正相关；与**消极应对、迷惘委曲**及**工作情绪衰竭**呈显著负相关；但两者与3个正向心理健康变量却没有相关。至于**自我收敛**，则与**沉着克制、工作和谐、工作圆融、工作克己**及**工作满意感**呈正相关，但与其他变量都没有显著相关。显示**自我收敛**与人际相处之道的关联比较强。

　　这些结果中，出乎意料的是**两极感知、转换感知、律己宽人**三者与**沉着克制**呈显著负相关，如何解释这一现象，要留待日后进一步探讨。

　　（2）"具体事件处理"有关变量与和"事后反思/修正"和"心理健康层面"有关的2组变量之间的相关

　　下面让我们再看看"具体事件处理"有关变量与"事后反思/修正"

之事后反省变量及 5 个心理健康指标的相关。**事后反省与趋势掌握、多方慎思、工作和谐及消极应对**呈显著正相关，与**沉着克制、工作圆融、工作克己**等与情绪控制相关的变量，或为负相关，或没有相关。

在与"心理健康层面"的 5 个变量之相关方面，**趋势掌握**或多或少与两个负向指标呈负相关，与**工作满意感及生活满意度**呈正相关。**多方慎思**则只与**迷惘委曲**呈正相关，与其他 4 个变量均无相关，显示多方慎思并不一定带来更清晰、更理智的结果。这里比较突出的结果是，**沉着克制与迷惘委曲及工作情绪衰竭**呈高度负相关，与**生活满意度**则呈显著但低度的负相关。这一结果表明，3 个与情绪控制相关的变量有预期的关联，但为什么与生活满意度呈负相关，则比较费解，有待再做思考。

在 3 个与工作情境相关的变量方面，**工作和谐与事后反省**及 5 个心理健康指标都有预期的正、负相关。**工作圆融与工作克己**则与**事后反省**无相关，与**迷惘委曲、工作情绪衰竭**呈显著负相关，尤其是**工作克己与迷惘委曲**之负相关高达 − 0.401；但它们与心理健康正向指标的相关不如预期，与它们没有显著相关，仅**工作圆融与生活满意度**呈显著但低度的负相关。

最后，在**表 8** 中我们看到，**消极应对与事后反省、迷惘委曲及工作情绪衰竭**都有相当高的正相关，表明在职场使用消极策略并不轻松，需要反复思考，也会造成情绪衰竭。

表 8　"具体事件处理"有关变量与其他 2 组变量之间的相关

	趋势掌握	多方慎思	沉着克制	工作和谐	工作圆融	工作克己	消极应对
事后反思/修正层面							
事后反省	.266**	.574**	− .135*	.247**	.040	− .070	.281**
心理健康层面							
迷惘委曲	− .104*	.198**	− .704**	− .107*	− .150**	− .401**	.404**
工作情绪衰竭	− .137*	.070	− .445**	− .236**	− .215**	− .162**	.312**
工作满意感	.144**	.020	.080	.319**	.040	.030	− .040
安适感	.010	.020	− .090	.220**	− .020	.080	.060
生活满意度	.124*	.097	− .144**	.246**	− .181**	− .064	.091

（3）"事后反思/修正"有关变量与"心理健康层面"有关变量之间的相关

最后，**事后反省**与心理健康层面 5 个变量的相关，呈现非常耐人寻味的形态：它与两个负向指标——**迷惘委曲及工作情绪衰竭**呈显著但低度的正相关（0.251 及 0.111），与**工作满意感**及**安适感**无相关，与**生活满意度**则呈显著但低度的正相关（0.134）。这一结果表明，**事后反省**并不一定带来正面的结果。如何才能让**事后反省**有正面效果，还有待日后进一步探讨。

（四）一般性讨论

在这次检验中，我们用了两个比较大的成人样本，并且控制了社赞正题及负题的影响，大部分结果与预期相符，但仍有些结果与预期有出入。有些议题，值得我们在此总体讨论一下，并作为未来重点研究的方向。

1. 社会赞许因素

在本研究中，我们仅用偏相关控制了社会赞许的影响。但是前面已经提过，作答偏好其实是一个很复杂的构念，包括正向偏好、负向偏好及社会赞许偏好等许多种心态，而每一种偏好背后的动机可能都不同。即使是社会赞许偏好，也可以反映作答时的不同心态。例如，廖玲燕（1999）发现，对台湾的大学生受测者而言，既"肯定正向题"又"否定负向题"反映了偏向"自我欺瞒"的动机；而既"肯定负向题"又"否定正向题"则反映了受测者偏向"印象整饰"的动机。所以在本研究中，我们仅用偏相关来控制社会赞许是远远不够的，未来研究应该更细致地将填答社会赞许量表之不同动机纳入分析之中。

2. 中庸信念/价值量表的细分

杨中芳、林升栋（见本辑《"中庸信念/价值量表"到底在测什么？》一文）曾建议在使用黄金兰、林以正、杨中芳（2012）修订的中庸信念/价值量表时，将测题细分为两个题组：一个是与思考问题方式相关的**拔高视野**；另一为与退、让、忍等自我节制相关的**自我收敛**。本研究在使用该量表时，均用因素分析做了同样的细分，并用因子得分进行偏相关分析。从这两个因子与本研究其他变量的相关形态来看，这一细分是合理及有意义的：**拔高视野**与**多方慎思**、**事后反省**等变量的关系比较密切，而**自我收敛**与人际相处的圆融、情绪的克己比较有关联。

3. 情绪控制

这次检验，我们加入了两个与情绪有关的负向变量——**迷惘委曲**与工作**情绪衰竭**。这两个变量与事件发生时"沉住气、不发火、把情况摸清楚"的**沉着克制**呈高度负相关，因此一起构成与情绪控制相关的群组。同时一如预期，它们与中庸信念/价值板块的**拔高视野**及 3 个正向心理健康指标呈显著负相关，只是**迷惘委曲**与 3 个指标的负相关较弱，与**生活满意度**没有相关。这一结果也是可以理解的，因为相较于工作**情绪衰竭**，**迷惘委曲**与工作**生活满意度**的心理距离可能更远一点。无论如何，这些与情绪相关的变量值得在今后的研究中，作为一系列关键指标来使用。

4. 沉着克制

虽然上述两个负向情绪指标——**迷惘委曲**与工作**情绪衰竭**——在这次检验中，有很好的信、效度，但另一情绪控制指标——**沉着克制**，则没有完全得到预期的结果。我们发现，它与中庸信念/价值板块的**拔高视野**与**自我收敛**，以及**工作和谐**、**工作圆融**及**工作克己**等变量都有预期的正相关，但也意外地与**两极感知**、**转换感知**、**律己宽人**、**事后反省**及**生活满意度**呈显著负相关，与**因应逆转**、**工作满意感**及**安适感**无相关。这些结果令人难以理解，不过这一量表只有3个测题（原为4题，在做项目分析后删去1题），有些偏少。我们认为，在此先不必急于解释，应该在未来的研究中，先对其重新进行构念化及编制新量表，在下一次对"构念图"进行检验、肯定了结果的稳定性后，再去做解释。

5. 事后反省

在这次检验中，我们新加入一个"事后反思/修正"方面的变量——**事后反省**。从它与本研究其他变量的相关来看，它与**中庸人生**目标及理性思考的**多方慎思**及**趋势掌握**有很高的正向关联，与**生活满意度**有低度的正相关。但它似乎是一把双刃剑，同时又与**沉着克制**有低度负相关，与**消极应对**、**迷惘委曲**及工作**情绪衰竭**有正相关。这些结果都说明，**事后反省**可能是一个较复杂的概念，对什么时候它起正面作用、什么时候起负面作用，要再做细分研究。

6. 安适感

和前一次检验（杨中芳、林升栋，2012）时所得到的结果相同，**安适感**虽然与**生活满意度**有很高的正相关，但它与大部分变量都没有或只有低度相关。然而，它却与关键的变量有预期的关联，例如，与**中庸人生**目标、**两极感知**、**转换感知**及**律己宽人**等都有预期的正相关。有些令人意外的是，没有发现它与**拔高视野**及**自我收敛**这两个中庸信念/价值有关联，这与上一次检验结果有出入，看来这一变量还值得我们再继续探研下去。

7. 中庸思维与消极应对

在这次检验中，我们加入了一个在工作环境中人们常用的消极应对方式，作为与中庸工作方式的对比。结果意外地发现，它与许多中庸变量都有正相关，只与**拔高视野**这一信念/价值有低度负相关。这表明它可能也是具中庸实践思维的人会用的应对策略。只不过后面的结果显示，它与负向的心理健康指标有很高的正相关，却与正向指标无相关。这一结果让我们注意到，在工作环境中所采用的应对方式可能是一个很重要的中介变量，值得我们在未来研究中进一步探索。

四　总结

本研究试图再次检验杨中芳（2008）"中庸实践思维体系构念图"之建构效度，用了大型成人样本，在人们现实生活的环境——家庭及工作情境——中加入了对负面应对及反应的变量，并在剔除社会赞许的可能影响之后，探讨了与不同层面和板块相对应的多组变量之间相关。结果大致支持了这一"构念图"的设想，有一些新发现（例如，两条纵线——**思考周密**及**情绪控制**同时在起作用），但也留下一些未解的谜团（例如，为什么**沉着克制**与**阴阳感知**及**律己宽人**呈负相关），有待日后进一步澄清及探研。

参考文献

黄金兰、林以正、杨中芳，2012，《中庸处世信念/价值量表的修订》，（台北）《本土心理学研究》第 38 期，第 3 ~ 14 页。

金华、吴文源、张明园，1986，《中国正常人 SCL - 90 评定结果的初步分析》，《中国神经精神疾病杂志》第 5 期，第 260 ~ 263 页。

李怡真，2008，《华人安适幸福感》，台湾大学心理学研究所博士学位论文。

廖玲燕，1999，《台湾本土社会赞许量表之编制及其心理历程分析》，台湾大学心理学研究所硕士学位论文。

林升栋、杨中芳，2012，《中庸相关量表的信、效度研究》，《社会心理研究》第 3 期，第 1 ~ 19 页。

邵爱国，2003，《中庸之道的管理智慧及其现代化价值》，苏州大学心理学系硕士学位论文。

唐秋萍、程灶火、袁爱华、邓云龙，1999，《SCL - 90 在中国的应用及分析》，《中国临床心理学杂志》第 1 期，第 16 ~ 20 页。

王征宇，1984，《症状自评量表（SCL - 90）》，《上海精神医学》第 2 期，第 68 ~ 79 页。

吴佳辉，2006，《中庸让我生活得更好：中庸思维对生活满意之影响》，（香港）《华人心理学报》第 7 期，第 163 ~ 176 页。

吴佳辉、林以正，2005，《中庸思维量表的编制》，（台北）《本土心理学研究》第

24 期，第 247～299 页。

阳中华，2012，《中庸实践思维与家庭功能和心理健康关系研究》，中南大学湘雅三医院临床心理科博士学位论文。

杨中芳，2008，《中庸实践思维研究——迈向建构一套本土心理学知识体系》，载杨中芳主编《本土心理研究取径论丛》，台北：远流出版公司，第 435～478 页。

杨中芳，2010，《中庸实践思维体系探研的初步进展》，（台北）《本土心理学研究》第 34 期，第 3～96 页。

杨中芳、林升栋，2012，《中庸实践思维体系构念图的建构效度研究》，《社会学研究》第 4 期，第 167～186 页。

余思贤，2008，《长期取向与华人心理适应之关联》，台湾大学心理学研究所博士学位论文。

张珍，2006，《企业之行为中庸化与其工作满意感、工作绩效的关系》，首都师范大学心理学系硕士学位论文。

Brophy, C. J., Nervell, N. K., & Kiluk, D. J. (1988). An examination of the factor structure and convergent and discriminant validity of the SCL－90R in an outpatient clinic population. *Journal of Personality Assessment*, *52*（2），334－340.

Cammann, C., Fichman, M., Jenkins, D., & Klesh, J. (1983). Assessing the attitudes and perceptions of organizational members. In S. E. Seashore, E. E. Lawler, P. H. Mirvis, & C. Cammann (Eds.), *Assessing organizational change*：*A guide to methods*, *measures and practices* (pp. 71－138). New York：John Wiley & Sons.

Derogatis, L. R., & Cleary, P. A. (1977). Confirmation of the dimensional structure of the SCL－90：A study in construct validation. *Journal of Clinical Psychology*, *33*（4），981－989.

Derogatis, L. R., & Savitz, K. L. (2000). The SCL－90－R and Brief Symptom Inventory (BSI) in primary care. In M. E. Maruish (Ed.), *Handbook of psychological assessment in primary care settings* (pp. 297－334). Mahwah, NJ：Lawrence Erlbaum Associates.

Epstein, N. B., Baldwin, L. M., & Bishop, D. S. (1983). The McMaster Family Assessment Device. *Journal of Marital and Family Therapy*, *9*（2），171－180.

Miller, I. W., Epstein, N. B., Bishop, D. S., & Keitner, G. I. (1985). The McMaster Family Assessment Device：Reliability and validity. *Journal of Marital and Family Therapy*, *11*（4），345－356.

Ridenour, T. A., Daley, J., & Reich, W. (1999). Factor analysis of the Family Assessment Device. *Family Process*, *38*（4），497－510.

Rioux, S. M., & Penner, L. A. (2001). The causes of organizational citizenship behavior：A motivational analysis. *Journal of Applied Psycholology*, *86*（6），1306－1314.

Shek, D. T. L. (2001). The General Functioning Scale of the Family Assessment Device：Does it work with Chinese adolescents? *Journal of Clinical Psychology*, *57*（12），1503－1516.

Tepper, B. J. (2000). Consequences of abusive supervision. *Academy of Management Journal*, *43*（2），179－180.

Wanous, J. P., Reichers, A. E., & Hudy, M. J. (1997). Overall job satisfaction：How good are single-item measures? *Journal of Applied Psychology*, *82*, 247－252.

A Second Construct Validity Study of C. F. Yang's Conceptualization of Zhongyong

Yang Chungfang

Center for Social Psychology Studies, Institute of Sociology,

Chinese Academy of Social Sciences

Yang Zhonghua

Child Healthcare Department, Shenzhen Children's Hospital

Ding Yu

Tencent Technology (Shenzhen) Co. Ltd.

Abstract: This paper reports a second validity study of the zhongyong action deliberation system developed by C. F. Yang, which outlines how the zhongyong thinking mode influences people's dealing with their everyday life events. In this study, a new inventory developed to measure 4 of the key concepts included in Yang's system was employed to increase the number of constructs tested. Study I used a large adult sample to check the reliability and validity of this new instrument. In Study Ⅱ, a social desirability measure was included so that the associations of the key concepts in the system can be examined without the influence of the social-desirability factor. The results, by and large, supported the proposed system. Some exceptions are discussed and future research directions are suggested.

Keywords: C. F. Yang's Zhongyong Conceptualization Map, Construct Validity, Zhongyong Action Self-Report Inventory, Control of Social-desirability

反中庸，还是非中庸？

——检验中庸信念/价值量表反向计分的有效性[*]

徐慧金　邹智敏

中山大学心理学系

摘　要： 本研究分析了中庸信念/价值量表计分方法存在的缺陷，并提出两种弥补方法。通过分析886名企业员工的调查数据，笔者发现，差异比较法和直接计分法与传统反向计分法相比，在内部一致性信度与结构效度上差别不大，都在良好的范围内；而在以情绪为效标的效标效度上，差异比较法和直接计分法与正向情绪的关联都明显要比传统反向计分法与正向情绪的关联更为显著，体现出差异比较法和直接计分法比传统反向计分法更为敏感的优势。本文根据研究结果对这三种计分方法展开讨论，希望可以为后续使用中庸信念/价值量表的研究在计分方法上提供参考，以提高该量表使用的有效性。

关键词： 计分方法　反向计分　迫选　差异值　中庸信念/价值量表

一　前言

（一）中庸概念及测量

中庸是中国传统文化中一个非常鲜明且重要的哲学思想，不同时代、不同背景的学者从不同的角度对中庸进行了各种不同的解读。古时的学者

---

* 本研究获得中山大学青年教师培育项目（文科）（12wkpy22）的资助。

更多地从中庸的道德层次和自我修养层次出发，认为中庸是儒家的一套处世规范，儒家所谓的"中庸"应该首先指的是适宜，符合"礼"的行为（徐克谦，1998）。随着本土心理学的兴起和发展，中庸这一具有本土特色的概念和思想自然也就进入了心理学研究者的视野。赵志裕（2000）、杨中芳（2001），郑思雅、李秀丽和赵志裕（1999），以及 Peng 与 Nisbett（1999），都曾对中庸如何影响中国人的思考方式与行为进行过讨论（吴佳辉、林以正，2005）。

杨中芳与赵志裕在 1997 年首次提出"中庸"的心理学概念，他们指出，中庸这个概念不仅是儒家"理想人格"的楷模、"士"的自我修养目标，而且是一套"实践思维体系"，即人们在处理日常生活事件时，用以决定要如何选择、执行及修正具体行动方案的指导方针；依中庸思想行事能达致内在心理与外在行为合一的境界，以及个人与人际"和谐"的状态，从而达到心理健康的目标（杨中芳，2009）。

杨中芳与赵志裕早年以华人在处理日常生活事件时的 8 个具中庸特色的基本原则（顾全大局、不走极端、恰如其分、以和为贵、注重后果、合情合理、两极感知、天人合一）为理论框架，在 1997 年编制了 16 题中庸量表。这一量表作为首个中庸思维的测量工具而备受关注。然而这一量表自编成之后，并没有接受较正规的信、效度检验，最终也并没有正式发表。直到 2012 年，黄金兰、林以正、杨中芳以台湾大学生为样本，针对该量表研究概念过度复杂化、未剔除社会赞许的干扰以及缺乏信、效度等关键问题做了具体的改进并进行验证，最终将原量表精简为 9 题，并命名为"中庸信念/价值量表"。

（二）中庸信念/价值量表的计分方法与可能存在的问题

中庸信念/价值量表在原 16 题中庸量表的基础上，根据 3 次因素分析的结果删除了 7 题，最终保留 9 题而形成，保留原有的答题以及计分方法。具体来讲，就是每题包括两个陈述句：一个是与中庸思维相符合的陈述句，另一个则是与中庸思维不相符合的陈述句。被试被要求先在这两个陈述句中选择一个他们比较同意的陈述句，再用 7 点量尺标出对这一陈述句的同意程度。1 代表"非常不同意"，7 代表"非常同意"。如果被试选择了与中庸思维相符合的那个陈述句，那么他们在这道题上的得分便是他们在这道题上的中庸得分；如果他们选择了与中庸思维不相符合的那个陈述句，那么就做反向计分处理，也就是说，要把他们在量尺上选择的数字按以下方式倒转过来：1→7，2→6，3→5，依此类推。最后，将被试在所有

9 个题上所得的分数进行加总平均，得到最终的中庸得分，分数越高，说明中庸信念/价值越高。

例题如下：

（ ）与人相处，不能吃亏，否则别人会得寸进尺。 （ ）与人相处，吃点眼前亏，将来对自己可能有好处。	1	2	3	4	5	6	7

反向计分在心理测评中的使用，一般是研究者为了防止被试不区分题目内容而随意做出同意或不同意的反应倾向和不认真行为（王淑娟、张建新，2009）。因此将反向陈述句和正向陈述句混合使用，以此来减少被试的反应偏差。其前提是反向陈述句与正向陈述句的意思完全相反。例如，著名的 Rosenberg 的自尊量表，其中 5 句为正向陈述句，5 句为反向陈述句。例如，其中两个陈述句为"我感到我是一个有价值的人，至少与其他人在同一水平上"，"我确实时常感到自己毫无用处"。显而易见，其正反两句的意思刚好相反。

让我们再来看原版 16 题中庸量表的一个例子（赵志裕，2000）。

陈述句 1：处理任何事情，都不能一概而论，必须充分考虑当时的特殊情况。

陈述句 2：世事一理通百理明。

陈述句 1 的重点在于强调做事要具体分析；而陈述句 2 的重点在于不同知识存在广泛联系。其含义并非完全相反。

显然，黄金兰等在对原版进行修改的过程中，也考虑到了这个问题。他们的处理方式是将 16 对陈述句打散为 32 个独立的题，然后检查同一题的两个陈述句之间是否有过高的正相关（黄金兰、林以正、杨中芳，2012）。其研究结果见表 1（引自黄金兰、林以正、杨中芳，2012：15）。

表 1　杨中芳、赵志裕（1997）量表之 32 题以不同方式呈现的同意评定平均值差异

题	打散				并列			
	中庸句	非中庸句	两者差值	两者相关	中庸句	非中庸句	两者差值	两者相关
1	5.07	3.71	1.36	-0.18*	5.18	3.33	1.85	-0.28**
2	5.10	4.35	0.75	0.08	5.07	4.17	0.90	-0.37**
3	5.00	5.26	-0.26	0.13	4.73	4.95	-0.22	-0.28**
4	4.74	4.50	0.24	-0.10	5.23	4.10	1.13	0.09
5	5.39	3.03	2.36	-0.04	5.55	3.14	2.41	-0.12
6	5.46	4.42	1.04	0.15	5.81	3.33	2.48	-0.17
7	5.34	4.43	0.91	-0.06	5.11	4.28	0.83	-0.30**

题	打散				并列			
	中庸句	非中庸句	两者差值	两者相关	中庸句	非中庸句	两者差值	两者相关
8	5.66	3.88	1.78	-0.06	5.67	3.68	1.99	-0.27**
9	4.99	2.81	2.18	-0.02	5.78	2.56	3.22	-0.16
10	5.11	3.99	1.12	0.08	5.23	3.72	1.51	-0.04
11	5.08	4.70	0.38	0.02	4.68	4.70	-0.02	-0.31**
12	5.80	3.39	2.41	-0.11	5.92	3.20	2.72	-0.48**
13	4.33	4.89	-0.56	-0.04	4.78	4.23	0.55	-0.32**
14	5.11	5.02	0.09	0.11	5.08	4.62	0.46	-0.15
15	5.23	3.91	1.32	-0.09	5.36	3.94	1.42	-0.23**
16	5.10	4.20	0.90	0.21*	5.33	3.92	1.41	-0.08
总平均	5.16	4.16	1.00	0.01	5.28	3.87	1.41	-0.22

$*p<0.05$；$**p<0.01$。

从其结果可见，当打散呈现时，中庸句与非中庸句之间趋近于零相关。也就是说，相对应的两个句子其实并不是意思相反的两句话，而是不相干的两句话。强制将这两个句子并列在一起的确可以加大两者之间的差异，而并排呈现使得研究参与者必须更仔细地评估他们相对的同意度，也使得其对相对较不同意的选项之评量分数会下降，选择了其中一个陈述句，也就相对地反对另一个陈述句，因此使得两者之间呈现负相关。但是这个结果难以摆脱人为设置之嫌。

另一方面，题目作答要求先在两个陈述句之间进行迫选，选择较为同意的一句，然后再进行程度评定。迫选（forced-choice）这种方法始自1940年代，Edwards（1954）开发了第一个标准化的人格迫选量表《爱德华个人偏好量表》（EPPS）（骆方、张厚粲，2007）。这种测量方法迫使被试在两个同意程度相同的句子或答案间选择，以提高测验的鉴别度。同样，中庸量表"采用迫选形式的主要原因是，杨、赵氏原量表之编制是在西化程度相当高的香港开始的，中庸所代表的传统思维方式与西化思维习惯可能共存在人们心中。若将两者对应呈现，并强迫作答者在两者中间选一个，比较能够呈现出孰重孰轻。也就是说，迫选形式应有拉开'差距'的效果"（黄金兰、林以正、杨中芳，2012：8）。

而在迫选之后，被试依然要在从1"非常不同意"至7"非常同意"的量尺上给出对选出的那个陈述句的同意或者不同意程度。这种编制的理念是，被试可以对两者表示都同意或不同意，只要是他或她觉得更同意或更不同意两者之一就足以测出区别（黄金兰、林以正、杨中芳，2012）。

但具体情况是，假如被试在回答下面一道题时，选择了 A，在同意程度上标为 2，也就是说，显然他或她对这两个陈述句表示都不同意，相比之下，选择了稍微不那么不同意的 A。

A：处理事情，要当机立断，快刀斩乱麻。

B：发生事情，不要急于采取行动，最好先想清楚结果。

在计分处理上，因为被试首先选择的句子是违反中庸的表述，所以要做反向计分，将得分 2 改记为中庸得分 6；其结果跟另一名被试的结果（在回答同一道题时，选择 B，中庸得分为 6）相同。这样一来，原本是非常不同意中庸的回答在反向处理之后，就荒唐地变成了非常同意中庸的回答。

目前对这一现象有所留意的学者，比如周丽芳等（2013），在修订该量表的企业版时，聪明地回避了不同意的一端，将 7 点量尺改为 6 点量尺直接请被试从 1 "略微同意" 至 6 "非常同意" 对同意程度进行评价，其假设是被试在勾选时已经选了其更为 "同意" 的陈述句。这一做法的确有效地避免了上述计分逆转的问题，但同时也忽视了被试对两者都不同意的情况。

综合上面的讨论，笔者认为，中庸信念/价值量表的计分方法存在一定缺陷，会人为地造成测量误差，影响量表的可靠度与有效性。因此，本文的目的有二：①检验上述反向计分的方法是否会影响量表的信、效度；②提出更优化的计分方法来弥补现有计分方法的不足。

（三）其他两种可能的计分方法

1. 差异比较法

差异值（discrepancy scores）在心理学领域中的使用，典型的例子是"现实－理想差异"（real-ideal discrepancy），涉及的主题包括自我（Higgins，1987；Renaud & McConnell，2007）、日常生活（Michalos，1986）以及伴侣（Ruvolo & Veroff，1997）等。要求被试同时评定现实与理想两方面的问题，比如：

A："真诚"在多大程度上符合你的现实自我。

B："真诚"在多大程度上符合你的理想自我。

最简单的计算方法就是用理想值减去现实值，得到的数值就是差异值，该差异值具有独特的心理学意义，意味着理想与现实的差距，在多个研究中这个差异值与心理健康（Rogers & Dymond，1954）、情绪（Higgins et al.，1985）、关系满意度（Kelley & Burgoon，1991；Murstein & Beck，

1972；Sternberg & Barnes，1985）有关。

回到中庸信念/价值的测量上，如果并列对比的两个陈述句，代表的意思并非完全相反，而是在同一主题下有不同的侧重，也就是一句代表中庸，另一句代表非中庸（不是"反中庸"），那么也可以借鉴差异值的做法，将被试在中庸句上的得分，减去在非中庸句上的得分，来表示其对中庸信念/价值的重视程度。这时被试在非中庸句上的得分可以被视为其在处理该事件时的一个参考点或标准值，差异值越大，则说明中庸信念/价值在其处理该事件时所发挥的作用越显著地大于一般的处世价值。

不过，将分值相减这种简单的计算方法，自提出之日起就不断受到学者们的质疑（例如 Hattie，1992；Keith & Bracken，1996；Marsh，1993；Marsh & Roche，1996；Michalos，1991；Pelham & Swann，1989；Wells & Marwell，1976；Wylie，1974）。其主要问题为：①这个值不稳定；②很难区分出测量变异的来源；③很难解释差异值的具体意义（Byrne，2002；Scalas & Marsh，2008）。因此，除此之外，我们提出另一种改进的计分方法。

2. 直接计分法

这种方法在答题形式上与差异比较法相似，要求受测者同时评定每题中的中庸句和非中庸句。但在计分上，我们只计算被试在中庸句上的得分，最后将 9 题加总平均得到被试对中庸信念/价值的重视程度。

这种计分方法的好处在于：①回避了相减的方式，使分数的意义更明确。每题的得分就代表被试对该情境下使用中庸信念/价值的同意或不同意的程度。②保留中庸句与非中庸句两个句子并列呈现的形式，一定程度上依然可以起到对比的作用，增加题目的鉴别度。

二 研究思路与方法

（一）研究思路

综上所述，在本研究中我们提出了两种对中庸信念/价值量表计分方法的改进方法：一种利用被试在中庸句上的得分减去在非中庸句上的得分，其差异值代表中庸偏好；另一种直接计算被试对 9 题中庸表述的同意程度。

为了检验这两种计分方法是否真的对中庸信念/价值量表的信、效度有更好的改善，本研究将被试随机分成两组：一组使用传统的答题方式和反向计分法；另外一组不用迫选题的方式，而是要求被试同时评定对中庸句与非中庸句的同意程度（依然成对呈现，并非打散呈现），对这组被试，我们后期通过采用差异比较法与直接计分法，分别得到其中庸得分。在得到 3 种不同的中庸得分的基础上，我们将分别比较它们在内部一致性 Cronbach'α、结构效度以及以情绪为效标的效标关联效度上的表现。

之所以选择情绪为中庸信念/价值的效标，是因为考虑到以往学者在考察中庸信念/价值量表的效标关联效度时，通常采用的效标有："儒家传统道德价值观"、"私我意识"、"公我意识"（赵志裕，2000）；"生活满意度"、"幸福感"、"安适幸福感"、"抑郁"、"受困"、"情绪效价"（黄金兰、林以正、杨中芳，2012；杨中芳、林升栋，2012）。这些效标与中庸信念/价值的关系在多项研究中都表现得非常稳定（邹智敏、肖莉婷，2014）。在本研究中，我们提出的计分方法虽与原方法有所差别，但考虑到在概念、题目等核心问题上其实并无差异，因此决定从中挑选一个敏感性高，同时又可以与之前研究结果相对照的变量作为效标。"情绪"这一效标最符合要求。黄金兰等（2012）的研究发现，中庸与正向情绪呈显著正相关，而与负向低激发情绪呈显著负相关，与负向高激发情绪没有关联。考虑到中庸与正向情绪的正向关系，如果计分方法对中庸得分有影响的话，用不同计分方法所计算出来的中庸得分与正向情绪这一效标的关系可能出现不一致的情况。一方面，采用一个好的中庸信念/价值效标应该可以重复得到黄金兰等（2012）的结果，也就是说，该效标与正向情绪呈显著正相关；另一方面，考虑到在黄金兰等的研究（2012）中，中庸与负向低激发情绪或负向高激发情绪的关系不同，为了使结果易于比较，在本研究中，我们只测量正、负向情绪的情况，而不再考虑情绪高、低激发的情况。

（二）研究方法

1. 被试情况

传统反向计分法和差异比较法以及直接计分法对被试的答题要求完全不同。传统反向计分法是先迫选后评分，后两者是对中庸句和非中庸句分别评分，因此使用的数据来自不同的被试。差异比较法和直接计分法因为答题要求一致，为减少个体差异，研究中我们使用的是同一个样本，但计分方法不同。

被试来自多家企业或事业单位，在传统反向计分法下，共回收问卷 201 份。其中，男性 106 人，女性 95 人，年龄在 18～59 岁（平均年龄为 29.27，标准差为 4.04）；行业方面，以计算机/网络领域最多（38 人），其次是商业/贸易领域（34 人）；职务方面，以一般文员为主（59 人），其次为行政人员（27 人），基层、中层、高层管理人员，工人，业务员，技术人员等都有所涉及。

在差异比较法与直接计分法下，共回收问卷 685 份。其中，男性 322 人，女性 363 人，年龄在 18～59 岁（平均年龄为 30.20，标准差为 4.81）；行业方面，以科研/教育（95 人）和健康/医疗服务领域（91 人）为主；职务方面，以技术人员最多（209 人），基层、中层、高层管理人员，工人，业务员，文员，行政人员也都有所涉及。

2. 测量工具

（1）中庸信念/价值量表

中庸信念/价值量表由黄金兰、林以正、杨中芳于 2012 年在杨中芳、赵志裕（1997）之"中庸实践思维量表"的基础上修订而成，总计 9 题。采用李克特 7 点量尺评分，分数"1"为"非常不同意"，"7"为"非常同意"，分数越高代表被试的感受与该陈述句的表述相符的程度越高。杨中芳、林升栋（2012）探索性因素分析的结果显示，此量表为两因子模型，分别是 1、2、3、6 题负荷的"自我收敛"因子和第 4、5、7、8、9 题负荷的"拔高视野"因子，两因子共解释了 39.6% 的变异。但是，也有学者针对 9 题量表提出了单因子模型的猜测（黄金兰、林以正、杨中芳，2012）。

（2）正负向情绪量表（PANAS）

正负向情绪量表由王力、柳恒超、李中权、杜卫于 2007 年翻译修订，包括 20 个形容情绪的词，其中 10 个正向形容词、10 个负向形容词，采用李克特 5 点量尺计分。将 10 个正向形容词的分数加总作为正向情绪的得分，将 10 个负向形容词的分数加总作为负向情绪的得分。

在本研究中，要求被试就自己近 1 周内的情绪进行评价。

3. 实施过程

为探究 3 种不同的计分方法——传统反向计分法、直接计分法和差异比较法，分别使用两个测量样本：传统反向计分法使用一个样本（$n = 201$），其他两种方法使用一个样本（$n = 685$）。采用后两种方法时，首先要求被试分别对中庸句和非中庸句进行 1～7 点评分，然后计分。直接计分法只计算被试在中庸句上的得分；差异比较法计算被试在中庸句上的得分与在非中庸句上的得分的差值，再做加 7 分处理，以避免出现零值和负值。

为比较 3 种计分方法，我们做了以下工作：①计算内部一致性信度，计算量表的科隆巴斯系数（Cronbach's Alpha）；②单因子验证性因素分析比较，将 9 题中庸信念/价值量表假设为单因子模型，运用 3 份数据分别进行验证性因素分析（CFA）对比拟合指标；③两因子验证性因素分析比较，根据杨中芳、林升栋（2012）净化分析中探索性因素分析的结果，将

9 题量表假设为包含"拔高视野"、"自我收敛"的两因子模型，运用 3 份数据分别进行验证性因素分析（CFA）对比拟合指标；④与效标变量正向情绪（positive activation）、负向情绪（negative activation）计算相关。根据前人研究结果，我们提出"中庸信念/价值越高，正向情绪越高，负向情绪越低"的假设。

研究中使用了 SPSS 20.0 和 Mplus Editor 对数据进行统计分析。

三　结果

（一）内部信度比较

由表 2 可知，三种计分方法的内部一致性信度（Cronbach's Alpha）都超过了可接受水平（大于 0.7；张运来，2008），表明 3 种计分方法都具有较高的可靠性，量表有效，其中又以直接计分法信度最高，传统反向计分法次之，差异比较法最低。

为了排除两组被试因样本量差异大而造成的区别，我们从参与直接计分法与差异比较法的被试中随机抽取了 209 人，重新进行信度分析。结果见表 2。直接计分法信度依然最高，传统反向计分法次之，差异比较法的信度低于 0.7，表现欠佳。

表 2　三种计分方法的内部一致性信度

科隆巴斯系数（Cronbach's Alpha）	全部样本	匹配样本量
直接计分法	0.754(n = 685)	0.764(n = 209)
差异比较法	0.706(n = 685)	0.668(n = 209)
传统反向计分法	0.732(n = 201)	0.732(n = 201)

（二）单因子验证性因素分析比较

对 3 种计分方法做单因子验证性因素分析，结果如表 3 所示。仅有传统反向计分法单因子验证性因素分析模型的各项指标达到可接受水平（$CFI = 0.980$，$TLI = 0.974$，$RMSEA$ ［90% CI］ = 0.025 ［0.000/0.061］，$SRMR = 0.047$），拟合良好。虽然传统反向计分法的卡方检验指标不显著（$\chi^2/df = 1.130$，$p = 0.29$），但是考虑到卡方检验受到样本大小（$n = 201$）

的强烈影响，所以在分析时，不给予过多关注，而是综合考虑 CFI、TLI、RMSEA、SRMR、AIC 和 BIC 各项指标值。综合考虑后发现，传统反向计分法单因子验证性因素分析模型的表现最好。

表3 三种计分方法的单因子验证性因素分析（CFA）

	χ^2/df	CFI	TLI	RMSEA[90% CI]	SRMR	AIC	BIC
直接计分法	3.560**	0.887	0.849	0.061[0.048/0.075]	0.049	20513.288	20635.464
差异比较法	4.370**	0.827	0.769	0.070[0.057/0.083]	0.055	28284.254	28406.588
传统反向计分法	1.130	0.980	0.974	0.025[0.000/0.061]	0.047	7027.558	7118.185

** $p < 0.01$。

注：CFI、TLI > 0.9 可接受，拟合较好；RMSEA、SRMR < 0.08 可接受，RMSEA、SRMR < 0.05 拟合良好；AIC、BIC 不同于评定模型对数据的拟合程度，而用于模型比较，数值较小的模型较好。

（三）两因子验证性因素分析比较

然而，当参照杨中芳、林升栋（2012）净化分析中探索性因素分析的结果，对3种计分方法做两因子验证性因素分析时，出现了有趣的结果（见表4）。直接计分法和差异比较法的两因子模型的拟合，都明显好于它们的单因子验证性因素分析模型，达到可接受水平，拟合良好，与传统反向计分法两因子模型的拟合情况相差不大。传统反向计分法的两因子验证性因素分析模型拟合依然良好，虽然 CFI、TLI 指标值略微下降〔CFI = 0.980，TLI = 0.974（表3）；CFI = 0.979，TLI = 0.971（表4）〕，SRMR 指标值也略微下降〔SRMR = 0.047（表3）；SRMR = 0.045（表4）〕，但总体来说，传统反向计分法在单因子和两因子验证性因素分析模型上的表现相差无几。3种计分方法在两因子验证性因素分析模型上的表现相差不大，都超过了可接受水平，拟合良好。

表4 三种计分方法的两因子验证性因素分析（CFA）

	χ^2/df	CFI	TLI	RMSEA[90% CI]	SRMR	AIC	BIC
直接计分法	2.040**	0.956	0.939	0.039[0.024/0.054]	0.034	20449.740	20576.441
差异比较法	2.410**	0.930	0.903	0.045[0.031/0.060]	0.038	28208.540	28335.405
传统反向计分法	1.140	0.979	0.971	0.026[0.000/0.062]	0.045	7027.540	7121.525

** $p < 0.01$。

注：CFI、TLI > 0.9 可接受，拟合较好；RMSEA、SRMR < 0.08 可接受，RMSEA、SRMR < 0.05 拟合良好；AIC、BIC 不同于评定模型对数据的拟合程度，而用于模型比较，数值较小的模型较好。

（四）　与效标变量的相关检验

使用 3 种计分方法计算出来的“中庸信念/价值”与效标变量正向情绪、负向情绪的相关检验结果如表 5 所示。差异比较法和直接计分法两种计分方法与情绪效标变量的相关都达到了统计显著（$r = 0.230$，$p < 0.01$，$r = 0.290$，$p < 0.01$；$r = -0.157$，$p < 0.01$，$r = -0.097$，$p < 0.05$），且中庸信念/价值与正向情绪（PA）显著正相关，与负向情绪（NA）显著负相关，符合“中庸信念/价值越高，正向情绪越高，负向情绪越低”的假设。但是，采用传统反向计分方法计算所得的中庸信念/价值与情绪效标变量的相关却都没有达到统计显著（$r = 0.124$，$p = 0.079$；$r = -0.119$，$p = 0.094$）。

表 5　三种计分方法的中庸信念/价值与正负向情绪的相关检验结果

	正向情绪（PA）		负向情绪（NA）		
	相关系数	显著（Sig.）	相关系数	显著（Sig.）	样本量（n）
直接计分法	.290 **	.000	- .097 *	.011	685
差异比较法	.230 **	.000	- .157 **	.000	685
传统反向计分法	.124	.079	- .119	.094	201

　* $p < 0.05$，　** $p < 0.01$。

为了排除由样本量大小不同而造成相关系数差异巨大，我们从 685 个样本中又随机抽取了 209 个样本，重新进行上述相关分析（结果见表 6）。

表 6　样本量相当的情况下三种计分方法的中庸信念/价值与
正负向情绪的相关检验结果

	正向情绪（PA）		负向情绪（NA）		
	相关系数	显著（Sig.）	相关系数	显著（Sig.）	样本量（n）
直接计分法	.253 **	.000	- .067	.335	209
差异比较法	.253 **	.000	- .120	.084	209
传统反向计分法	.124	.079	- .119	.094	201

　** $p < 0.01$。

可见，直接计分法和差异比较法两种计分方法与效标变量正向情绪的相关依然都达到了统计显著（$r = 0.253$，$p < 0.01$；$r = 0.253$，$p < 0.01$），

但中庸信念/价值与负向情绪的相关却没有达到显著水平。然而，使用传统反向计分法计算所得的中庸信念/价值与情绪效标变量的相关都没有达到统计显著（$r=0.124$，$p=0.079$；$r=-0.119$，$p=0.094$）。

四　讨论

本研究关注中庸信念/价值量表的计分方法。通过与其他两种改进方法进行比较，研究发现，传统反向计分法最大的弱点在于效果量的减弱。从与正向情绪的相关可见，如果采用另外两种计分方法，中庸信念/价值与正向情绪的相关都可以达到统计显著；但如果使用传统反向计分法则不行。其原因也容易理解，我们再回到前面那个例子：

A：处理事情，要当机立断，快刀斩乱麻。

B：发生事情，不要急于采取行动，最好先想清楚结果。

假设被试对上述两个句子分别进行评定〔1（"非常不同意"）至7（"非常同意"）〕。假定被试对第一个陈述句（非中庸句）的同意程度为7，对第二个陈述句（中庸句）的同意程度为6。如果使用差异比较法，则该被试在该题上的中庸粗分即为 -1（分数范围为 -6~6）；如果使用直接计分法，则该被试在该题上的中庸粗分即为6（分数范围为1~7）；而如果使用传统反向计分法，则该被试在该题上的中庸粗分为1（分数范围为1~7）。可见，使用传统反向计分法，中庸得分临近最低值；而使用差异比较法，中庸得分在基线0左右；使用直接计分法，中庸得分临近最高值。由此可见，从效果量上进行比较，直接计分法优于差异比较法，也优于传统反向计分法。

从内部一致性信度以及结构效度上来看，传统反向计分法的表现与后面两种方法相差不大。在内部一致性信度分数上，直接计分法优于传统反向计分法，也优于差异比较法。差异比较法表现出意义不一致的缺陷。从结构效度上看，在对中庸两因子的拟合上，3种方法的拟合值都表现良好。对于这一结果，笔者认为是因为计分方法并未从结构上导致中庸得分的本质区别。考虑到被试勾选中庸句的百分比为56%~67%（见本辑《"中庸信息/价值量表"到底在测什么？》一文），因此接受反向处理的可能性还是比较小的，其结果便与直接计分法更为一致。

至于直接计分法与差异比较法的比较，笔者认为，从内部一致性信度的结果来看，差异比较法的结果不甚理想，主要是由于其中庸得分为两种得分之间的差值，这种做法的初衷是将非中庸的那句表述作为一个态度基线，然后得到被试中庸"偏好"的一个绝对值。但可能由于各种非中庸表述提供的基线不一致，造成差值不稳定，因此这种方法也不适宜推广。

通过综合比较，笔者认为，虽然在内部一致性信度与结构效度上，传统反向计分法表现出的问题不大，但考虑到它确实存在反向意义逆转的现象，而且会在一定程度上减弱测量的效果量，所以建议研究者在今后使用该量表时采用直接计分法。在本研究中直接计分法无论在内部一致性信度、结构效度还是效标关联效度方面，都优于或不劣于传统反向计分法。

由于研究资料有限，本研究只采用了一个效标作为考察变量，下此结论可能比较鲁莽，还需要后期加入更多研究效标。另外，在以往研究中，发现社会赞许性与中庸得分有很高的关联，不同的计分方法是否对其有影响，也值得考察。最后，由于本研究的研究对象为企业或事业单位员工，这一样本是否有其特殊性而影响了分析结果，也有待于在将来的研究中使用更广泛的取样群体来考察。

参考文献

黄金兰、林以正、杨中芳，2012，《中庸信念/价值量表之修订》，（台北）《本土心理学研究》第 38 期，第 3～41 页。

骆方、张厚粲，2007，《人格测验中作假的控制方法》，《心理学探新》第 44 期，第 78～82 页。

王力、柳恒超、李中权、杜卫，2007，《情绪调节问卷中文版的信效度研究》，《中国健康心理学杂志》第 15 期，第 503～505 页。

王淑娟、张建新，2009，《心理测验中正反向表述项目对量表效度的影响》，《中国临床心理学杂志》第 17 期，第 554～556 页。

吴佳辉、林以正，2005，《中庸思维量表的编制》，（台北）《本土心理学研究》第 24 期，第 247～299 页。

徐克谦，1998，《从"中"字的三重含义看中庸思想》，《孔孟月刊》第 4 期。

杨中芳，2001，《如何理解中国人》，台北：远流出版公司。

杨中芳，2009，《传统文化与社会科学结合之实例：中庸的社会心理学研究》，《中国人民大学学报》第 3 期，第 53～60 页。

杨中芳、林升栋，2012，《黄、林、杨"中庸信念/价值量表"的净化分析》，《社会学研究》第 4 期，第 167～186 页。

杨中芳、赵志裕，1997，《中庸实践思维初探》，第四届华人心理与行为科际学术研讨会，台北，5 月 29～31 日。

张运来，2008，《冲动性购买的整合研究：基于情感视角》，北京：中国物资出版社。

赵志裕，2000，《中庸思维的测量：一项跨地区研究的初步结果》，《香港社会科学学报》第 18 期，第 33～54 页。

郑思雅、李秀丽、赵志裕，1999，《辩证思维与现代生活》，《香港社会科学学报》第 15 期，第 1～25 页。

周丽芳、余相宾、廖伟伦，2013，《中庸思维（信念）：概念与测量》，第二届"中庸心理学研究"研讨会，厦门，1 月 22～24 日。

邹智敏、肖莉婷，2014，《黄、林、杨中庸信念/价值量表的信度概化研究》，《中国社会心理学评论》第八辑，北京：社会科学文献出版社（出版中）。

Byrne, B. M. (2002). Validating the measurement and structure of self-concept: Snapshots of past, present, and future research. *American Psychologist*, *57*, 897 – 909.

Chiu, C. Y., Hong, Y., & Dweck, C. S. (1997). Lay dispositions and implicit theories of personality. *Journal of Personality and Social Psychology*, *73*, 19 – 30.

Edwards, W. (1954). The theory of decision making. *Psychological Bulletin*, *51* (*4*), 380 – 417.

Hattie, J. (1992). *Self-concept.* Hillsdale, NJ: Erlbaum.

Higgins, E. T. (1987). Self-discrepancy: A theory relating self and affect. *Psychological Review*, *94*, 319 – 340.

Higgins, E. T., Klein, R., & Strauman, T. (1985). Self-Concept Discrepancy Theory: A psychological model for distinguishing among different aspects of depression and anxiety. *Social Cognition*, *3*, 51 – 76.

Keith, L. K., & Bracken, B. A. (1996). Self-concept instrumentation: A critical review. In B. A. Bracken (Ed.), *Handbook of self concept: Developmental, social, and clinical considerations* (pp. 91 – 171). New York: Wiley.

Kelley, D. L., & Burgoon, J. K. (1991). Understanding marital satisfaction and couple type as functions of relation expectations. *Human Communication Research*, *18*, 40 – 69.

Marsh, H. W. (1993). Relations between global and specific domains of self: The important of individual importance, certainty and ideals. *Journal of Personality and Social Psychology*, *65*, 975 – 992.

Marsh, H. W., & Roche, L. A. (1996). Predicting self-esteem from perceptions of actual and ideal ratings of body fatness: Is there only one ideal "supermodel"? *Research Quarterly for Exercise and Sport*, *67*, 13 – 23.

Michalos, A. C. (1986). *Job satisfaction, marital satisfaction, and quality of life: A review and a preview research on the quality of life.* Ann Arbor: University of Michigan Press.

Michalos, A. C. (1991). *Global report on student well-being* (Vol. 1). New York: Springer-Verlag.

Murstein, B. I., & Beck, G. D. (1972). Personal perception, marriage adjustment, and social desirability. *Journal of Consulting and Clinical Psychology*, *39*, 396 – 403.

Pelham, B. W. , & Swann, W. B. (1989). From self-conceptions to self-worth: On the sources and structure of global self-esteem. *Journal of Personality and Social Psychology*, *57*, 672 – 680.

Peng, K. , & Nisbett, R. E. (1999). Culture, dialectics, and reasoning about contradiction. *American Psychologist*, *54* (*9*), 741 – 754.

Renaud, J. , & McConnell, A. (2007). Wanting to be better but thinking you can't: Implicit theories of personality moderate the impact of self-discrepancies on self-esteem. *Self and Identity*, *6*, 41 – 50.

Rogers, C. R. , & Dymond, R. F. (1954). *Psychotherapy and personality change: Coordinated research studies in the client-centered approach.* Chicago, 1L: University of Chicago Press.

Rosenberg, M. (1965). *Society and the adolescent self-image.* Princeton, NJ: Princeton University Press.

Ruvolo, A. , & Veroff, J. (1997). For better or for worse: Real-ideal discrepancies and the marital well-being of newlyweds. *Journal of Social and Personal Relationships*, *14*, 223 – 242.

Scalas, L. , & Marsh, H. (2008). A stronger latent-variable methodology to actual-ideal discrepancy. *European Journal of Personality*, *22*, 629 – 654.

Sternberg, R. J. , & Barnes, M. L. (1985). Real and ideal others in romantic relationships: Is four a crowd? *Journal of Personality and Social Psychology*, *49*, 1586 – 1608.

Wells, L. E. , & Marwell, G. (1976). *Self-esteem: Its conceptualization and measurement.* Beverly Hills, CA: Sage.

Wylie, R. C. (1974). *The self-concept* (revised edition, Vol. 1). Lincoln: University of Nebraska Press.

Contra-Zhongyong or Non-Zhongyong?

—The Reverse-Scoring Issue of Huang, Lin, & Yang's
Zhongyong Belief/Value Scale

Xu Huijin, Zou Zhimin
Department of Psychology, Sun Sat-sen University

Abstract: This paper discussed the limitations of the current reverse-scoring method of Huang, Lin, & Yang's Zhongyong Belief/Value Scale and proposed two improving methods: The discrepancy method and the direct-count method. Through analyzing data collected from 886 company employees, the two proposed methods, compared with the original scoring method, showed not much improvement on internal consistency and construct validity, but yielded higher positive correlation with some criterion variable indicating that these two methods are greater scale sensitivity than traditional methods. It was therefore suggested that these two scoring methods be used to help improve effectiveness of the Scale.

Keywords：Scoring Method, Reverse-Scoring, Forced-Choice, Discrepancy Scores, Zhongyong Belief/Value Scale

"中庸信念/价值量表"到底在测什么？

杨中芳

中国社会科学院社会学研究所社会心理学研究中心

林升栋

厦门大学传播学院广告系

摘　要：黄金兰、林以正、杨中芳（2012）曾修订杨中芳、赵志裕（1997）之16题"中庸实践思维量表"，成为一个9题的"中庸信念/价值量表"（以下称"中庸9题量表"，见本辑**附录二**）。至目前为止，它是与中庸相关的研究中，应用最广的量表。然而，不少使用该量表的研究都显示它的内部一致性系数（Cronbach's Alpha）并不高，而且它与不少效标之间的相关，虽然在统计上显著，但也都不高。这一现象表明，该量表可能涉及比较复杂亦即并非单一的信念/价值群组。为此，本文报告了两个试图对该量表做"净化"的研究，考察能否提高其与效标关联的精准度。

　　第一个研究利用一个厦门大学生样本，进行两种净化尝试：①用探索性因素分析，找出两个因子，分别命名为：包含全局及阴阳感知的"拔高视野"及包含退、忍、让的"自我收敛"；②用项目分析审视题总相关，将9题中相关较低的3题删除，使原量表精减为6题，成为一简版量表。结果发现，当比较原题总分、"拔高视野"及"自我收敛"的因子分、6题简版量表的得分与一系列效标变量之相关时，因素分析法更能起到净化的作用。第二个研究审视了7个研究样本对同一量表所做因素分析的结果，发现上述两因子的结果最为稳定。据此，本文在最后给出使用该量表的一些指导及建议。

　　关键词：中庸信念/价值量表　跨样本因素分析　拔高视野　自我收敛

一　引言

黄金兰、林以正、杨中芳（2012）的"中庸9题量表"根据杨中芳、赵志裕（1997）编制的"中庸实践思维量表"修订而成。杨中芳、赵志裕当年提出"中庸实践思维体系"这一构念，认为它是华人在处理日常生活事件（实践）时所习惯遵循的思维方式。他们界定这一思维体系包含8个主要构念：天人合一、两极感知、顾全大局、不走极端、以和为贵、注重后果、合情合理、恰如其分。依据这8个构念，他们编制了一个"中庸实践思维量表"，包括16个"迫选题"，每两个测题测量一个构念。每一个迫选题包括两个陈述句：一句是与中庸思维相符合的陈述（简称中庸句）；另一句则是与中庸思维不相符合的陈述（简称非中庸句）。作答方式是让受测者在每一个测题的两个陈述句中，先选出一个自己比较同意的句子，然后再用1~7的数字来表达自己对所选之陈述句的同意程度。

该量表所有的陈述句都不是以"我"打头（例如，"任何事做得过火，通常会适得其反"），所以并不涉及受测者个人处理日常生活事件的经验（亦即他或她是否真的做事时都不过火），而是让他们针对一些做人处世（简称"处世"）的原则给出自己是否认可的意见。出于这一原因，该量表所测的其实是个人的中庸"信念/价值"，不涉及受测者是否在日常生活中遵循这些信念/价值行动的程度。该量表的计分方法是，将所选非中庸句的同意程度分数反向计分（用8来减），再与选择中庸句的同意程度分数相加得一总分。

该量表采用"迫选"的作答方式主要基于两个原因：①受测者对两个陈述句可能都认可，但只能选其一，这可以清楚地测得其价值判断；②由于陈述句均涉及人们日常生活的内容，因而受到社会赞许因素的影响可能较大，用迫选方式可以减低这一影响。

杨中芳、赵志裕的"中庸实践思维量表"自制成后，在好几个方面受到了质疑，其中质疑最多者有三：①原先设想的8个子构念是否真的都被测量到了？②中庸句与非中庸句是否真是对立的？③测题是否受社会赞许影响较大？

对于质疑一，研究者在审视这16题之两两相关时，发现它们的相关并不高。而且原本设定测量同一中庸子构念的两题之间的相关，并不比与测量其他构念的题目的相关高，所以不能确定那8个子构念是否真的都被测量到了。因此，我们充其量只能整体地看这些测题，认为它们测量了与中庸有关的一些信念及价值，但究竟测量了什么，还有待进一步厘清。

对于质疑二，在同一个测题内的两个陈述句究竟要不要对立，及要对立到什么程度？批评者认为如果不是对立的，那么在计分时，就会出现问题，因为如前所述，目前的计分方法是将选择了"非中庸句"之后所勾选的同意程度分数反向计分。如果"中庸句"与"非中庸句"没有某种程度的对立性，那么这种计分方法就有其不恰当性。同时，如果两句的对立性不强，许多受测者在作答时，会陷入两难困境。他们即使最终选了其中一个陈述句，其所填入的"同意"程度，至少有部分可能反映了他们"纠结"的程度（越纠结，符合度越低），而并不代表肯定"中庸句"的程度。故此，必须针对这一问题进行某种程度的处理。

对于质疑三，亦即"社会赞许性"过高的问题，其实是社会心理学研究在使用量表作为研究工具时普遍存在的问题。在该量表的测题中，这一问题特别突出，因为许多"中庸"陈述句，甚至不少"非中庸"陈述句都是人们常接触及使用的话语，因此针对这类陈述句作答，不免会受到社会赞许因素的影响。在当初编制该量表时，杨中芳、赵志裕曾针对这个问题做过处理，尽量选择了与社会赞许量表得分之相关比较低的句子，但显然做得并不彻底，这一问题仍然存在。

为解决"中庸实践思维量表"的后两个问题，黄金兰、林以正、杨中芳（2012）对该量表进行了修订，并改名为"中庸信念/价值量表"。修订者将杨中芳、赵志裕量表每题的两个陈述句拆开并打散为32题，请147名台湾大学生作答，之后用探索性因素分析为工具，用下面两个标准进行测题筛选：①每题中对立的两个陈述句必须出现在单一因子内；②而与其相对立的陈述句的因子负荷量必须呈正、负相反的方向。经过数次循环筛选，修订者将杨中芳、赵志裕16题量表减为9题，因而亦获名"中庸9题量表"。在应对社会赞许因素的影响这一问题上，修订者在实证数据的支持下，保留了原量表所采用的迫选作答方式。这主要是因为与单题出现的方式相比，迫选方式受到社会赞许因素的影响比较小。

完成中庸9题量表的修订后，正值中庸研究开始起步（2002年前后），对这一本土概念有兴趣的学者，急需一个测量"中庸"的工具，因此该量表立即成为每个做中庸研究的人必用的工具。在杨中芳提出"中庸实践思维体系构念图"（简称"构念图"，见本辑**附录一**）之际（2010年），她明确指出"中庸处世信念/价值"仅为中庸实践思维体系中众多子构念中的一个，不应该将之泛用。为此，本文报告的两个研究之目的，是想就该量表现有的问题，提出解决方案，并用实证数据探讨这些方案的适用性，从中试图找出使用这一量表的适当方法。

二 内部一致性问题

细心的读者可能已经注意到，中庸 9 题量表只解决了前面提到的三个问题中的两个。有关它到底在测"中庸"中的什么子构念这一问题则并没有得到解决。

这是由于黄金兰、林以正、杨中芳（2012）在他们的修订研究中发现，修订版的内部一致性系数偏低（0.610）。该研究使用的样本为台湾的 120 名大学生。林升栋、杨中芳（2012）在对 4 个新编的中庸测量工具进行信、效度检验时，曾用中庸 9 题量表作为一个效标。他们用了一个有 128 人的大陆大学生样本，计算 4 个新编量表及相关效标量表之内部一致性系数，发现中庸 9 题量表的系数最低（0.551）。同年，阳中华（2012）用 783 位城市成人为样本检验了中庸 9 题量表的信、效度，得到内部一致性系数为 0.721。此后，周丽芳、余相宾、廖伟伦（2013）用台湾私营企业员工 402 人为样本，得到中庸 9 题量表的内部一致性系数为 0.730。杨中芳、丁宇、林升栋（2013）用大陆企业员工 307 人做样本，得到的内部一致性系数为 0.633。

如果我们以量表之内部一致性系数为 0.700 作为可接受的标准，表明该量表是在测量同一个子构念，那么，上述结果显示超过一半的系数没有达到该标准，这一一致性较低的现象有可能是因为该量表采用了"迫选"的作答方式，但它也说明其内容仍然涵盖较分散的子构念，有进一步精简、净化，亦即让内部一致性得到提升的空间。

三 净化研究（研究一）

本文报告的第一个研究，就是试图通过两种净化方式来看看能否提升中庸 9 题量表的内部一致性。

（一）研究样本

研究一的样本为 128 名厦门大学生，包括男生 47 人，女生 81 人，年龄在 18~22 岁之间。由于涉及的量表过多过长，为避免作答疲劳，分三个星期分批施测。

（二）净化方式

1. 因素分析

通常，当一个量表的内部一致性系数较低时，我们都会先进行一次探索性因素分析，看看是否可以用样本所提供的数据，将该量表分为若干个相对比较紧密的题组，亦即子构念。

在本研究中，对中庸 9 题量表做的因素分析，采用主成分法抽取得两因子，共解释了 39.6% 的变异。之后，再进行斜交转轴，求得两因子的相关为 0.092。**表 1** 给出了包含在这两个因子中的主要测题及其因子负荷量。其中一个因子是由包括第 1、2、3、6 题组成的题组，分析其内容似乎反映了对事要沉着应付、不过激，对人则要退、忍、让的信念/价值，故命名为"自我收敛"；而另一个因子是由第 4、5、7、8、9 题组成的题组，反映的是中庸思维中有关用全局及阴阳感知来理解及处理人、事的内容，均强调拔高认知的视野，故命名为"拔高视野"①。

表 1　中庸 9 题量表两因子探索性因素分析结果

原题数	中庸陈述句	负荷量
	因子 1：拔高视野（23.6%）	
7	一个人就算运气好，也要看你能否抓住机会	.658
5	与人相处，只做到"合理"是不够的，还要"合情"才恰当 *	.612
9	做事总要以维持大局为重，不要只考虑到自己 *	.601
8	不管自己多么有理，"放人一马"总是好的 *	.528
4	一件事情总有好的和坏的两方面，就看你怎么看了	.489
	因子 2：自我收敛（16%）	
1	与人相处，吃点眼前亏，将来对自己可能有好处 *	.712
2	事情发生时不要急于采取行动，先静观一下事态的发展再说 *	.642
3	任何事做得过火，通常会适得其反 *	.639
6	为了与周围的人和睦共处，有时候得忍一口气	.426

＊为 6 题简版量表之题项；两因子共解释了 39.6% 的变异。

林升栋、杨中芳（2012）的另外一项研究发现，这一因素分析中得到的"自我收敛"因子，与一些较负向的心理健康指标（例如，焦虑、抑郁），或较内敛的行为（例如，忍）呈某种程度的负相关。这一点有别于其他中庸相关的量表，例如，吴佳辉、林以正（2005）所编制"中庸意见整合量表"，它的得分通常只与正向量表（例如，生活满意度量表）有正相关。这一点说明，将中庸 9 题量表分为两个题组可以获得原量表所没有的信息。

———————————

① 在林升栋、杨中芳（2012）一文中，这一因子被命名为"中庸核心感知"，后接受批评，将"中庸核心感知"改为"拔高视野"，以避免被人误解，认为另一因子——"自我收敛"——与中庸思维无关。

然而，这一细分没有太大地提高它们各自的内部一致性系数。林升栋、杨中芳的研究（2012）显示，"拔高视野"及"自我收敛"两因子的内部一致性系数分别为 0.515 及 0.503。在前述阳中华的研究中，也对中庸 9 题量表做了因素分析，结果两因子题组的内部一致性系数分别为 0.666 及 0.670。杨中芳、丁宇、林升栋（2013）的研究发现，两因子题组的内部一致性系数分别为 0.552 及 0.560。受到测题数减少的影响，内部一致性系数略有下降是正常的，但也由此看出，用因素分析将测题细分为两个题组的净化方式，并没有令内部一致性得到提升。为此，本研究还考虑了另一种净化方式。

2. 项目分析

这一净化方式采用的是典型的心理计量学做法——用项目分析法，将题总相关（单题得分与量表总分之相关）不高的测题剔除，成为一个更精简的量表。本研究用这种方法来分析中庸 9 题量表，发现有 3 题的题总相关较低（小于 0.40），为此，我们将这些测题剔除，量表题数减为 6 题。**表 2** 将中庸 9 题量表与这 6 题简版量表的题总相关并列以供比较，同时也给出两个版本的内部一致性系数。

表 2　中庸 9 题量表与 6 题简版量表的题总相关及内部一致性系数比较

题数	测题	中庸 9 题量表	6 题简版量表
1	与人相处，吃点眼前亏，将来对自己可能有好处	.526	.633
2	事情发生时不要急于采取行动，先静观一下事态的发展再说	.452	.504
3	任何事做得过火，通常会适得其反	.587	.660
4	一件事情总有好的和坏的两方面，就看你怎么看了	.372	
5	与人相处，只做到"合理"是不够的，还要"合情"才恰当	.420	.476
6	为了与周围的人和睦共处，有时候得忍一口气	.388	
7	一个人就算运气好，也要看你能否抓住机会	.371	
8	不管自己多么有理，"放人一马"总是好的	.495	.596
9	做事总要以维持大局为重，不要只考虑到自己	.620	.578
	内部一致性系数	.551	.590

在**表 2** 中我们看到，6 题简版量表的内部一致性系数为 0.590，而中庸 9 题量表的内部一致性系数则为 0.551。虽然简版量表的内部一致性系数并没有得到很明显的改善，但是考虑到内部一致性系数的大小会受到题目多寡之影响，而由 9 题减为 6 题是减掉题数的三分之一，尽管还没有达到 0.70 的标准，但简版量表内部一致性系数的少许提高，也算是可以接受的净化效果。

（三）两种净化方式之比较

本研究对这两种净化方式的比较及评估，主要是依据杨中芳（2010）所提出的"构念图"进行的。通过对这两种净化方式与图中其他子构念（在这里被称为效标）之间关系的比较，来探看哪一种净化方式是比较合理及适合的。

本研究用的效标变量共 12 个。对应"构念图"中的"生活哲学"方面，有**两极感知**、**转换感知**、**律己宽人**及**因应逆转** 4 个变量；对应"具体事件处理"方面，则有事前的**趋势掌握**，以及对不同意见处理的**多面性**、**整合性**及**和谐性** 4 个变量；对应"事后反思/修正"方面，则有**公我意识**及**私我意识** 2 个变量；对应"心理健康层面"则有**安适感**及**生活满意度** 2 个变量。测量这 12 个变量的量表以及其效度的数据请参阅林升栋、杨中芳（2012）的研究。这里仅将它们简介如下。

1. 效标变量及量表

（1）中庸阴阳感知成语量表

阴阳感知是指看待及理解世事的一种特殊角度或框架。它可细分为两个子构念：①阴阳两极感知（简称"两极感知"）；②阴阳转换感知（简称"转换感知"）。前者是指认可世事都包含两者看似相反的状态、面相或特征；后者是指相信任何看似相反的状态、面相或特征在推向一个极端时都可能变成其相反的状态、面相或特征。

这一量表由杨中芳用华人社会相当熟悉的成语编制而成，用以测量两个子构念，作答方式为勾选出最符合自己同意程度的数字（1～6），被试也可以回答对该成语"不明白"（以"空白"计分）。量表可计算出两个得分：**两极感知**及**转换感知**得分。

（2）中庸处世原则成语量表

处世原则是指人们用以处理日常生活事件的大原则（rules of thumb）。它可细分为两个子构念：①在与他人交往时的一般性指引（简称**律己宽人**）；②对未来出现逆向变化时的应对策略（简称**因应逆转**）。[①]此量表之测题及作答方式与"中庸阴阳感知成语量表"相同。

（3）中庸意见表达量表

吴佳辉、林以正（2005）编制的一个 13 题"中庸量表"，针对在遇到意见不合的情况时，就处理人际矛盾的方式，提出三个中庸特色：事前思

[①]　在杨中芳、林升栋（2012）及林升栋、杨中芳（2012）的论文中，这两个子构念分别被命名为**待人守则**及**拿捏意识**，后来为让子构念名更贴近测题内容，更名为**律己宽人**及**因应逆转**。

考时的多面性、抉择方案时的整合性，以及执行方案时的和谐性。为将之与其他中庸相关量表进行区分，杨中芳（2010）将之命名为"中庸意见表达量表"，它有3个子量表，分别为**多面性**、**整合性**及**和谐性**。

（4）趋势掌握量表

趋势掌握是指对事件来龙去脉的掌握，让事件处理者能从中看到事件未来可能发展的方向，以及看到自己选择处理事件的行动对周遭人可能造成的后果。这里用的是杨中芳改编自余思贤（2008）之"长程取向思维量表"而成的"趋势掌握量表"。余思贤与其合作者（2010）发现这一对事件长远的思考与心理健康指标有正相关。

（5）自我意识量表

自我意识量表翻译及改编自 Fenigstein、Scheier 和 Buss（1975）及 Scheier 和 Carver（1985）编制的同名英文量表（陈丽婉、吴静吉、王文中，1990），包括"公我意识"（指将注意力放在自我的外在形象上）及"私我意识"（指将注意力放在探索、分析及反省自己究竟是个什么样的人上）两个子量表。在本研究中，因缺乏对"事后反思/修正"方面子构念的测量工具，姑且用这一量表替代。这是因为赵志裕（2000）曾发现，中庸量表得分与**私我意识**呈显著正相关，表明具中庸实践思维者有将自我的注意力放在探索自己是一个什么样的人及自己的感觉及情绪上这一倾向。

（6）安适感量表

安适感是指内心的一种平安、宁静及舒适的感觉状态。"安适感量表"由杨中芳改编自李怡真（2009）的"安适幸福感量表"。量表包括7题自我感觉陈述句，其中有5个正向题及2个负向题，被试用1~5的数字来表达自己最近出现符合陈述句描述之感觉的频率。

（7）生活满意度量表

生活满意度量表翻译自 Diener、Emmons、Larsen 和 Griffin（1985）所编的一个5题量表。因其测题都专注于感觉，所以受到语言及文化影响的程度比较低，目前是测量"心理健康"最常用的工具。

2. 结果与讨论

针对中庸9题量表所做的这两种净化共得到三个变量得分：**拔高视野**因子得分、**自我收敛**因子得分及**6题简版量表**得分。表3首先给出原量表（中庸9题量表）得分与两种净化所产生的三个变量得分之间的相关。这一结果显示，**中庸9题量表**得分与**6题简版量表**得分相关性最高（0.894）。**中庸9题量表**得分与**拔高视野**因子得分的相关高于与**自我收敛**因子得分的相关，但是**6题简版量表**得分则正相反，它与**自我收敛**因子得分的相关高于与**拔高视野**因子的相关。这表明简版已将重心略移至**自我收敛**。

表3 中庸9题量表得分与两种净化所产生的三个变量之得分的相关

	中庸9题量表	因子1:拔高视野	因子2:自我收敛
拔高视野	.741		
自我收敛	.693	.092	
6题简版量表	.894	.613	.804

表4则比较了黄金兰、林以正、杨中芳**中庸9题量表**的总分、二因子分及**6题简版量表**得分与效标变量得分之相关。从表4中我们看到，在"生活哲学"方面，**中庸9题量表**得分和**6题简版量表**得分与效标变量得分的相关相似，只是简版量表的相关略弱。它们都与"中庸阴阳感知成语量表"中的**两极感知**以及"中庸处世原则成语量表"中的**律己宽人**及**因应逆转**呈显著正相关，这一结果支持了我们原来的设想。**转换感知**则与中庸9题量表及6题简版量表都没有显著相关，这一结果虽与预期不相符，但两个量表得到了同样的结果。

表4 中庸9题量表总分、二因子分及6题简版量表得分与
效标变量得分之相关的比较

	中庸9题量表	因子1:拔高视野	因子2:自我收敛	6题简版量表
生活哲学				
两极感知	.283**	.201*	.217**	.286**
转换感知	.025	-.029	.051	.034
律己宽人	.315**	.325**	.144	.251**
因应逆转	.297**	.289**	.147	.273**
具体事件处理				
吴佳辉、林以正量表的多面性	.226**	.209*	.123	.195*
吴佳辉、林以正量表的整合性	.379**	.354**	.179	.290**
吴佳辉、林以正量表的和谐性	.273**	.232**	.158	.225**
趋势掌握	.204*	.158	.139	.210*
事后反思/修正				
公我意识	.004	.016	.048	-.016
私我意识	.130	.202*	.010	.202*
心理健康层面				
安适感	.270**	.236**	.123	.155
生活满意度	.248**	.239**	.082	.148

*$p < 0.05$，**$p < 0.01$。

再看因素分析净化中的两个因子之得分与效标变量得分的相关，我们发现**拔高视野**因子得分与**律己宽人**及**因应逆转**得分显著相关，但却与中庸阴阳感知成语量表的两个子量表之得分都没有相关；相反，**自我收敛**因子得分与**两极感知**得分有显著正相关，与**转换感知**得分及中庸处世原则成语量表的两个子量表之得分均无显著相关。这一结果让我们肯定因素分析的净化是有价值的，因为它能让我们看清楚黄金兰、林以正、杨中芳量表中有部分测题（亦即**拔高视野**测题），与由成语中提炼出来的处世原则之间有重叠及相通之处，而另外一些测题，亦即**自我收敛**测题，则与处世原则没有这一联系。至于为什么**拔高视野**因子得分与**两极感知**及**转换感知**得分无关联，则有些出人意料，反而是**自我收敛**因子得分至少与**两极感知**得分有关联。这些结果的意涵为何，尚待进一步思考。

在"具体事件处理"方面，我们同样发现，**中庸9题量表**得分与**6题简版量表**得分和吴佳辉、林以正量表的3个子量表得分及**趋势掌握**得分的相关形态很相似，都呈显著正相关（在小于0.01或小于0.05水平上不等），只是简版量表的相关略弱。同样的发现是，**拔高视野**因子得分与吴佳辉、林以正量表的3个子量表得分都呈显著正相关，但**自我收敛**因子得分则与这3个子量表得分的相关并不显著。这两个因子得分与**趋势掌握**得分也都呈正相关，但统计上并没有达到显著水平。

在"事后反思/修正"方面，4个得分中只有**拔高视野**因子得分和**6题简版量表**得分与**私我意识**子量表得分在小于0.05的水平上呈显著正相关；4个得分与**公我意识**子量表得分均无显著相关。

在"心理健康层面"，**中庸9题量表**得分与3个净化得分和2个心理健康指标得分之间的相关呈不同的形态：**中庸9题量表**得分与2个心理健康指标得分均呈显著正相关，**6题简版量表**得分则与之没有显著正相关。与前面各方面的分析结果相同的是，两个因子得分与两个心理健康指标得分的相关呈相反的形态：**拔高视野**因子得分与两个心理健康指标得分呈正相关，而**自我收敛**因子得分与两个心理健康指标得分则无显著相关。这一结果再次肯定了因素分析净化的作用，它确实将两个因子所测量的内容区分开来了。

（四）评估结论

在比较了中庸9题量表得分、因素分析所得两个因子之得分，以及6题简版量表得分与一系列效标变量得分之相关差异之后，我们发现中庸9题量表得分与6题简版量表得分和这些效标变量得分之相关的形态差别不大，只是6题简版量表与其的相关较弱。这一结果显示，虽然6题简版量表的内部一致性系数有少许提高，但作为中庸实践思维体系中的一个子构念，它与其他相关子构念的联系只有"缩水"的效果，却没有带来什么新意义，这似乎没有达到我们进行净化的初衷。故此，我们建议不予采用。

倒是探索性因素分析所得到的两个因子（**拔高视野**及**自我收敛**）得分与各效标变量得分的相关呈现非常不同的形态，从中我们可以得到许多将来可以继续探研的方向。**拔高视野**因子得分与同在"生活哲学"方面的中庸处世原则成语量表之2个子量表得分的相关，与"具体事件处理"方面的4个变量得分之相关，以及与"心理健康层面"的2个指标得分之相关，都如"构念图"所预期的那样出现了，似乎保留了中庸9题量表的精髓。

这一研究结果的唯一遗憾是：两个因子组的内部一致性系数不只受内容单一性影响，也受作答方式的影响，这一点值得后续研究再探讨。

然而，**自我收敛**因子得分只与**两极感知**得分有显著正相关，与其他效标变量得分均没有显著相关。这一结果显示，在未来的研究中，我们必须去探索，这一因子究竟如何与其他中庸子构念挂钩这一问题，甚至要质疑它会不会与中庸相关子构念挂钩。不过，根据本研究得到的初步结果：**自我收敛**因子得分与**两极感知**得分呈显著正相关，我们推测它应该是与中庸思维有联系，只是出现在什么地方以及以什么方式出现，则有待进一步探研。在试图解答这些问题时，我们如能将中庸9题量表细分成两个题组，做更精准的构念化及测量，或许会更有收获。为此，这一因素分析净化方式，值得推荐给中庸9题量表未来的使用者做参考。

四　中庸9题量表因素分析的跨样本比较（研究二）

既然**研究一**的结论是中庸9题量表在用因素分析的方法将之细分为两个题组，分别测量**拔高视野**及**自我收敛**之后，其意义似乎变得更清晰、更精准一些，在**研究二**中，我们的目的就是去看看这一因素分析结果是否有跨样本稳定性。**研究一**是根据厦门128名大学生所提供的数据完成的，这一样本有人数偏少及性质单一的缺陷。中庸的处世信念/价值是深受学习/修正及处世经验影响的，所以用涉世未深的学生为研究样本是没有太多代表性的。因此，在**研究二**中，我们收集了9个样本（包括研究一中的厦门大学生样本），大部分样本人数都比较多，而且包括不同性质的群体。[①] **表5**给出了这9个样本的描述性数据。

---

① 本文作者在此感谢提供数据的同事，他们的姓名均列在表5中。

表5　9个样本之相关数据

样本	样本性质	总人数	性别			平均年龄			受测形式		数据收集时间	数据收集地点	批注
			男	女	不详	平均值	标准差	不详	纸笔	网络			
1	厦门大学生（林升栋、杨中芳）	128	47	81	0	不详	不详	不详	128	0	2010	厦门	1
2	台湾大学生（林以正、黄金兰）	531	249	229	53	20.50	1.22	61	531	0	2011～2012	台北	2
3	广州大学生（邹智敏）	261	134	127	0	不详	不详	不详	168	93	2012	珠海	3
4	长沙大学生（阳中华）	640	222	418	0	19.15	1.24	0	640	0	2011～2012	长沙	4
5	长沙高中生（阳中华）	435	172	263	0	16.00	0.82	0	435	0	2011～2012	长沙	5
6	长沙成年人（阳中华）	856	420	436	0	43.01	3.53	0	856	0	2011～2012	长沙	6
7	台湾企业员工（周丽芳）	402	205	196	1	34.30	不详	0	402	0	2011～2012	台湾	7
8	大陆企业员工（丁宇、林升栋）	307	142	165	0	30.70	4.73	9	72	235	2012	广州/上海	8
9	大陆抑郁症病人（高瞻）	112	33	79	0	31.41	11.08	0	112	0	2011～2012	珠海	9

注：批注1：厦门大学漳州分校大学生；批注2：修大一普通心理学课程之台湾大学学生；批注3：大一37人，大二84人，大三94人，大四46人；批注4：包括研究生；批注5：湖南重点中学学生；批注6：男/女多为夫妻，是样本5之家长；批注7：台湾企业员工人数为402人，其中一般职员246人，中层主管134人，高层主管20人，有2人职位不详；批注8：大陆企业员工为307人，其中一般职员118人，基层主管108人，中层主管67人，高层主管12人。网络数据通过"问卷星"收集；批注9：就诊于珠海市慢性病防治站精神卫生科和江门市第三人民医院心理科的抑郁症病人。

（一）样本结果比较

表 6、表 7 及表 8 给出的是对这 9 个样本进行因素分析的结果。各样本先以特征值决定因子数，结果有 3 个样本（厦门大学生样本、大陆企业员工样本及抑郁症病人样本），各取得 3 个因子解，其他样本均各取得 2 个因子解。为便于比较，表 6 给出所有样本的 3 个因子各自所解释的变异百分比，以及二、三因子之累积百分比。由表 6 我们看到，因子 1 所解释的变异都在 23% 以上，其中在 5 个样本上所解释的变异在 29% 以上。二因子的累积百分比则在 39% 以上，其中以台湾企业员工样本为最高（58%）。而三因子的累积百分比均在 50% 以上，台湾企业员工样本则高达近 69%。

表 6　各样本二、三因子所解释的变异百分比

单位：%

样本	因子 1	因子 2	累积	因子 3	累积
1. 厦门大学生	23.6	16.0	**39.6**	14.1	**53.7**[**]
2. 台湾大学生	26.4	13.6	**40.0**	10.5	**50.5**[*]
3. 广州大学生	32.3	12.9	**45.2**	10.7	**55.9**[*]
4. 长沙大学生	30.8	14.0	**44.8**	10.9	**55.7**[*]
5. 长沙高中学生	29.9	13.4	**43.3**	10.5	**53.8**[*]
6. 长沙成年人	32.9	14.9	**47.8**	9.6	**57.4**[*]
7. 台湾企业员工	35.5	22.5	**58.0**	10.9	**68.9**[*]
8. 大陆企业员工	26.7	14.1	**40.8**	11.6	**52.4**[**]
9. 大陆抑郁症病人	24.6	15.1	**39.7**	13.0	**52.7**[**]

*用特征值大于 1 为因子数量选择标准，因子数为 2；**用特征值大于 1 为因子数量选择标准，因子数为 3。

前面说过，用特征值大于 1 为因子数量选择标准时，9 个样本中 6 个的因子解为 2。表 7 列出的是这 6 个样本各测题对 2 个因子所贡献的负荷量。为了方便比较起见，表 7 和表 8 是用**研究一**样本（厦门大学生）的二因子分析结果将中庸 9 题细分为两个题组，来给出负荷量，并看其他 8 个样本的结果是否与之一致。

从表 7 中我们可以看到，在厦门大学生样本中所呈现的两因子题组，在这 6 个样本上的负荷量分布基本上相似。仅第 8 题有些许游离于两个因子之间的现象。不过，整体来看，中庸 9 题在跨样本的比较中，用因素分析将之净化为两个因子的结果还算是相当稳定的。

表 7　因子解为 2 的 6 个样本之各因子负荷量分布

样本	台湾大学生 531 人		广州大学生 261 人		长沙大学生 640 人		长沙高中学生 435 人		长沙成年人 856 人		台湾企业员工 402 人	
题号	因子 1	因子 2	因子 1	因子 2	因子 1	因子 2	因子 1	因子 2	因子 1	因子 2	因子 1	因子 2
拔高视野因子												
4	.68			.79	.64		.47		.67			.63
5	.55			.71	.72		.78		.69		.43	.65
7	.67			.67	.80		.73		.68			.71
8		.72	.59		.35			.31	.56			.56
9	.49		.62		.72		.69		.66			.68
自我收敛因子												
1		.57	.72		.48	.53		.77		.65	.89	
2		.46	.37			.62		.64		.70	.78	
3	.67		.65			.69		.49		.70	.92	
6		.60	.61			.73		.69		.65	.72	
与因子 1 之相关		.23		.29		.30		.35		.26		

注：题号所代表的中庸陈述句，请参阅表 1。

表 8 给出了用特征值大于 1 为因子数量选择标准选出因子数为 3 的 3 个样本之二因子解及三因子解的负荷量分布。我们希望从中考察在由二因子转换为三因子时，中庸 9 题是如何细分的。

由表 8 的数据可知，这 3 个样本的二因子解之负荷量分布与前 6 个样本没有太大差异，除第 8 题外，第 5、9 两题较有跨因子的分布。在看了三因子解之负荷量分布后发现，大学生及企业员工样本，在由二因子向三因子转换时，自我收敛因子的题组基本保持不变。"拔高视野"因子的题组则将第 8 题分离出去，并与第 5 题或第 9 题有较低负荷量的联系。

抑郁症病人样本则有比较不同的细分结果。这一样本的第三因子题组主要是由自我收敛因子题组"一分为二"。由第 1、6 题与游离的第 8 题合为一组；第 2、3 题与第 4 题合为一组。这一结果似乎显示抑郁症病人对中庸的"拔高视野"内容的理解与正常人没有太大差异，但对于自我收敛因子，则会再进一步细分为"处世自制"及"人际忍让"两个部分。可能对抑郁症病人来说，与自我收敛相关的信念/价值是更为关键的（见本辑《中庸信息/价值与自评抑郁症状之关系的深入探讨》一文），所以再细分时，就要从这里来分了。由于这一抑郁症病人样本人数并不是很多，我们认为将来需要用更大的样本来看这里所得到的结果是否稳定。如果稳定，其临床意义就很大，且后续可做的研究就很多。

（二）综合讨论

比较采用这 9 个样本对中庸 9 题量表所做的因素分析的结果，可以看出，有关因子数量，虽然可以由一到三不等，但二因子细分的题组结构在各样本题组中都很相似，即以第 1、2、3、6 题为一组（自我收敛因子），第 4、5、7、8、9 题为另一组（拔高视野因子），其中，第 8 题和第 9 题稍有游离，不稳定。在用来做三因子细分的 3 个样本中，两个正常人样本（一个大学生样本及一个企业员工样本）的第 8 题都出去自立门户。而抑郁症病人样本则将自我收敛因子题组与第 8 题结合分为两个小题组。这一结果是否因为抑郁症病人（或其他患心理疾病的人）有心理疾病所致，则有待用更大的样本及更多的临床效标来检验。

根据这一研究结果，我们认为，将中庸 9 题量表细分为两个题组是可行而且稳定的净化方式。笔者建议，欲使用这一量表的研究者，可以直接将上面给出的两题组之题号得分相加，求取两个子量表之平均分即可。但是，众所周知，因素分析是受到样本的性质及大小影响很大的分析工具，谨慎的研究者可以针对自己所用的样本做因素分析，以验证这里的细分是否适用于自己的研究样本。如果研究者选择这样做的话，我们也建议用因

表 8　三个样本之二、三因子负荷量分布比较

样本	厦门大学生 128 人					大陆企业员工 307 人					大陆抑郁症病人 112 人				
因素分析因子解	二因素解		三因素解			二因素解		三因素解			二因素解		三因素解		
题号	因子 1	因子 2	因子 1	因子 2	因子 3	因子 1	因子 2	因子 1	因子 2	因子 3	因子 1	因子 2	因子 1	因子 2	因子 3
拔高视野因子															
4	.51			.76			.68		.77			.60		.63	.45
5	.59				.71		.40		.43			.75		.74	
7	.69			.67			.63		.68			.61		.60	
8	.51				.71	.57				.88	.41		.57		
9	.58			.55			.60		.40	.39		.57		.57	
自我收敛因子															
1		.71	.71			.65		.64			.65		.70		
2		.65	.65			.54		.69			.33	.34			.71
3		.61	.65			.73		.70			.67				.70
6		.44	.45		.63	.62		.35		.53	.71		.81		

注：题号所代表的中甫陈述句，请参阅表 1。

素分析所计算出的因子分，而不用前面所述子量表之平均分来进行后续的分析。这是因为从上面的因素分析结果可以看到，各题对两因子给出的负荷量（贡献）不一，所以在计算因子分时的权重也不一样。如果用题组的平均分作为子变量的得分，则反映不出每题的权重，从而或多或少地造成不同程度的扭曲。不过要注意的是，因子分是标准分（z score），而大部分的研究变量为原始分（raw score），对某一些分析而言，要留意可比性问题。

五　小结

在研究一中，虽然中庸 9 题量表在用因素分析细分为两个题组后，其内部一致性并没有提高，但它们与一些和其他中庸子构念相关的效标变量之相关呈现明显差异，表明这一净化方式还是有意义的。在研究二中，比较 9 个不同性质及大小的样本的因素分析结果，虽然小有出入，但大致上这两个题组还是有跨样本性的。

本文想要提醒欲研究中庸实践思维与其他变量关联的研究者，请事前参阅杨中芳之"中庸构念图"，想好究竟自己是对研究对象之中庸信念/价值感兴趣，还是对他们在处理日常生活（家庭、工作、人际）事件时，有没有按中庸的思路来考虑、选择及执行行动方案感兴趣。如果是对中庸信念/价值感兴趣，则中庸 9 题量表是适合的。如果是对中庸行动及其经验感兴趣，则本辑**附录二**罗列了不少可供选择使用的量表。这些量表都比较新，需要大家共同努力去建立它们的信、效度，从而让中庸研究更加多样化，内容更加丰富。

参考文献

陈丽婉、吴静吉、王文中，1990，《自我意识量表之修订》，（台北）《测验年刊》第 37 期，第 211～228 页。

黄金兰、林以正、杨中芳，2012，《中庸处世信念/价值量表的修订》，（台北）《本土心理学研究》第 38 期，第 3～14 页。

李怡真，2009，《安适幸福感的构念发展与情绪调控机制之探讨》，台湾大学心理学研究所博士学位论文。

林升栋、杨中芳，2012，《中庸相关量表的信、效度研究》，《社会心理研究》第 3 期，第 1～19 页。

吴佳辉，2006，《中庸让我生活得更好：中庸思维对生活满意度之影响》，（香港）《华人心理学报》第 7 期，第 163～176 页。

吴佳辉、林以正，2005，《中庸思维量表的编制》，《本土心理学研究》第 24 期，第 247 ~ 299 页。

阳中华，2012，《中庸实践思维与家庭功能和心理健康关系研究》，中南大学湘雅三医院临床心理科博士学位论文。

杨中芳，2008，《中庸实践思维研究——迈向建构一套本土心理学知识体系》，载杨中芳主编《本土心理研究取径论丛》，台北：远流出版公司，第 435 ~ 478 页。

杨中芳，2010，《中庸实践思维体系探研的初步进展》，（台北）《本土心理学研究》第 34 期，第 3 ~ 96 页。

杨中芳、丁宇、林升栋，2013，《中庸各项构念与企业员工压力/情绪处理之关系》，第二届"中庸心理学研究"研讨会，厦门，1 月 22 ~ 24 日。

杨中芳、林升栋，2012，《中庸实践思维体系构念图的建构效度研究》，《社会学研究》第 4 期，第 167 ~ 186 页。

杨中芳、赵志裕，1997，《中庸实践思维初探》，第四届华人心理与行为科际学术研讨会，台北：5 月 29 ~ 31 日。

余思贤，2008，《长期取向与华人心理适应之关联》，台湾大学心理学研究所博士学位论文。

余思贤、林以正、黄金兰、黄光国、张仁和，2010，《长期取向思维与心理适应之关联》，（台北）《中华心理卫生学刊》第 23 期，第 347 ~ 375 页。

赵志裕，2000，《中庸思维的测量：一个跨地区研究的初步结果》，《香港社会科学学报》第 18 期，第 33 ~ 35 页。

周丽芳、余相宾、廖伟伦，2013，《中庸思维（信念）：概念与测量》，第二届"中庸心理学研究"研讨会，厦门，1 月 22 ~ 24 日。

Diener, E., Emmons, R. A., Larsen, R. J., & Griffin, S. (1985). The Satisfaction With Life Scale. *Journal of Personality Assessment*, *49*, 71 – 75.

Fenigstein, A., Scheier, M. F., & Buss, A. H. (1975). Public and private self-consciousness: Assessment and theory. *Journal of Consulting and Clinical Psychology*, *43*, 522 – 527.

Scheier, M. F., & Carver, C. S. (1985). The self-consciousness scale: A revised version for use with general populations. *Journal of Applied Social Psychology*, *15*, 687 – 699.

What Does Huang, Lin, & Yang's Zhongyong Belief/Value Scale Really Measure?

Yang Chungfang

Center for Social Psychology Studies, Institute of Sociology,

Chinese Academy of Social Sciences

Lin Shengdong

School of Journalism and Communication, Xiamen University

Abstract: This paper reports two studies aiming at finding out the possible domains covered by a popular scale, The Zhongyong Belief/Value Scale (Huang, Lin, & Yang, 2012), Though frequently in use in zhongyong studies, the scale suffers from the low internal consistency problem. The Cronbach's Alpha coefficients reported have fallen between 0.50 to 0.70, indicating that it measures probably more than one zhongyong domain conceptualized by Yang (2008). In study 1, two attempts were made to deal with this problem: (1) factor-analyzing the 9 items contained in the scale, to see if they can be broken into two meaningful groups, each of which measuring a distinct domain; (2) item-analyzing the scale to see if the 9 items can be further reduced to make it a single domain scale. The results indicated that the factor-analysis approach rendered a better solution to the problem. The items fell neatly into two factors seemingly tackling two meaningful domains: (1) the employment of Perspective Elevation while trying to understand the event-situation at hand; (2) exercising self-restraint while dealing with interpersonal matters. Based on these results, study 2 conducted factor-analyses on data collected from 9 large samples individually, the results showed that the two factors yielded in study 1 remained stable cross samples.

Keywords: Zhongyong Belief/Value Scale, Cross-Sample Factor Analyses, Perspective Elevation, Self-restraint

阴阳转换思维与看人感知的关系初探

林升栋

厦门大学传播学院广告系

摘　要： 阴阳转换思维是看待及理解世事的一种认知思维方式。它相信世事皆有两面，即都有着看似相互对立的状态、面相或特征，但在实际上，二者是相互包含与转化的。当其中一个状态、面向或特征在发展到极端时，都会转变为与其恰好相反的状态、面相或特征。目前在本土心理学领域，有多位学者开发了相关工具对此进行探研，证实了这一概念的复杂性。本文就已开发的"阴阳转换思维问卷"做了两项研究。研究一发现，越是感知到自己存在对立人格特质的被试，越容易看出对立两极之间的阴阳转换关系。研究二发现，给出一个陌生人的负向性格描述，越是能预测到这位陌生人能做出正向行为的被试，其阴阳转换思维越强。这也印证了其他学者的研究。本研究认为，"正转负"的思维是华人的惯性思维，唯有用"负转正"这一"反惯性"的测题才能更有效地测量阴阳转换思维。

关键词： 阴阳转换思维　看人感知　中庸思维

一　文献回顾

阴阳转换思维是杨中芳（2010）"中庸实践思维体系构念图"中"生活哲学"方面关于看人论事感知的一个重要概念。在看人论事板块中，包含了全局感知和阴阳感知两个概念。杨中芳认为，二者均是华人社会重要的认知思维方式。阴阳感知是看待及理解世事的一种特殊角度或架构，杨中芳、林升栋（2012）进一步将之细分为两极感知和转换感知两个子构念。前者认为世事都包含两个看似相反的状态、面相或特征；后者认为任何看似相反的状态、面相或特征，实际上可以相互包含与转化。当其中一个状态、面向或特征在发展到极端时，会转变为与其恰好相反的状态、面相或特征。本文正是就转换感知这一子构念做专门的探研。

在跨文化心理学的研究中，也有类似的概念。Peng 和 Nisbett（1999）发现，相对于美国人，中国人更相信那些看起来语意相矛盾的格言，比如：警惕你的朋友而非敌人（beware of your friends not your enemies）、过分谦虚就是骄傲（too humble is half proud）等。他们将中国人这种"既此又彼"的思维称为"辩证"。Ji、Nisbett 和 Su（2001）从塞翁失马和《易经》、《道德经》谈起，认为中国人和美国人在感知变化方面存在很大差异。中国人更可能预测其有反向变化的可能，从一个初始的状态预测更多的变化。而且，预测同一方向的变化，中国人会倾向于做出变化幅度更大的判断。例如，在一项实验研究中，让中国被试和美国被试观看一个正在变化的斜坡，并预测其接下来的变化，中国被试预测将会有更大的斜度。近年来，在国际心理学期刊上有很多以这些概念为基础发表的论文（如 Spencer-Rodgers，Williams，& Peng，2010）。

这些跨文化心理学的概念颇具争议性。以 Peng 和 Nisbett（1999）的辩证概念为例，Lee（2000）列举各地哲学文献，指出所谓的"辩证"逻辑并不仅限于中国；Chan（2000）也批评 Peng 和 Nisbett（1999）文中将中国人的思维方式称为"辩证"思维的说法，她认为，辩证思维正是建立在"形式逻辑"的基础之上。蔡锦昌（2000）在比较西方的二元思维与中国人的阴阳思维之后指出，二元才会对立，才会正反相合，辩证发展；阴阳则只会对比，相互激荡，归于中和。前者为存在有无之判断，后者乃事物往复开合之态势；前者的身心状态激越倒错，后者的身心状态温和有节；前者讲究认定明确和推理合则，后者讲究时机得当和分寸不失。杨中芳（2004）认为，1990 年代以来跨文化心理学的进展虽然发现了中西方思维存在差异的事实，但却是拿着西方的尺子来衡量中国的文化，有"削足适履"之嫌。把辩证、妥协等西方哲学框架套到中国人身上，是戴着有色眼镜来看自己的文化，会造成扭曲。

在本土心理学领域，有多位学者就阴阳转换思维做过探索。许洁虹、李纾、孙悦（2008）曾用杨中芳早期编制的一个中庸阴阳感知成语量表，求取它与用概率思维来表达未来事件发生的倾向之间的相关。笔者原本推测有转换感知者更会用概率思维来表达未来事件发生，结果却发现两者并无关联。孙蒨如（2008）开发了一个测量转换感知的工具，通过让被试去续写一些"未完成"的故事，来测量被试有没有将原来的故事情节做逆转（或称转折）的现象。研究者分析此一测量的得分与个体对未来预测的极端性之间是否相关，结果发现大部分被试均倾向于对事件做"正转负"的转折（给正向故事续写一个负向结尾），而做这种转折的被试对未来事件都做出极端的预测。但这一测量之得分与黄金兰、林以正、杨中芳中庸信念/价值量表之得分没有显著相关。杨洁（2011）编制了一个可以在临床心理学研究中使用的中庸思维量表。这一量表包括3个子构念：不走极端、内外和谐及阴阳转换。在用这一量表得分来比较临床组与配对的正常组时，她发现无论临床组为抑郁症、焦虑症病人，还是强迫症病人，与他们的配对正常组相比较，在不走极端及内外和谐这两个子量表上均有显著差异，但在阴阳转换子量表上则无差异。

杨中芳、林升栋（2012）采用杨中芳新改编的中庸阴阳感知成语量表的研究也再度显示阴阳感知这一构念可能是一个比较复杂的构念。该量表包含两个相关的子构念：两极感知与转换感知。结果发现两个子量表的得分之间相关非常高（0.667）。原因可能在于它们的测题都是成语，且在同一个量表中出现，也表明二者所测的子构念应属于同一构念。有趣的是，它们与其他变量的相关却呈现完全不同的形态：两极感知与"生活哲学"方面的处世原则、信念/价值都显著相关，与"具体事件处理"方面的整合性、和谐性，"事后反思/修正"方面的私我意识以及"心理健康层面"的生活满意度均显著相关；转换感知仅与和谐性显著相关。这反映出两者各自有其独立的一面。

笔者（林升栋，2005）在杨中芳的指导下，对阴阳转换这一概念进行初步的探研，并开发出"阴阳转换思维问卷"。给被试10对对立的词，让他们就这些对立的词谈两者间的关系，然后请两位评分者给这些开放式回答打分。借由这一测量工具，笔者（林升栋，2005）研究了那些感知自己的人格特质是"既此又彼"的人在该量表上是否会得高分；进而研究在该量表上得高分者会怎样推测具有正、负向人格特质的他人所做出的行为（林升栋，2008）。这两项研究，不管是感知"自己"还是"他人"，都是在"看人"的层面上。出于种种原因，笔者（林升栋，2008）的研究成果并没有成文，只是在会议上做了报告。借本辑出版的机会，笔者将前几年所做的这两项跟转换思维相关的研究整理成稿，期望为这一概念未来的探研提供一些参考。

二 研究一

笔者的博士学位论文（林升栋，2005）主要试图开发一种工具，据此能够找到《尚书》中所说的"宽而栗，柔而立，愿而恭，乱而敬，扰而毅，直而温，简而廉，刚而塞，强而义"的中庸者。笔者开发了一个含有155个特质形容词的词表（见附录二），词表中隐藏着30对形容词，这30对形容词在西方"大五"人格维度及王登峰的"大七"人格维度中均有出现。这些词都被打散分布在核对表的各个位置，测验指导语要求被试按行或列的顺序，尽快地、独立地对每个词是否符合自己的性格做出判断，不要回过头看自己曾经做出判断的词。

笔者假定，从阴阳感知的方式看，中庸自我即是人们感知到"既此又彼"的自我。在这30对形容词中，每一对词的社会赞许对比程度都比较明显，一个比较积极，另一个比较消极。被试对这30对形容词的选择可以产生以下4个类别：①"既此又彼"：如果被试在两个对立的词上都打钩，那么就在"既此又彼"类别上加1分，这个变量理论上的最高值是30分（也就是被试在30对对立的每个形容词上都打钩了），最低值是0分；②"非此非彼"：如果被试在两个对立的词上都不打钩，那么，就在"非此非彼"类别上加1分，这个变量理论上的最高值为30分，最低值也是0分；③"只积极"：如果被试只在对立词中的积极词上打钩，在消极词上不打钩，就在"只积极"类别上加1分，这个变量理论上的最高值也是30分，最低值也是0分；④"只消极"：如果被试只在对立词中的消极词上打钩，在积极词上不打钩，就在"只消极"类别上加1分，这个变量理论上的最高值也是30分，最低值也是0分。

这4个变量的值加起来是30分，因为被试在两个对立词上的选择是：要么两个都选，要么两个都不选；要么只选积极词，要么只选消极词。这样，实际上可能涉及4种不同的答题模板（pattern），其中"既此又彼"，可能就是阴阳认知的模板；而"非此非彼"，用Markus（1975）的说法，则是无图式模板，也就是对自我认识不清的"无我者"。其他两个变量则可能跟社会赞许因素有关。笔者（林升栋，2005）试着采用这4个变量来做K-means分组，在多个样本中都稳定地找到有4种不同答题模板的人：①"既此又彼"的阴阳思维者；②"非此非彼"的无我者；③倾向于说自己好的人；④倾向于说自己不好的人。"既此又彼"者比较少，大概只有九分之一，这可能跟样本是大学生有关。大学生的社会阅历尚浅，形成阴阳思维的人可能较少。

（一）研究设计

笔者对 247 个中山大学本科生施测中庸形容词核对表及自编阴阳转换思维问卷。

①中庸形容词核对表。笔者自行开发的含有 155 个特质形容词的词表。

②阴阳转换思维问卷。由笔者自行编制的定性测量问卷，根据杨中芳、赵志裕（1997）的中庸构念，中庸者在看对立的两极时不是将之视为简单的"非此即彼"的线性关系，而是视之为一种可相互转化的螺旋式关系，这种转化是由于行动者本身在具体情境中未能拿捏好分寸而导致的"过"或"不及"。从这一构念出发，研究者给出 10 对对立的词：穷与富、爱与恨、福与祸、刚与柔、忙与闲、乐与悲、合与分、苦与甜、进与退、盛与衰，然后让被试针对每一对词都围绕两个问题来谈：①你觉得这两个词之间的关系是怎样的？②这种关系是由什么造成的？在作答过程中，鼓励被试以自己的亲身经历举例说明，整个作答过程花了 50 分钟。对数据的分析借鉴了内容分析法，由两个硕士研究生共同评分。在每一题上，如果看到转化关系就给 1 分；看到这种转化关系是由行动者的行为引起的，就再给 1 分；总得分理论上的最高值为 20 分，最低值为 0 分。得分越高，说明阴阳转换思维越强；得分越低，则说明阴阳转换思维越弱。只有两个研究生都认为应当得分的才给予计分，打分者之间的一致性系数达到 86%。

（二）结果分析与讨论

对这 247 人按照 4 个变量采用 K - means 分组得到的结果见表 1。

表 1　四个组别在 4 个变量上的得分均值

变量	消极组	无我组	积极组	阴阳组
既此又彼	2.46	0.79	1.80	9.00
非此非彼	10.40	18.23	7.33	3.09
只消极	6.38	3.56	1.92	3.53
只积极	10.75	7.33	18.95	14.38

从这个得分均值表来看，第 1 组为"消极组"，在"只消极"变量上分值最高，该组人数为 63 人；第 2 组为"无我组"，在"非此非彼"变量上分值最高，该组人数为 57 人；第 3 组为"积极组"，在"只积极"变量上分值最高，该组人数为 95 人；第 4 组为"阴阳组"，在"只积极"变量上分值最高，该组人数为 32 人。这个分组结果与笔者（林升栋，2005）博士学位论

文中其他几个样本的分组结果很相似。

采用 ANOVA 对 4 个组别在阴阳转换思维问卷上的得分进行分析，发现存在显著差异，$F = 13$，$df = 243$，$p = 0.000$（见表2）。两两比较的结果显示，"阴阳组"与其他 3 组均存在显著差异，也就是说，"阴阳组"在阴阳转换思维问卷上的得分要显著高于其他 3 个组。其他 3 组在阴阳转换思维问卷上的得分没有显著差异。

表 2　四个组别在阴阳转换思维问卷上的得分比较

变量/组	消极组（63）	无我组（57）	积极组（95）	阴阳组（32）
M	3.33	3.44	3.78	6.06
SD	2.24	1.88	2.21	2.38

注：括号内为 N 值。

这项质化研究的结果清楚地表明："消极组"虽然也会形容自己"既好又坏"，但他们所称的好坏并不是对立的关系；而"阴阳组"则能清楚地看到自我人格特质中的对立面。越是感知到自己存在对立人格特质的被试，越容易看出对立两极之间的阴阳转换关系。

三　研究二

笔者（林升栋，2008）进一步利用阴阳转换思维问卷，探测此种思维对他人性格 – 行为关联的内隐感知，并从许功铬（2007）的研究中得到启发。许功铬对华人性格与行为关联内隐理论进行了研究，他将被试分为"整体思维组"与"非整体思维组"，结果发现：给出对陌生人的正向性格描述，两个组别预测这个陌生人做出正向行为的可能性都是高的，在这一点上二者无差异，但"整体思维组"预测这个陌生人做出负向极端行为的可能性却显著高于"非整体思维组"；给出对陌生人的负向性格描述，两个组别预测这个陌生人做出负向极端行为的可能性都是高的，预测该陌生人做出正向行为的可能性都较低（见表3）。

表 3　性格描述与行为预测

任务/分组	给出正向性格描述，预测：		给出负向性格描述，预测：	
	正向行为	负向极端行为	正向行为	负向极端行为
整体思维组	高	高	低	高
非整体思维组	高	低	低	高

许功馀认为，由于受到辩证/阴阳思维的影响，"整体思维组"依据正向性格描述预测负向极端行为发生的可能性显著大于"非整体思维组"。但有趣的是，这种辩证/阴阳思维为何在依据负向性格描述预测正向行为发生的可能性时却不起作用。许功馀认为这是因为华人社会中普遍存在对陌生人的疑惧。阴阳转换的定义是阴中有阳，阳中有阴，物极必反，阴阳相生相克。笔者（林升栋，2008）由此认为，许功馀的"整体思维组"的思维亦是不完全的阴阳转换思维，只看到"阳中有阴"，却未看到"阴中有阳"。只有同时看到"阳中有阴""阴中有阳"的被试才是具有完全阴阳转换思维的人（见表4）。

表4　不同程度阴阳转换思维对性格 - 行为关联的内隐感知

任务/分组	给出正向性格描述,预测:		给出负向性格描述,预测:	
	正向行为	负向极端行为	正向行为	负向极端行为
完全转换组	高	高	高	高
不完全转换组	高	低	高	高
	高	高	低	高
无转换组	高	低	低	高

在采用"正向性格描述预测正向行为发生的可能、正向性格描述预测负向极端行为发生的可能、负向性格描述预测正向行为发生的可能、负向性格描述预测负向极端行为发生的可能"4个变量进行更复杂的分组研究前，笔者试图先来探讨这4个变量与阴阳转换思维问卷得分之间的相关关系。

（一）研究设计

笔者对112个中山大学本科生施测自编的阴阳转换思维问卷（简版）及改编自许功馀的性格与行为关联内隐问卷。

1. 阴阳转换思维问卷（简版）

考虑到此前施测这一问卷时用了10对词，易引起被试疲劳，从而消极填答，本次问卷仅选取了5对词（善与恶、爱与恨、虚与实、穷与富、正与邪），这5对词的对立性更强。先请被试判断每对词之间的关系是否可转化。如果他们认为是可转化的，则请他们进一步谈谈是如何转化的；如果他们认为是不可转化的，则请他们进一步谈谈是什么原因造成它们之间不能转化。由两个学生共同评分。在每一题上，如果认为是可转化的关系就给1分；看到这种转化关系是由行动者的行为引起的，就再给1分；总得分理论上的最高值为10分，最低值为0分。得分越高，说明阴阳转换思维越强。两个打分者之间的一致性系数在0.9以上。只有两人都同意给分的，才给予计分。这里要特别说明的是，由于新量表/问卷的开发还处于一个完善的过程中，我们在研究过程中进行了微调，这些微调有可能会对结果产生一定的影响。

2. 笔者改编的性格与行为关联内隐问卷

按照许功铄（2007）的研究设计，笔者给出了对一个陌生人的性格描述（如"外向型"），然后请被试预测一下，这位陌生人做出以下行为的可能性有多大。这些行为描述如"喋喋不休"、"热情主动"、"炫耀轻浮"、"活跃健谈"，其中2个行为描述是正向的，2个行为描述是负向的。问卷一共给出了8个性格描述（4个是正向的，4个是负向的），每个性格描述都对应4个相关的性格描述。这些相关的性格描述都是通过开放式前测获得的。

（二）结果分析与讨论

性格与行为关联内隐问卷的计分：将4个正向性格描述所对应的8种正向行为发生的可能性预测值加总平均，得出正向性格描述预测正向行为发生的可能性均值（简称P＋B＋值）；将4个正向性格描述所对应的8种负向行为发生的可能性预测值加总平均，得出正向性格描述预测负向极端行为发生的可能性均值（简称P＋B－值）；将4个负向性格描述所对应的8种正向行为发生的可能性预测值加总平均，得出负向性格描述预测正向行为发生的可能性均值（简称P－B＋值）；将4个负向性格描述所对应的8种负向极端行为发生的可能性预测值加总平均，得出负向性格描述预测负向极端行为发生的可能性均值（简称P－B－值）。

将P＋B＋、P＋B－、P－B＋和P－B－4个值与阴阳转换思维问卷得分求相关，发现仅有P－B＋与阴阳转换思维呈显著正相关（0.190）。该相关表明，越是预测具有负向性格会做出正向行为的被试，其阴阳转换思维越强。尽管相关系数不算高，但笔者认为，能够预测到负向性格者依然会做出正向行为的人，可能才是真正具有"完整阴阳转换思维"的人。由于我们从小浸淫于中华文化中，每个个体的阴阳转换思维可能处于不同的发展阶段。依据正向性格描述预测个体会做出负向极端行为，可能是一种较易习得的转换思维，因而成为华人性格与行为内隐联系中普遍的特征。许功铄（2007）和孙蒨如（2008）的研究都发现了这一点。而要依据负向性格描述预测个体是否会做出正向行为，就可能需要有一定的人生阅历与悟性了，它可能是阴阳转换思维"修炼"的最高境界，只有较少数的人能够达到。

四　总结与建议

孙蒨如（2008）的研究及本研究都显示，转换感知这一子构念可能是比较复杂的，正因为它的复杂性，才使其成为"中庸构念图"中一个至关重要的概念。它通常与人们正常及惯性的心理及行为没有相关，反而与超乎正常的反应倾向有联结。详观杨中芳、林升栋（2012）所采用的新编"转换感知"测题，所用的成语中多数（10题中有6题）是"由正转负"者（例如，"乐极生悲"、"富不过三代"），还有2题是中性的，只有2题带有负转正的性质（如"否极泰来"）。孙蒨如（2008）已经发现"正转负"的思维与中庸处世信念/价值不存在相关。本研究也发现，"正转负"思维是华人的惯性思维，唯有用"负转正"这一"反惯性"的测题才能更有效地测量阴阳转换思维。像这样的一些推测，尚待后续实证研究加以检验。

参考文献

蔡锦昌，2000，《二元与二气之间：分类与思考方式的比较》，"社会科学构念：本土与西方"讨论会，台北，4月1～2日。

林升栋，2005，《寻找中庸自我的研究》，中山大学心理学系博士学位论文。

林升栋，2008，《阴阳转换思维之测量》，中国社会心理学会2008年年会，天津，10月24～26日。

孙蒨如，2008，《中国人的阴阳思维》，中国社会心理学会2008年年会，天津，10月24～26日。

许功馀，2007，《华人性格与行为关连性的内隐理论及其对人际互动的影响》，（台北）《本土心理学研究》第27期，第3～79页。

许洁虹、李纾、孙悦，2008，《阴阳转换思维与概率思维的关系研究》，中国社会心理学会2008年年会，天津，10月24～26日。

杨洁，2011，《中庸思维方式量表的编制》，深圳大学心理学系硕士学位论文。

杨中芳，2001，《中国人的世界观：中庸实践思维初探》，《如何理解中国人》，台北：远流出版公司，第269～287页。

杨中芳，2004，《"中庸"实践思维研究：迈向建构一个全新心理学知识体系》，载王登峰、侯玉波主编《人格与社会心理学论丛（一）》，北京：北京大学出版社，第1～15页。

杨中芳，2010，《中庸实践思维体系探研的初步进展》，（台北）《本土心理学研究》第 34 期，第 3 ~ 96 页。

杨中芳、林升栋，2012，《中庸实践思维体系构念图的建构效度研究》，《社会学研究》第 4 期，第 167 ~ 186 页。

杨中芳、赵志裕，1997，《中庸实践思维初探》，第四届华人心理与行为科际学术研讨会，台北，5 月 29 ~ 31 日。

Chan, S. F. (2000). Formal logic and dialectical thinking are not incongruent. *American Psychologist*, *55* (*9*), 1063 – 1064.

Ji, L. J., Nisbett, R. E., & Su, Y. (2001). Culture, change, and prediction. *Psychological Science*, *12* (*6*), 450 – 456.

Lee, Y. T. (2000). What is missing in Chinese-Western dialectical reasoning? *American Psychologist*, *55* (*9*), 1065 – 1067.

Markus, H. (1975). *Self schemas, behavior inference, and the processing of social information.* The University of Michigan, Ph. D. dissertation.

Peng, K. P., & Nisbett, R. E. (1999). Culture, dialectics, and reasoning about contradiction. *American Psychologist*, *54* (*9*), 741 – 754.

Spencer-Rodgers, J., Williams, M., & Peng, K. P. (2010). Cultural differences in expectation of change and tolerance for contradiction: A decade of empirical research. *Personality and Social Psychology Review*, *14*, 296 – 312.

An Exploration of the Relationship between Yin-Yang Convertibility Thinking and Person Perception

Lin Shengdong

School of Journalism and Communication, Xiamen University

Abstract: Yin-yang convertibility thinking is a cognitive framework with which people look and understand the world they live in. Adopting this mind-set, people believe that any seemingly opposing states, facets or features are actually co-existed and interchangeable; i. e., when one state being pushed towards one extreme, it ignites a converting process which eventually leads the state to move to the other extreme. Currently, several indigenous psychologists have developed some tools to explore this concept and found it very complicated, but worth further investigating. This paper reports two studies using the Yin-

Yang Convertibility Thinking Mode Questionnaire developed by the author, to explore how this thinking mode influences people's person perception. Study 1 found that the participants, who perceived themselves as possessing two seemingly opposing traits, tended to adopting the yin-yang convertibility thinking more strongly. Study 2 resulted that the participants, who anticipated a total stranger to demonstrate positive behaviors, after giving negative traits about the person, adopted the yin-yang convertibility thinking more strongly. Corroborated with other researchers' findings, this paper also proposes that, since "conversion from the positive to the negative" is more or less, the most popular way of thinking of the Chinese people, its reversal— "conversion from the negative to the positive", may serve as a better vehicle to measure the yin-yang convertibility thinking.

Keywords：Yin-Yang Convertibility Thinking, Person Perception, Zhongyong Thinking Mode

来得早不如来得巧：中庸与阴阳转折的时机

林玮芳

台湾大学心理学系

黄金兰

台湾科技大学人文社会学科

林以正

台湾大学心理学系

摘　要：日常生活中充满着悲欢离合，人生亦不乏高低起伏。个体如何能在不同生活事件的冲击摆荡中找到平衡？本研究主张中庸思维所蕴含之阴阳转换为其提供了契机，再辅以适当时机下具体的转念行动，应有助于提升心理适应能力。本研究采用文本分析，计算书写文本中转折词使用百分比作为阴阳转换的行为指标，并进一步比较前段与后段文本中转折词使用频率的差异，以凸显采取转念行动的时机点。本研究中，共有131名大学生被试对正负向事件进行想象书写，并于一个月后测量其心理适应指标。结果发现，中庸思维尚需配合采取转念行动的时机点，即在悲伤打击中要快速抽离转念；反之，在喜事临门时则先体会美好再转念思危，方能提升心理适应能力。本研究显示，唯有认知上的中庸思维配合适时的转念行动，在两者相辅相成的情况下，才能达到最佳适应。

关键词：中庸思维　阴阳转换信念　心理幸福感　语文探索与字词计算

一　文献综述

日常生活中，我们不断在"看人论事"，也经常察觉到"看人论事"

方式的个别差异随着情境或时间变动或呈现差异。这些差异或变动究竟从何而来？带给人们的影响又是什么？人们都期待自己或他人能以全面、客观、公平的方式看待人与事，避免失之偏颇。当然，随着人或事与自身的关联性增强或减弱，我们投注于其间的心力也有多寡之别。然而，我们也经常感受到被某个想法或念头攫住，深陷其中，费尽思量也难以逃脱。"初念浅，转念深"，尤其在生命转弯处，面对人生重大事件时，我们往往投注大量的心力，我们期待自己有足够的智慧，能够化危机为转机，但往往未必能顺利"转念"。中庸思维正提供了这种可能，协助人们转念。倘若我们能看到事物的一体两面本质，明白"月有阴晴圆缺，人有旦夕祸福"、苦尽甘来、乐极生悲显示了事物变动与相生相克的本质，体会祸福相倚，是福是祸端视个体如何解读，应有助于个体不致在逆境中陷落，在顺境中沉溺。

中庸这种生活的智慧，当然也是心理学家，尤其是华人心理学家的研究关注点所在。在杨中芳（2010）的中庸实践思维体系构念图中，"生活哲学"方面有3组构念。其中，在看人论事的感知构念中，中庸对世事的感知包括"全局思维"与"阴阳转换"两个特性。前者指的是具中庸思维者在看事时，可以拉出时间与空间轴，跳出"自己"并以更客观、更全面的方式来理解世事；后者则是说具中庸思维者可以看到事件或问题的一体两面，更重要的是可以认识到这两面是"相生相克"的。

在阴阳转换的特性上，过去相关研究者曾经透过不同的方式进行测量。有以成语（如否极泰来）评量者（杨中芳、赵志裕，1997；许洁虹、李纾、孙悦，2008），有以对立词并列自由书写其关系者（林升栋，2008；林升栋、杨中芳，2006），有以负向性格描述预测正向行为发生概率者（林升栋，2005），也有以故事完成作业者（孙蒨如，2008），可惜上述种种尝试并未获得稳定的预测效果。在这些尝试中，有些研究者为了捕捉阴阳转换的动态历程，尝试跳脱传统的由参与者主观评量的方式，而改以请参与者面对特定情境，进行自由书写后，由研究者依据理论建立编码计分系统（coding scheme），进行文本分析，归类计分。首先，林升栋（2008）设计了几对对立的词（如"穷与富"），让参与者分别自由书写对立词间的关系，据以分析参与者是否会书写出两者之间的转换关系，来测量转换感知。他的研究发现，透过"阴阳自我特质勾选法"（林升栋，2005）分类的"既此又彼"组（亦即在对立特质上都被被试评为与自己相符程度高者，意味着阴阳并存的特性），在此组上的阴阳转换思维得分要比其他组高。孙蒨如（2008）则采用"未完成故事作业"，依据个人层面或人际层面，以及事件的正负向性质，分别设计故事，并以开放式问卷方式让参与者接续完成故事。她依据参与者的书写特性建立编码系统，对不同阴阳转换思维进行分类。除了分类外，她还依据参与者在故事书写中进行正向与负向发展的阴阳转折次数分别得出"正转负"的转折、"负转正"的转折及"整体阴阳"转折等指标。她发现，上述转折指标与中庸思维、认知复杂度等量表间没有显著相关，且阴阳转折次数多者比较不会做出极端判断，其中又以"正转负"的转折为关键。

综观上述相关学者对阴阳转换思维的探讨，在使用阴阳感知成语或负向性格描述预测正向行为的主观评量方法时，至多看到其与阴阳并存思维这类相似概念的关联性，并没有看到其他行为或心理适应上的效果，可能是这样的自我评量不容易测量到"转换"的动态历程。反观使用开放式问卷的测量结果，再由研究者建立编码系统计分的语文分析测量，尽管费力耗时，却比较容易捕捉到阴阳转换的动态历程，也能初步看到其对行为的预测效果，例如，具有高阴阳转换思维者比较不会做出极端判断（孙蒨如，2008）。

有趣的是，孙蒨如（2008）采用"未完成故事作业"所测得的阴阳转换思维与中庸信念／价值并没有相关。此结果是否意味着孙蒨如所测量的是一个"转换"的动态思维历程，本身与中庸思维是相互独立的概念。也就是说，在杨中芳（2010）的中庸实践思维体系构念图中，对世事的感知具备的阴阳转换特性还是需要有中庸价值体系的支撑才可能产生正面的影响。单有阴阳转换思维或能力，虽然可以避免人们做出极端判断，但也可能带来世事无常、无所依恃的迷惘，不必然会展现中庸思维的正向效应。

从另一个角度分析，既然中庸是华人在做人处世时的重要准则，理当有提升心理适应的效果。然而，过去的相关研究发现，中庸与心理适应的正向预测效果多为弱的或不显著的正相关（林玮芳等，2014；黄金兰等，2012）。显然，要使中庸能发挥其正向作用，个体除了要能够认同这一套信念与价值观之外，还要能够在具体事件中把它体现出来。杨中芳（2010）也特别提醒研究者，在对中庸进行构念化时要将价值观与个人经验区分出来，分别加以讨论。她指出：

　　因此，这里让我们特别注意到，在对中庸做构念化时，即使是在个体处理生活事件的具体层次，也要注意至少两个心理面向：价值观与个人经验，两者不能混为一谈。例如，有的人认识到"不走极端"的重要性，但遇到情绪激动时，就控制不住而有过激行动的

出现。所以，"说"与"做"还是两码事，在构念化时，要注意到这个差别。（杨中芳，2010：11）

过去许多与态度相关的研究也指出，态度与行为往往不是一体两面的，有时甚至会出现对立的现象（Cialdini, Petty, & Cacioppo, 1981; Petty, Wegener, & Fabrigar, 1997）。相应地，如果单有抽象的中庸价值与信念，在遇到个别事件时，不能够将阴阳转换具体展现在思维面上，无法"知行合一"，是否终究也无法展现中庸对行为与心理健康的影响？基于对以上文献的整理分析，本研究在孙蒨如（2008）的测量概念基础上，尝试利用个体对正向或负向情境事件的想象书写，进行文本分析，以测量阴阳转换思维，并探索具中庸思维者如何使用阴阳转换思维进行情绪调节，从而对心理适应产生影响。

如前文所述，过去研究者如果采用量化的文本分析方法，通常需要先依据理论建立编码系统，再由评分员阅读文本并依据编码系统进行计分。这样的程序至少还需要两名评分员分别进行，之后再进行评分者间的信度检验，以确保计分的客观性。这样繁复的过程，耗时费力，且未必能保证高评分者信度，客观性也常受到质疑。Pennebaker 及其协同研究者开发了一套"语文探索与字词计算"（Linguistic Inquiry and Word Count, 简称 LIWC）软件，将文本的量化分析计算机化，既省时省力，又能保证客观性（Francis & Pennebaker, 1993; Pennebaker, Francis, & Booth, 2001）。他们的理念是，语文字词的使用可以作为心理特性的一种标识，以字词为单位的分析也可以作为有效的文本分析途径。例如，相关研究发现外向性高的人会使用较多的正向情绪词；相反，神经质高的个体则会使用较多的负向情绪词（Mehl, Gosling, & Pennebaker, 2006; Pennebaker & King, 1999）。在事件的书写或叙述中，如果个体聚焦于自身，则会使用较多的第一人称单数代词（如我、自己）。Stirman 与 Pennebaker（2001）通过分析诗人作品与其自杀的关联性发现，相对于未自杀的诗人，自杀的诗人在其作品中使用了较多的第一人称单数代词及死亡相关词。在抑郁症病患与正常人的情绪书写研究中也有类似的发现（Rude, Gortner, & Pennebaker, 2004）。

LIWC 软件包括两个部分：一个部分是与计算程序比对；另一个部分则是提供比对依据的词典文档。这个词典包含许多语文词类，例如，显现语文特性的人称代词、连词、介词等，标记心理特性的各类情绪词、社会词、认知词等，以及其他诸如工作词、休闲词，等等。LIWC 的计算原理非常简单，程序从文本的第一个词开始，逐词进行类别比对。若在词典的某个（或数个）类别下找到相对应的词，程序就会将该类别的计数进行累加，再进行下一个词的比对，如此反复进行。全文逐词比对完成后，程序就会输出各词类在该文本中出现的频率，以供后续进行统计分析之用。LIWC 软件几经改版，现在的版本为 LIWC 2007（Pennebaker, Booth, & Francis, 2007；Pennebaker, Chung, Ireland, Gonzales, & Booth, 2007），其词典包含 64 个语文类别，已发展成为一个具有稳定信、效度，且被广泛应用在各类研究中的研究工具（Chung & Pennebaker, 2007；Tausczik & Pennebaker, 2010）。

　　LIWC 除了软件本身自建的词典外，还具有可由研究者依照研究需求自定词典文档的特性。这个特性使得 LIWC 不再局限于英文的语文分析，不同语文版本的 LIWC 词典纷纷在英文词典的基础上建立，例如，西班牙文、德文、韩文等。中文版 LIWC 也在 Pennebaker 授权下于 2012 年完成并正式发表（黄金兰等，2012），为华人心理语文特性研究提供了一个崭新的研究工具。后续相关研究也发现中文版 LIWC 具有相当不错的效度（唐思柔，2011；张砚评，2012；黄金兰、张仁和、程威铨、林以正，出版中；窦郁文，2012）。本研究建基于 LIWC 自建词典的特性上，使用黄金兰（2013）自建的"转折词"类，进行 LIWC 分析。黄金兰（2013）尝试新增具备华人特性的中文 LIWC 词典，她首先建立阴阳词类，包含否极泰来、塞翁失马、柳暗花明等词。初步测试结果发现，一般人在书写时对这类成语的使用频率偏低，使得对这类词的抓取率偏低，往往会出现极大的偏态现象，不容易看到个别差异的效果。她和其他研究团队成员进一步修正，采用一般日常用语中常用但带有转换思维意涵的转折词类，例如，然而、话说回来、还不如、反而等。初步测试结果发现，在不同的文本中对这类词都可以有稳定的抓取率，其分布也比较符合常态分布。本研究即采用此转折词类的使用频率作为阴阳转换的指标。

　　综合上述文献探讨与研究工具评析，本研究拟探讨具中庸思维者，如何使用阴阳转换思维进行情绪调节进而对心理适应产生影响。对于阴阳转换思维的测量，本研究在孙蒨如（2008）测量概念的基础上，尝试利用个体对正向或负向事件的想象书写，使用 LIWC 软件进行文本分析，以计算转折词的使用频率，作为阴阳转换指标。直观上，我们很容易认为具中庸思维者较具备阴阳转换能力，两者之间应该有正相关存在，且两者对心理适应的影响应具有加成效果。然而，进一步深思，在本研究的架构下，参与者在针对生命中具体的正向事件或负向事件进行想象书写时，思维的转换次数越多并不代表其转换能力越好，更不宜预测转换次数越多，心理适应越好。一个具中庸思维者，在具体事件中，通过进行阴阳转换以达"致中和"的目标。在此调适过程中，不断进行转换，固然可以避免做出极端判断（孙蒨如，2008），但却可能带来不断辗转的心理迷惘，反而给心理适应带来负面的效果。本研究主张，具中庸思维者阴阳转换能力的展现，需要拿捏、把握时机，在"对的时间点"进行转换才能够展现对情绪调节与心理适应的正面效果。过去对拿捏的相关研究也支持在思维体系与行动方案相辅相成的情况下，以中庸思维体系为行动依据，在面对冲突情境时具体展现拿捏行为，才能带来正面的心理适应（林玮芳等，2014）。

究竟在什么样的时机进行转换才能有正面的效果？或许我们可以从常用的成语中找到一些线索。我们常听到或使用"临危不乱"、"居安思危"来形容在面对负向事件或正向事件时应该具备的心态或思维模式。两者用词上的时间差异，也意味着面对正、负向事件时，转念时机的差异。前者意味着在面临危险时，心慌意乱是默认模式（default mode），个体在当下（临）就要进行转换或转念让自己不要慌乱；后者则意味着，在太平盛世，个体不要期待长久沉溺于此安适（居），居安之余，也要想到无常，危险也是可能随时到来的。古人使用"临危不乱"、"居安思危"作为行事准则，而不是"居危不乱"或"临安思危"，其实就隐含了转念的时机差异智慧。据此，本研究主张，具高中庸思维者要同时具备掌握阴阳转换时机的能力，才能够展现中庸的正面效应，促进情绪调节与心理健康。

具体而言，本研究主张，当运用中庸思维于日常生活中的具体事件处理层面时，蕴含着择前审思的行动特色，能够"审时度势"，充分了解事件的来龙去脉，找出其中关键的阴阳态势，从而将自己置放于一个更大的框架中去理解事态的变化，也由此产生转念的可能性。研究者预期在生命的转弯处，具中庸思维的个体，如能在事件中执行相应的行动方案，适时转念，可对生活适应有比较好的促进效果。因此，本研究进一步预测，中庸思维配合在负向生活事件中快速转念的具体行动方案，对心理适应有较强的提升效果；反之，中庸思维配合在正向生活事件中快速转念的具体行动方案，对心理适应有一定的负面效果。

二　研究方法

研究者邀请178名正在修习心理学相关课程的大学生参与本实验。参与者平均年龄为20.69岁，其中，女性89名，男性84名，另外5名未提供性别数据。

（一）研究工具

1. 想象书写作业与 LIWC

为了比较个体在正向生活事件与负向生活事件中的思维和心理调适状况，研究者设计了中彩票与出车祸两种想象书写作业。针对每种想象书写作业，先请参与者评量自己在这样的情境中所感受到的快乐程度，以李克特式 9 点量尺作答，1 代表"非常不快乐"，9 代表"非常快乐"；接着以故事接龙的方式，请参与者接续完成故事。完成该种想象书写作业后，再请参与者想象自己作为故事中的主角，在故事结束时的快乐程度，同样以李克特式 9 点量尺作答，1 代表"非常不快乐"，9 代表"非常快乐"。每一位参与者都必须完成中彩票与出车祸两则故事的想象书写作业，每则故事必须至少有 500 个字。针对中彩票想象书写作业，请参与者想象"**我中了彩票一亿元，然后……**"，接续完成故事；针对车祸想象书写作业，请参与者想象"**我出了车祸半身不遂，然后……**"，接续完成故事。

本研究所有文本内容先经错别字订正程序，接着使用中研院断词系统（由中研院中文词知识库小组于 1988 年开发）进行断词处理，以及断词后的词类标记删除以及标点符号的大小写转换。完成前置处理后，将文本汇入以转折词类（黄金兰，2013）为词典的 LIWC 软件进行使用频率统计。

2. 正负向情绪量表

正负向情绪量表（Positive and Negative Affect Schedule，PANAS）主要用来测量一段时间中，个人的正向情绪与负向情绪的状态。这个量表包含正向情绪与负向情绪两个分量表，每个分量表各有 10 个情绪词，是由 Watson、Clark 和 Tellegen（1988）发展的。此量表采用李克特式 5 点量尺计分。正向情绪分量表得分越高，代表越常经验到正向情绪；负向情绪分量表得分越高，代表越常经验到负向情绪。将正负向情绪量表用于本研究，所得之内部一致性系数分别为 0.86 和 0.85。

3. 生活满意度量表

Diener、Emmons、Larsen 和 Griffin（1985）所编制的生活满意度量表（Satisfaction with Life Scale，SWLS），是目前使用最广泛的主观幸福感测量工具之一（Diener, Suh, Lucas, & Smith, 1999）。Wu 与 Yao（2006）将其翻译成中文，并以台湾大学生样本进行研究时，也指出此量表具有很好的信、效度。此量表采用李克特氏 7 点量尺进行评量，平均分数越高表示个体对整体生活状况的满意程度越高。将此量表用于本研究，所得之内部一致性系数为 0.88。

4. 安适幸福感量表

Lee、Lin、Huang 和 Fredrickson（2013）为了测量个体内在的平静与和谐状态，发展了安适幸福感量表（Peace of Mind Scale，简称 PoM）。该量表共有 7 题，经因素分析可得单一因素结果，内部一致性系数为 0.94。该量表与生活满意度和中国人幸福感呈显著正相关，与心理忧郁量表则呈显著负相关。跨文化研究也发现，相较于美国人，台湾大学生在安适幸福感量表上的得分较高。作答时以李克特氏 5 点量尺填答。本研究使用此量表，得到的内部一致性系数为 0.91。

5. 中庸信念/价值量表

此量表由黄金兰、林以正与杨中芳（2012）修订自杨中芳与赵志裕（1997）开发的中庸实践量表，主要的修订在于将题数进行了删减。量表原有 16 题，经由因素分析后选出因素负荷量最高的 9 题，以此作为新版量表的题目。在填答方式上，为了减少社会赞许作答偏差的影响，采用先迫选再评量的方式。每道题由两个并列的对立陈述句构成：一句是符合中庸思维的陈述；另一句是相对应的"非中庸"的陈述。在指导语中说明请参与者先针对每题的两个陈述句进行迫选，选出较为同意的题项；接着仅对所勾选的陈述句以 7 点尺进行同意度评量。此量表的计分方法，系依据参与者在每一题上勾选的题项决定是否反向计分。如参与者勾选较同意符合"中庸"的陈述，则直接依据其对该题项所评量之同意程度计分；如参与者勾选较同意"非中庸"的陈述，则依据其对该题项所评量之同意程度予以反向计分。如此计算出 9 题的平均得分，即为参与者在中庸信念/价值量表上的得分，分数越高，代表其中庸思维越强。此量表在编制时所得到到的内部一致性系数为 0.61，将之用于本研究，所得到的内部一致性系数为 0.62。

（二）研究程序

本研究为大团体施测，施测内容包括想象书写作业与纸笔问卷填答两大部分。想象书写作业包含中彩票想象书写作业与出车祸想象书写作业，采用对抗平衡方式呈现书写顺序：其中一半的参与者先进行中彩票想象书写，再完成出车祸想象书写；另一半参与者先进行出车祸想象书写，再完成中彩票想象书写。为了避免受到想象书写作业的影响，想象书写作业完成一个月之后，才邀请参与者填答问卷，测量其一般的心理适应状况。为了减轻参与者的负担，同时降低共同方法的变异，问卷测量分 2 次进行，两次测量时间间隔 1 周，因此两次施测人数稍有不同。第一次用正负向情绪量表测量；第二次用生活满意度量表、安适幸福感量表及中庸信念/价值量表测量。由于本实验问卷的填答系邀请参与者自由参加，未给予任何奖金或实验时数作为酬赏，因此两次问卷填答人数不一。考虑到整体分析样本的一致性，除了内部一致性指标为求稳定度，以选取最大样本数为原则外，后续正式分析则选出想象书写作业与两次问卷测量皆有参与的学生共 131 人进行。参与者平均年龄为 20.63 岁，其中女生73 名，男生 57 名，1 名参与者未提供性别数据。

三　研究结果

由于中彩票与出车祸两种想象书写作业采用对抗平衡（counter balance）设计，研究者首先比较想象书写作业的呈现顺序，是否会使参与者在每种想象情境中所感受到的情绪产生显著差异。依想象书写作业的呈现顺序，将参与者分为两组，经独立样本 t 检验，发现两组在想象出车祸当下的快乐情绪、完成出车祸想象故事接龙后评量故事中主角的快乐情绪，想象中彩票当下的快乐情绪、完成中彩票想象故事接龙后评量故事中主角的快乐情绪 4 个指标上，皆未出现显著差异 $[t (1, 127) = 0.33, ns; t (1, 129) = 0.88, ns; t (1, 127) = 0.43, ns; t (1, 129) = 1.37, ns]$。因此，在后续分析中，不区分想象书写作业的呈现顺序，而将所有参与者合并进行分析。整体而言，参与者想象出车祸时的快乐程度为 1.82（$SD = 1.00$，其中 2 名参与者未填答），完成出车祸想象书写后，故事中主角的快乐程度为 5.47（$SD = 2.22$）；想象中彩票时的快乐程度为 7.91（$SD = 1.32$，其中 2 名参与者未填答），完成中彩票想象书写后，故事中主角的快乐程度为 7.24（$SD = 2.07$）。

将想象书写作业用中文版 LIWC 进行文本分析，在中彩票想象书写作业上，参与者平均书写 378 个词（$SD = 88$），中文版 LIWC 对文本的侦测率达 82.61%，显示良好的侦测率；而在出车祸想象书写作业上，参与者平均书写 383 个词（$SD = 102$），中文版 LIWC 对文本的侦测率达 83.70%，同样展现良好的侦测率。

表 1 呈现本研究主要变项的描述统计和简单相关。根据简单相关分析结果，中庸思维与正向心理适应指标（生活满意度、安适幸福感及正向情绪）皆呈显著正相关（$r = 0.27, p < 0.01; r = 0.28, p < 0.01; r = 0.27, p < 0.01$），显示中庸思维较强的个体，其心理适应也较好。

关于想象书写作业文本中转折词使用频率的效果，由表 2 可知，不论在车祸文本还是彩票文本中，转折词的使用频率并不能预测个体的情绪感受与幸福感。进一步采用阶层回归分析中庸思维与转折词使用频率的交互作用对幸福感的影响效果。为了避免多元共线性（multicollinearity）的影响，

表1 本研究主要变项之描述统计与简单相关 ($N = 131$)

	平均数	标准偏差	1.	2.	3.	4.	5.	6.	7.	8.
1. 转折词（车祸文本）	2.50	1.02	—							
2. 转折词差（车祸文本）	-0.09	1.93	0.00	—						
3. 转折词（彩票文本）	1.89	0.90	0.12	-0.12	—					
4. 转折词差（彩票文本）	-0.39	1.76	0.27*	0.06	-0.06	—				
5. 生活满意度	4.54	1.07	-0.03	-0.07	0.02	-0.05	—			
6. 安适幸福感	4.05	0.78	-0.12	-0.10	0.04	-0.08	0.62**	—		
7. 正向情绪	3.37	0.60	-0.10	-0.05	-0.00	-0.21*	0.45**	0.55**	—	
8. 负向情绪	2.61	0.66	-0.09	-0.03	-0.02	-0.01	-0.31**	-0.56**	-0.26**	
9. 中庸信念／价值量表	5.21	0.62	-0.01	-0.04	0.06	-0.04	0.27**	0.28**	0.27**	-0.14

*$p < 0.05$，**$p < 0.01$。

表2 车祸文本之回归分析表

变项	生活满意度		安适幸福感		正向情绪		负向情绪	
	模式一	模式二	模式一	模式二	模式一	模式二	模式一	模式二
中庸思维	.26**	.26**	.28**	.28**	.27**	.27**	-.14	-.14
转折词差（车祸文本）	-.06	-.04	-.09	-.05	-.03	-.03	-.04	-.08
转折词差×中庸思维		.08		.16†		.03		-.18†
调整后 R^2	.06	.06	.07	.09	.06	.05	.00	.03

†$p < 0.10$，**$p < 0.01$。

以标准化后的 z 分数计算交互作用项。所有独变项（中庸思维、转折词差及交互作用项）都先经标准化程序后，才进行回归分析。分别对车祸及彩票文本，以各项心理适应指标为依变项进行检定。结果仅在车祸文本中，中庸思维与转折词使用频率的交互作用能够显著地预测负向情绪（$\beta = 0.26$，$p < 0.01$），其他依变项均未得到显著的交互作用效果。有趣的是，在上述显著的交互作用效果中，在转折词使用频率低的情况下，中庸思维与负向情绪的负相关被强化；在转折词使用频率高的情况下，中庸思维不但不能有效地减少负向情绪，在方向性上甚至呈现相反的趋势。上述结果也呼应了本研究的预测，自由书写的文本分析所测得的阴阳转折次数本身并不能预测心理适应效果，具中庸思维者使用阴阳转换思维也未必能获得正面效果，甚至有时候转折次数越多，内心越迷惘，从而导致负向情绪增

多。具中庸思维者在生命转弯处，除了需要使用阴阳转换思维进行调节外，还得要有足够的智慧，拿捏其使用时机，或许会对心理适应产生正面效果。

如前文所述，研究者认为转折词出现在故事的前段还是后段，具有特定的心理意涵。"塞翁失马，焉知非福"，对于负向生活事件，能够在思维想法上迅速转念，从负向打击中转换到中性乃至正向的审视角度，应对个体心理适应有所帮助；相应地，"居安思危，有备无患"，一个适应良好的个体，一方面能够感受到正向生活事件给其带来的快乐，另一方面在快乐过后，也能够在正向情绪中抽离反思、转念警醒而不迷失自我。据此，研究者进一步将车祸文本与彩票文本，以总词数对半切分，将前半段转折词使用频率减去后半段转折词使用频率之差视为转折词差，以此凸显个体在想象书写作业中思维转折的时机点。在车祸文本中，转折词差的平均数为 -0.09，标准偏差为 1.93；在彩票文本中，转折词差的平均数为 -0.39，标准偏差为 1.76。由于其分布均符合正态分布，并没有出现显著的偏态现象，在平均数接近 0 的情况下，我们约莫可以将其想象成转折值差为一个正负值参半的分布，因此可以将其解读为转折词差值越大，代表个体在文本前段相对较多地使用转折词，而在后段则较少地使用转折词，反映个体能够相对较快速地进行转折，并且在后续相对展现较为安顿的情绪；反之，转折词差值越小，则代表个体在文本后段相对较多地使用转折词，而在前段较少地使用转折词，反映个体在面对生命中的转变时，转念的速度较慢，相对而言，在初期驻足在初念中，后续才开始试图转念。

为了比较个体在想象书写作业文本中前后段转折词差与中庸思维对心理适应的主要效果与交互作用效果，研究者重新将转折词差代入多元回归方程，以标准化后的 z 分数计算交互作用项。将所有独变项（中庸思维、转折词差及交互作用项）进行标准化后，分别对彩票文本与车祸文本独立进行分析。表 2 与表 3 分别为车祸文本和彩票文本之文本分析结果。

表 3　彩票文本之回归分析表

变项	生活满意度		安适幸福感		正向情绪		负向情绪	
	模式一	模式二	模式一	模式二	模式一	模式二	模式一	模式二
中庸思维	.26**	.20*	.28**	.23**	.26**	.21*	-.14	-.10
转折词差（彩票文本）	-.04	-.03	-.07	-.05	-.20*	-.19*	-.02	-.02
转折词差×中庸思维		-.21*		-.18*		-.17*		.12
调整后 R^2	.06	.09	.07	.09	.10	.12	.00	.01

　　$*p < 0.05$，　$**p < 0.01$。

　　依据回归分析结果，在车祸文本中，中庸思维预测正向心理适应指标（生活满意度、安适幸福感及正向情绪）皆达显著（$\beta = 0.26$，$p < 0.01$；$\beta = 0.28$，$p < 0.01$；$\beta = 0.27$，$p < 0.01$），预测负向情绪则未达显著（$\beta = -0.14$，ns），而用车祸文本中的转折词差预测正、负向心理适应指标之主效果皆未达显著。进一步检验两者交互作用的效果，发现中庸思维与转折词差（车祸文本）在负向情绪与安适幸福感上得到的临界交互作用显著（$\beta = -0.18$，$p = 0.05$；$\beta = 0.16$，$p = 0.07$）。研究者将标准化后的中庸思维与转折词差（车祸文本）加减一个标准偏差，代入未标准化回归方程，绘制交互作用图，厘清转折词差（车祸文本）对中庸思维在心理适应上的作用趋势（分别见图1和图2）。经简单斜率检验（Dawson & Richter，2006），也得到显著结果。对于在车祸文本前段使用较多转折词、在后段使用较少转折词的个体，中庸思维预测安适幸福感（$\beta = 0.42$，$p < 0.01$）和负向情绪（$\beta = -0.30$，$p < 0.05$）皆达显著；另一方面，对于在车祸文本前段使用较少转折词、在后段使用较多转折词的个体而言，中庸思维预测安适幸福感（$\beta = 0.13$，ns）和负向情绪（$\beta = 0.03$，ns）皆未达显著。结果显示，中庸思维与心理适应的关联，在车祸文本前段使用转折词频率高于后段的个体身上相对被增强；反之，在车祸文本前段使用转折词频率低于后段的个体身上则相对被减弱。这一结果意味着，只是具有中庸思维不必然能够有效地帮助个体在负向冲击中纾解调适。唯有适时地使内在思维与外在行为表现相配合，亦即中庸思维与在负向事件的打击中很快转念抽离的具体行动相协调，才能有助于提升个体的心理适应能力。

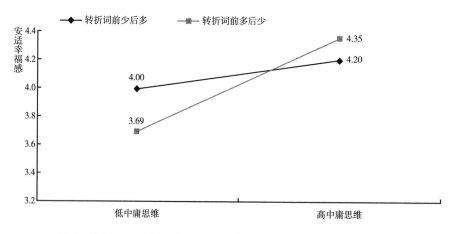

图1　转折词差（车祸文本）与中庸思维对安适幸福感的交互作用

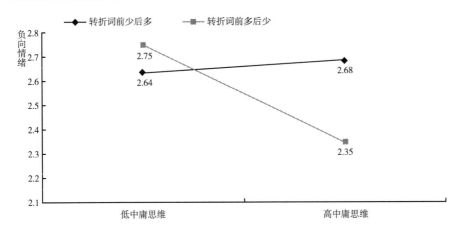

图 2　转折词差（车祸文本）与中庸思维对负向情绪的交互作用

　　另一方面，在彩票文本中，中庸思维预测正向心理适应指标（生活满意度、安适幸福感及正向情绪）亦皆达显著（$\beta = 0.26$，$p < 0.01$；$\beta = 0.28$，$p < 0.01$；$\beta = 0.26$，$p < 0.01$）。而转折词差（彩票文本）仅在预测正向心理适应指标主效果时显著（$\beta = -0.20$，$p < 0.05$），显示彩票文本中的转折词差与心理适应的主效果之间的相关相对较弱且不稳定。进一步检验彩票文本中的转折词差与中庸思维在心理适应上的交互作用效果，发现两者的交互作用项在生活满意度、安适幸福感及正向情绪上皆达显著（$\beta = -0.21$，$p < 0.05$；$\beta = -0.18$，$p < 0.05$；$\beta = -0.17$，$p < 0.05$）。同样将标准化后的中庸思维与转折词差（彩票文本）加减一个标准偏差，代入未标准化的回归方程，绘制交互作用图，以厘清转折词差（彩票文本）对中庸思维在心理适应上的作用趋势（分别见图 3、图 4 及图 5）。经简单斜率检验（Dawson & Richter, 2006）发现，对于在彩票文本前段使用转折词频率低于后段的个体来说，中庸思维与生活满意度（$\beta = 0.43$，$p < 0.01$）、安适幸福感（$\beta = 0.43$，$p < 0.01$）及正向情绪（$\beta = 0.40$，$p < 0.01$）皆显著相关；反之，对于在彩票文本前段使用转折词频率高于后段的个体而言，中庸思维与心理适应指标的关联皆未达显著（分别为 $\beta = -0.03$，ns；$\beta = 0.03$，ns；$\beta = 0.02$，ns），结果显示，中庸思维与心理适应的关联，在彩票文本后段使用转折词频率高于前段的个体身上相对被增强；反之，在车祸文本后段使用转折词频率高于前段的个体身上则相对被减弱。换句话说，中庸思维尚需搭配居安思危的行为，即在正向事件中享受快乐，也能在快乐过后转念警惕，如此才能提升个体的心理适应能力。

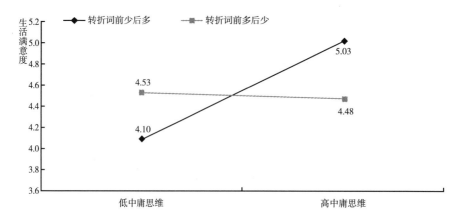

图 3　转折词差（彩票文本）与中庸思维对生活满意度的交互作用

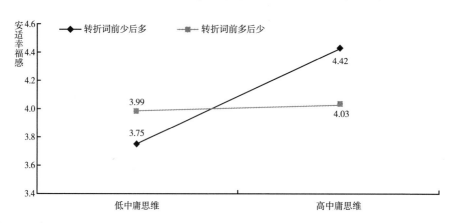

图 4　转折词差（彩票文本）与中庸思维对安适幸福感的交互作用

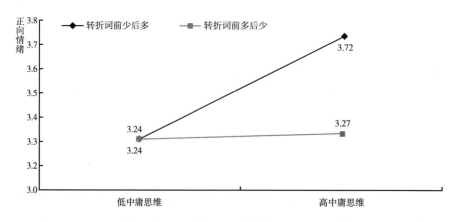

图 5　转折词差（彩票文本）与中庸思维对正向情绪的交互作用

四　讨论

本研究发现，具中庸思维的个体未必真能适时在行动中展现与内在思维相应的行动方案，唯有当内在思维与外在行为相辅相成，以既有思维体系作为支撑，而且能在日常生活行动中适时具体实践的个体，方能提升心理适应能力。具中庸思维者在遭受负向事件打击时，尽管能够体会"塞翁失马"，也必须要能够不长期沉浸于苦痛中，配合具体行动上的快速转念，多方慎思，才能最终看到否极泰来的可能，乃至有"焉之非福"的期盼。如此一来，不仅化解了负向事件带来的伤害，也产生了正向力量，提升了心理健康水平。另一方面，在面对正向事件时，具中庸思维者若能够在具体行为上先欣然接受生命的祝贺，尔后转念世事无常，逐渐"居安思危"，而不执著于正向的欢乐，亦有助于个人的心理适应。

如前所述，过去相关研究在中庸思维与心理适应关联性的探讨上，多得到偏弱的正相关或无关的结果。本研究认为，那是因为中庸思维测量的是多重认知的因素，而本研究则强调"知行合一"的重要性。抽象思维与针对具体事件的实践需要恰当搭配才能够展现正面的效果，在阴阳转换上更是要考虑时间点的拿捏，必须要适时地介入才能有良好的效果。这样的观点提醒未来研究应不只是观察中庸思维的主效果，更要从中庸思维的调节效果着手，也许可以有更多的研究角度，让我们对中庸作为一个实践的思维体系，有更深入的了解。

在杨中芳（2010）的中庸实践思维体系构念图中，阴阳转换是被放在生活哲学的看人论事的感知层面。在这一构念下，阴阳转换被视为在看人论事时有无阴阳转换能力。过去在阴阳转换测量的相关尝试中，一直没有得到很好的结果。笔者认为，过去的研究并没有真实地捕捉到"能力"这个特性，因此在本研究中采用情境书写后的量化文本分析方法，尝试测量个体主动转换的倾向，取得了初步成果。当然，在测量上如何更精致地捕捉阴阳转换，还有待进一步的努力。Grossmann 等（Grossmann, Na, Varnum, Kitayama, & Nisbett, 2013；Grossmann & Kross, 2010）对于智慧的测量采取提供人际或群际的冲突情境，请研究参与者以开放式问答的方式回答其处理方式，然后采用人工计分的方式针对六个向度分别给分，并加总得一整体的智慧总分。Grossmann 等的方法以及本研究的测量方式，为后续研究提供了一个值得深思的角度。中庸作为一个实践性的思维体系，以静态式传统的自评测量恐怕不能捕捉到其"动态"特性。开放式问答佐以对更客观、系统化的语文特性的掌握，建立一套计算机化文本分析方法，是未来可以努力的方向。

前文论及，中庸是一种生活智慧。然而，它绝非华人所特有或仅适用于华人的生活智慧。张仁和、林以正和黄金兰（2014）整理了近期西方研究者（Grossmann et al.，2013；Grossmann & Kross，2010）对智慧的相关论述与杨中芳（2010）所提之中庸实践思维体系构念图，发现两者有相当多的雷同之处。个体在进行阴阳转换时，至少需要具备几个因素：看到"阴"与"阳"的存在及其变动性，两者相生相克的非线性思维。在 Grossmann 等整理出的六大智慧向度中，就有许多与阴阳转换之历程相对应之处。例如，"观点取替"必须要以看到不同的可能性为前提，世事并非只能从一个角度去理解，就如同必须看到"阴"与"阳"是可能并存的，才能够理解观点的取替。又如，"对改变的认可"就是阴阳转换的前提条件，个体必须要认识到"无常"，世事变动不羁，唯有存此心念才能够放下贪嗔痴，方能认可阴阳转换思维的可贵。未来的研究也可以尝试将"中庸"研究与西方"智慧"研究挂钩，也许可以提炼出更精练的普世"智慧"理论。

本研究以大学生为样本是研究的一大限制。既然中庸是一种生活智慧，那么生活的历练必然是一个重要的影响因素。未来如能采用成人样本，甚或如西方智慧研究那样把年龄当作一个变量，将能够对中庸的运作与心理适应的影响有更丰富的理解。

参考文献

窦郁文，2012，《言语变色龙：说服与语言型态匹配度》，台湾大学心理学研究所硕士学位论文。

黄金兰，2013，《台湾版语文探索与字词计算字典文件之修订与信效度检验》，"行政院国家科学委员会"专题研究成果报告。

黄金兰、C. K. Chung、N. Hui、林以正、谢亦泰、程威铨、B. Lam、M. Bond、J. W. Pennebaker，2012，《中文版语文探索与字词计算字典之建立》，（台北）《中华心理学刊》第 54 期，第 185～201 页。

黄金兰、林以正、杨中芳，2012，《中庸信念/价值量表之修订》，（台北）《本土心理学研究》第 38 期，第 3～41 页。

黄金兰、张仁和、程威铨、林以正，《我你他的转变：以字词分析探讨大学生心理位移书写文本之位格特性》，《中华辅导与咨商学报》（出版中）。

林升栋，2005，《寻找中庸自我的研究》，中山大学心理学系博士学位论文。

林升栋，2008，《阴阳转换思维之测量》，中国社会心理学会 2008 年年会，天津，10 月 24～26 日。

林升栋、杨中芳，2006，《阴阳转换思维的再探研》，中国社会心理学会 2006 年年会，黄山，10 月 20～22 日。

林玮芳、邓传忠、林以正、黄金兰，2014，《进退有据：中庸对拿捏行为与心理适应之关系的调节效果》，（台北）《本土心理学研究》第 40 期，第 45～84 页。

孙蒨如，2008，《中国人的阴阳思维》，中国社会心理学会 2008 年年会，天津，10 月 24～26 日。

唐思柔，2011，《物质消费与经验消费的对比：字词分析的探索与应用》，"行政院国家科学委员会"大专生专题研究成果报告。

许洁虹、李纾、孙悦，2008，《阴阳转换思维与概率思维的关系研究》，中国社会心理学会 2008 年年会，天津，10 月 24～26 日。

杨中芳，2010，《中庸实践思维体系探研的初步进展》，（台北）《本土心理学研究》第 34 期，第 3～96 页。

杨中芳、赵志裕，1997，《中庸实践思维初探》，第四届华人心理与行为科际学术研讨会，台北，5 月 29～31 日。

张仁和、林以正、黄金兰，2014，《西方智能研究新动态与中庸思维的关系》，《中国社会心理学评论》第八辑（出版中）。

张砚评，2012，《感恩表达与配偶之生活适应》，台湾大学心理学研究所硕士学位论文。

Chung, C. K. , & Pennebaker, J. W. （2007）. The psychological function of function words. In K. Fiedler （Ed. ）, *Social communication*：*Frontiers of social psychology* （pp. 343 – 359）. New York：Psychology Press.

Cialdini, R. B. , Petty, R. E. , Cacioppo, J. T. （1981）. Attitude and attitude change. *Annual Review of Psychology*, *32* （*1*）, 357 – 404.

Dawson, J. F. , & Richter, A. W. （2006）. Probing three-way interactions in moderated multiple regression：Development and application of a slope difference test. *Journal of Applied Psychology*, *91* （*4*）, 917 – 926.

Diener, E. , Emmons, R. A. , Larsen, R. J. , & Griffin, S. （1985）. The satisfaction with life scale. *Journal of Personality Assessment*, *49* （*1*）, 71 – 75.

Diener, E. , Suh, E. M. , Lucas, R. E. , & Smith, H. L. （1999）. Subjective well-being：Three decades of progress. *Psychological Bulletin*, *125* （*2*）, 276 – 302.

Francis, M. E. , & Pennebaker, J. W. （1993）. *LIWC*：*Linguistic inquiry and word count*. Dallas, T. ：Southern Methodist University.

Grossmann, I. , & Kross, E. （2010）. The impact of culture on adaptive versus maladaptive self-reflection. *Psychological Science*, *21* （*8*）, 1150 – 1157.

Grossmann, I. , Na, J. , Varnum, M. E. W. , Kitayama, S. , & Nisbett, R. E. （2013）. A route to well-being：Intelligence versus wise reasoning. *Journal of Experimental Psychology*：*General*, *142* （*3*）, 944 – 953.

Lee, Y. C. , Lin, Y. C. , Huang, C. L. , & Fredrickson, B. L. （2013）. The construct and measurement of peace of mind. *Journal of Happiness Studies*, *14* （*2*）, 571 – 590.

Mehl, M. R. , Gosling, S. D. , & Pennebaker, J. W. （2006）. Personality in its natural habitat：Manifestations and implicit folk theories of personality in daily life. *Journal of Personality and Social Psychology, 90（5），862 – 877.*

Pennebaker, J. W. , Booth, R. J. , & Francis, M. E. （2007）. *LIWC 2007: Linguistic inquiry and word count.* Austin, TX, LIWC. Net.

Pennebaker, J. W. , Chung, C. K. , Ireland, M. , Gonzales, A. , & Booth, R. J. （2007）. *The development and psychometric properties of LIWC 2007.* Austin, TX, LIWC. Net.

Pennebaker, J. W. , Francis, M. E. , & Booth, R. J. （2001）. *Linguistic inquiry and word count: LIWC Computer software.* Mahwah, NJ: Erlbaum.

Pennebaker, J. W. , & King, L. A. （1999）. Linguistic styles: Language use as an individual difference. *Journal of Personality and Social Psychology, 77（6），*1296 – 1312.

Petty, R. E. , Wegener, D. T. , & Fabrigar, L. R. （1997）. Attitudes and attitude change. *Annual Review of Psychology, 48（1），*609 – 647.

Rude, S. , Gortner, E. M. , & Pennebaker, J. （2004）. Language use of depressed and depression-vulnerable college students. *Cognition and Emotion, 18（8），*1121 – 1133.

Stirman, S. W. , & Pennebaker, J. W. （2001）. Word use in the poetry of suicidal and nonsuicidal poets. *Psychosomatic Medicine, 63（4），*517 – 522.

Tausczik, Y. R. , & Pennebaker, J. W. （2010）. The psychological meaning of words: LIWC and computerized text analysis methods. *Journal of Language and Social Psychology, 29（1），*24 – 54.

Watson, D. , Clark, L. A. , & Tellegen, A. （1988）. Development and validation of brief measures of positive and negative affect: The PANAS scales. *Journal of Personality and Social Psychology, 54（6），*1063 – 1070.

Wu, C. , & Yao, G. （2006）. Analysis of factorial invariance across gender in the Taiwan version of the Satisfaction with Life Scale. *Personality and Individual Differences, 40（6），*1259 – 1268.

Timing Makes a Difference: An Interaction Effect between Zhongyong Belief/Value and Yin-Yang Convertibility Belief on Psychological Well-being

Lin Weifang

Department of Psychology, Taiwan University

Huang Chinlan

Division of Humanities and Social Sciences, Taiwan University of Science and Technology

Lin Yicheng

Department of Psychology, Taiwan University

Abstract: Life is filled with ups and downs. How could we strike a balance under the impacts of these experiences? The authors suggest that zhongyong belief/value provide a possible solution, especially when they are paired with a yin-yang convertibility belief. It was hypothesized that this pairing helped individuals improve their psychological functioning. In the present study, the percentage of thought-reversal words (like "but" and "however") used in a discourse was served as an index of the degree to which one believed in yin-yang convertibility. We focused our attention mainly on the percentage difference on thought-reverse words used in the first and in the second half of a discourse, so that the timing of thought reverses was investigated.

131 participants were asked to write both a positive and a negative imaginary stories and, one month later, to complete some questionnaires measuring their psychological well-being. Results showed that, when writing a positive story, positive relationships between participants' zhongyong score and psychological well-being indexes were stronger when they used more thought-reversal words in the second half of the discourse, thus sustaining the positive feeling caused by the story-reading longer. In contrast, when writing a negative story, high zhongyong scorers used more thought-reverse words in the first half of the discourse, therefore diverting quickly from the negative feeling caused. These results suggest that, timing of thought-reverse action strengthened the correlation between zhongyong and psychological health.

Keywords: Zhongyong Thinking, Yin-Yang Convertibility Belief, Psychological Well-being, Linguistic Inquiry and Word Count (LIWC)

阴阳思维与极端判断：阴阳思维动态本质的初探

孙蒨如

政治大学心理学系

摘　要：阴阳思维固然涵盖了相对并存的辩证概念，但笔者认为，阴阳思维的重点并不在于阴阳两极对立并存，其所涵盖的"变动"观点才是阴阳思维最重要的本质。本研究的目的在于探讨如何才能真实测量个体所具有的阴阳动态思维倾向，同时探讨阴阳动态思维倾向不同的个体，在面对极端事件时，其极端判断的倾向是否也会有所差异。由于过去没有研究针对华人的阴阳动态思维加以探讨，因此，本研究以自行研发的"未完成故事"作业来测量个体的阴阳动态思维倾向，并以此探讨阴阳思维与极端判断之间的关联。

研究结果显示，阴阳思维与中庸相关概念、认知复杂度、归因复杂度、自尊程度及认知需求等均无显著相关。而且，当个体面对极端情境时，个体阴阳思维中"正转负"阴阳转折的次数越多，越不倾向于做出极端判断。综上所述，阴阳思维确实与先前其他量表所测得的概念有着明显的区隔，而具有这种变动的动态思维，尤其是"正转负"阴阳转折次数多的个体，更不会做出极端判断。

关键词：阴阳动态思维　中庸信念/价值　极端判断

一　导言

在日常生活中遭遇困顿或不如意时，我们常会自勉危机就是转机，事

情或许还有好转的可能；而当生活顺遂快乐时，除了感到开心之外，自己
（或是周遭亲友）也常会提醒自己要居安思危，以免出现变数，乐极生悲。
这些"负向事件仍有好转的可能"（"负转正"）及"即便此刻顺遂但未来
或许会逆转"（"正转负"）的想法，都展现了阴阳思维所涵盖的变化。而
"塞翁失马，焉知非福"这一则出自《淮南子》的故事，更常被用以强调
人生遭遇的悲欢转换、福祸相倚。

　　但即便阴阳思维已融入我们的思想，对我们影响极大，但如何定义
及测量个体的阴阳思维倾向或程度，不仅相关的研究极少，看法也颇有
分歧。在本研究中，笔者尝试先回顾典籍中有关阴阳思维的论述，借以
了解阴阳思维最核心的本质，并提出相关的测量方式，进行后续相关
研究。

二　文献探讨

（一）阴阳概念从观测万物而至哲学范畴

　　在甲骨文与金文中都曾出现"阴阳"这两个字，先秦时期则开始对阴阳
概念有较为清楚的论述，当时的文献典籍着眼于天人之际，以天气变化、自
然现象来推测人事的凶吉，此一天道观念便成为阴阳五行兴起的开端。而其
主要的内容也就分为自然环境（天、地）与人性事物（人）两大领域。

　　阴阳概念最初与日光的变动有关。一天之中，由早至晚日光不断地变
化，其中，无日光为"阴"，有日光为"阳"。此时，阴阳概念仅在文字本
身意义上进行引申，尚不具有哲学上的意涵。例如在《诗经》中，阳就由
原本的与"日"相关的意义逐渐转变成"日光"，进而延伸出"光明"与
"温暖"的意涵，由此二义又引申出其他意涵。运用于自然环境中则可代
表方位，例如"向阳"；若是用于形容人，则有"精神饱满"之意。在经
过引申之后，开始用于讲述人性事物。《楚辞》云："阴阳易位，时不当
兮"，即以阴阳易位来隐喻臣与君地位互换，不在其应在之位。而《鬼谷
子·捭阖》则云："捭之者，开也，言也，阳也；阖之者，闭也，默也，
阴也"，以阴阳来表示人事的捭阖之道。即便此时阴阳已由对自然环境的
观察，进一步被运用至对人性事物的比喻与描述，但此时的阴阳概念仍未
具有哲学上繁复的思想内涵。

　　直至老子阐述二元对立的辩证观，阴阳概念才开始被提升至哲学层
次。老子的《道德经·五十八章》云："祸兮福之所倚，福兮祸之所伏"，

认为祸福相倚，可以互相转化，坏事可能导致好的结果，好事也会引出坏的结果。而《易经》更在老子《道德经》的基础上，对阴阳做了更缜密的阐述。《系辞上传》云"一阴一阳之谓道"，尝试将世界分为"阴"与"阳"两个互相对立的层面，而对立的双方不断相互转化，这也是万事万物不断变化发展的根据，之后阴阳所具有的相对性与变动之哲学概念则明确地被提升至思考哲学的层次（唐永霖，2004）。

（二）《易经》中的阴阳变化

《易经》明确地谈及阴阳变化的概念，东汉的易学大儒郑玄云："易一名而含三义，易简一也，变易二也，不易三也。"亦即《易经》的"易"字有三层意涵：一是"易简"（或曰"简易"亦同），第二层是"变易"，第三层则是"不易"。第一层"易简"是《易经》用来指称整个宇宙的基础概念，皆是由"阴阳"组成，阴与阳相互对立、相生相克，而《易经》用以卜筮的所有卦爻也皆是由阴与阳组成，我们可以用阴阳来指称宇宙中许多相对的现象或者概念，例如，昼夜、天地、日月、男女……第二层的"变易"概念在《易经》中是非常重要的概念，强调宇宙中的万事万物都是生生不息、循环不止的，"变易"的概念强调的便是宇宙在运行当中，事物流转的"过程"，这种特征通常有二：一是循序渐进、井然有序；二是周而复始、不断循环。阴阳相互转换、不断变化，也就是"变易"的本质。

第三层的"不易"则是包含在"易简"和"变易"之内，强调宇宙中万事万物的运行都有一定的规则和顺序，即便是春秋代序、阴阳潜移，也都是按照一定的逻辑运行，在所有的对立和变化之中，还是有着亘古不易的道理主宰一切。例如，地球永远绕着太阳运转，春季结束就表示夏季的来临，过了白天就是晚上，等等。

阴阳相对应的观念也在《易经》的内涵中彰显，阳主刚健，阴主柔顺。以乾坤两卦为例，干卦为阳，挂辞"元亨，利贞"，《象传》："大哉干元，万物资始，乃统天"；而坤卦为阴，"元亨，利牝马之贞"。《象传》："牝马地类，行地无疆。柔顺利贞，君子攸行"，即是以"母马"代表柔顺且健行之意，象征"地"的"厚德载物"。

但在《易经》中，阴阳并未代表绝对的凶或吉，仅是将阴与阳的排列顺序与卜筮做了情境性的联结，用意象来象征占卜之人所问之事。例如，"干"卦六爻皆为阳，若阳爻主吉，那么按理六爻所占皆应为吉，干卦第五爻"飞龙在天，利见大人"主大吉，但最上爻的占辞却是"亢龙有悔"；又如"坤"卦第五爻是"黄裳，元吉"，但最上爻的占辞却是"战龙于野，其血玄黄"，却是主凶之辞。

　　阴阳转化，亦即"变易"的概念在《易经》中也体现为一卦的每个爻之间的变化过程（第一种变易）。例如，干卦从第一爻的"潜龙勿用"到第六爻的"亢龙有悔"就是一个由弱转强再由盛转衰的过程。第二种"变易"是卦与卦之间的转变，否卦和泰卦在卦象上是两个完全相反的卦，意义也正好相反，但若单从每个单一的爻辞来看，"否"和"泰"却是相互联结、互为因果的变动过程。否卦在泰卦之前，否卦第一爻的占辞是"贞吉，亨"，因为否卦之初始，态势还未进入凶险，而是往上运行到第三、四爻，才进入"否"态之极，即最为凶险闭塞之状况。到了最上爻，其爻辞"倾否，先否后喜"，则是说明其态势已经要由"否"进入"泰"了。进入泰卦之后，第一爻的占辞便是"征吉"，一直到第五爻"帝乙归妹，以祉元吉"，都是内健外顺、万事亨通之态，但随后又开始变化，直到最上爻，其占辞为"贞吝"，则是安泰之势要结束、泰极变否之象了。如此，每个爻之间的阴阳转化、吉凶转变，以及各卦之间"否极泰来，泰极变否"的流转过程都强调了动态转换的思考历程。由上述的论述可知，阴阳思维在《易经》中有丰富的展现，除了阴阳两相对立之外，更强调了阴阳动态转化的历程。

（三）　当代的阴阳思维研究

　　随着阴阳概念演变至今，阴阳概念对华人已具有相当深刻的影响。在日常生活中，当面对许许多多的生活或人际事件时，有些人也会采取"相对"与"变动"的观点来加以看待，认为事件结果都可能有所转变，并非一直延续既有的态势，例如"乐极生悲"、"否极泰来"等，就是以阴阳所具有的相对与变动性来进行思考。虽然阴阳思维在生活中似乎颇为普遍，但如何测量个体是否具有阴阳思维或阴阳思维倾向如何，一直未有定论。

　　林升栋（2005）和王为蕡与林以正（2006）均尝试以阴阳同时并存的角度来解读阴阳思维。林升栋将相关但对立的人格特质形容词打散，让被试从中勾选适合用来描述自己的形容词，若被试勾选越多彼此对立的形容词，则其具有的阴阳思维倾向越高。此种方法简称"阴阳特质自我特质勾选法"，不过结果显示，具阴阳思维者显著偏少。王为蕡与林以正则是以辩证观的测量方式来测量阴阳思维，他们以 8 对特质形容词（例如强势 - 顺从、外向 - 内向等）作为测量的材料，要求被试针对这 16 个特质形容词评量自己与这些特质相符的程度，并以 8 对形容词计算相关系数来测量个体具有辩证观（阴阳并存）的程度，然后检验其与主观幸福感的关联性。依此计算方式，他们发现辩证观（阴阳并存）与主观幸福感呈显著负相关。

随后林升栋与杨中芳（2006）进一步尝试发展阴阳转换思维问卷，让被试在看一组组对立的词（例如穷与富）之后，自由填写两者之间的关系，借此了解被试是否能看出这两者之间的转换关系。他们同时要求被试预测某个具有正向（或负向）特质的人，未来会做出某种正向或负向行为的可能性。结果发现，在阴阳转换思维问卷上得分高者，预测"负向特质－正向行为"的程度也较高。也有其他学者尝试通过测量个体对于"阴阳转换"成语（例如否极泰来）的同意程度来探讨个体在"阴阳转换"上的得分是否会与其对未来事件的预测有关（许洁虹、李纾、孙悦，2008）。

（四）本研究的想法

上述的研究基本上都抓住了阴阳思维中所涵盖的辩证观，考虑到了阴阳两端两相对立、同时并存的内涵，强调一体两面，有正的面向就必然同时存在负的面向，正负、好坏并存。但笔者认为，阴阳思维的重点不仅仅在于阴阳对立并存，更在于阴阳思维应是一种动态互变思维，例如当遇到正向事件时，具有阴阳思维的个体不会只是单纯直线性地思考，认为"好"一定会持续，甚至更好，而是会思及负向结果出现的可能性，知道善始未必善终，结果也常会随着时间或环境的变化而转坏；相对地，当个体遭遇负向事件时，阴阳思维亦会让个体思及正向结果出现的可能性。笔者认为，上述这种"正转负"或"负转正"的动态转折思考方式，应是阴阳思维最重要的本质，也是阴阳思维与辩证性思维最大的差异。但此种动态的本质却未曾被加以探讨，因此在本研究中，笔者一方面希望能编制出适合的测量工具，另一方面也希望对阴阳动态思维的运作与影响有更进一步的了解。

总而言之，本研究的目的主要在于了解华人的阴阳动态思维，亦即其阴阳转折思维倾向，并厘清其与相关概念之间的关系；同时检验阴阳思维倾向不同的个体在面对极端事件时，其极端判断的倾向是否也随之不同。换言之，具有阴阳转折思维的个体在面对极端事件或情境时，是否会因其"福祸相倚"的思维倾向而较不易对事件或情境做出极端之判断或决策？但由于过去研究未曾以阴阳转折这种动态互变的角度来界定阴阳思维，因此本研究首先将创建测量华人阴阳转折思维的工具，再进行后续的探讨。

三　前置研究

前置研究的目的是找出适合用于创建阴阳转折思维测量工具的故事情境，笔者认为"塞翁失马，焉知非福"就是华人阴阳转折思维的一个典型，若我们给予一个"塞翁失马"的情境，而被试可以自行转折出"焉知非福"的结果，那就是具有阴阳动态思维。换言之，当个体面对日常生活事件时，若能以这种相对的观点来思考一件事情的发展，认为"好"未必"全好"，而"坏"的开始未必不能转变时，即可定义为其具有阴阳动态思维。先前林升栋与杨中芳（2006）及许洁虹等（2008）也以量表方式尝试测量阴阳思维，但笔者认为，不论是提出对立的词让被试来书写其间的关系还是以具阴阳转化特点的成语来测量个体的阴阳转化程度，其实都已昭示了对立的两端，引导被试思考转折。因此笔者认为，要抓住阴阳思维（如"塞翁失马，焉知非福"）中这种相对变动转化的动态本质，不能给予被试太多的限制。所以在前置研究中，笔者尝试采用"未完成故事作业"作为测量工具，即提供开放性故事情境，被试在阅读这些正向或负向故事后，自行发挥，延续完成这个故事。之后笔者就被试所描述的内容进行分析，了解是否出现了"正转负"或"负转正"的阴阳思维变化。前置研究的主要目的就是找出适合的故事情境，建立阴阳转折思维的分类标准。

（一）研究方法

1. 被试

被试为大一修习心理学通识课的学生，共50名，其中男生25人，女生25人，各占50%。

2. 施测程序

进行小团体施测，每次3~5个被试进入研究室去做"未完成故事作业"。被试被要求"在阅读完每则故事之后，以故事接龙的方式将每则故事完成，每则故事描述得越完整越好"。作答时间为30~35分钟。

3. 编制的测量工具："未完成故事作业"

为了能周延测量个体的阴阳转折思维倾向，笔者首先将故事分为个人层面及人际层面，之后各编了3个正向事件（例如：某甲一直希望可以中乐透，这次开奖，某甲很幸运地中了头彩……）及三个负向事件（例如：某辛在公司遭到同事排挤，下班后，同事之间若有聚会活动也不会邀请他参加……），共12则未完成故事，要求被试以故事接龙的方式完成每一则故事。

4. 阴阳转折思维的界定与分类

根据先前的文献及笔者本身对阴阳思维的理解，在本研究中将阴阳转折思维分为三种类型：A 类型，故事内容为转折思考或逆向发展；B 类型，说明故事发生同时的另一可能面；C 类型，故事内容描述个体因事件的发生而有了领悟。在本研究中也同时界定非阴阳转折思维的类型以供参考，详见表1。

表1　"未完成故事作业"之编码与分类标准

编码与分类标准	说明
阴阳转折思维类型	
A 类型 转折思考、逆向发展	故事的发展有了不同的结果，担心可能发生相反的事情且造成影响（塞翁失马、否极泰来）
B 类型 故事的另一种可能面	说明故事发生同时的另一可能面，考虑另一种可能性或结局（南柯一梦、不为人知的一面、人前风光人后凄凉）
C 类型 对事件有了领悟	因事件的发生使自己发现另一面（恍然大悟、当头棒喝）
非阴阳转折思维类型	
描述现况、当下反应、接受现状	就故事本身做补充说明，说明故事主角当下的做法或心情（平铺直叙）
顺着情况发展、加大故事剧情（添油加醋）	顺着情况继续做延伸说明，或增加故事的剧情（锦上添花/雪上加霜）
解释事情发生的原因（归因）	说明事情何以发生（事出必有因）
表达心理感受（抽象层面）	表达故事主角的心声，顺势思考，自我检讨或反省
从旁观者的角度做评论	就故事本身顺势做评论或提出看法
其他	以其他人物角色来说明但没有转折，隐约有伏笔但情节发展仍是未知

（二）结果分析

1. 两位评估者之间的一致性

在被试完成"未完成故事作业"之后，由两位评估者（男女各一名）针对被试所接续描述的内容进行编码与分类，编码与分类标准如表1所示。评估者需根据被试续写的故事内容，参考分类标准，判断其是否出现阴阳转折思维及属于哪一种阴阳转折思维类型。两位评估者的一致性相当高，信度在 0.96~1.00 之间。

2. 各故事出现阴阳转折思维的比率

为了避免故事本身特别容易/不容易出现阴阳转折思维，笔者在 12 则故事中筛选出 8 则故事（其出现阴阳转折思维的比率在 34% ～ 54% 之间，平均转折比率为 47.75%，彼此比率相近，无显著差异），作为测量个体阴阳转折思维的工具（见表 2）。

表 2　各故事出现阴阳转折思维的比率 （$N = 50$）

故事转折	个人正向		个人负向		人际正向		人际负向	
	甲	乙	丙	丁	戊	己	庚	辛
有	26	26	17	25	24	23	23	27
	52%	52%	34%	50%	48%	46%	46%	54%
无	24	24	33	25	26	27	27	23
	48%	48%	66%	50%	52%	54%	54%	46%

3. 各故事之阴阳转折思维类型的分布

笔者分别计算 8 则故事出现之阴阳转折思维的比率，结果显示，8 则故事中出现 A 类型阴阳转折思维的比率在 74.19% ～ 96.43% 之间，平均比率为 83.81%；出现 B 类型阴阳转折思维的比率在 0 ～ 16.67% 之间，平均比率为 5.51%；出现 C 类型阴阳转折思维的比率在 0 ～ 25.00% 之间，平均比率为 10.68%。由此可知，在三种阴阳转折思维类型中，A 类型阴阳转折思维出现的比率最高，亦即在具阴阳转折思维的个体中，以转折思考或逆向发展的方式来续写故事者所占的比率最高。

总体而言，为测量个体阴阳转折思维所编制的 8 则"未完成故事"作业，所测量的阴阳转折思维比率并无显著差异，而所使用的评估标准的评分者信度也很高，显示这 8 则"未完成故事作业"应可采用，进行后续之研究。

四　正式研究

在前置研究中介绍了笔者所编制的适合用于测量阴阳转折思维的"未完成故事作业"，在正式研究中笔者希望进一步确认以此所测得的阴阳思维与其他概念之间的相关。基本上笔者认为，阴阳思维强调的是动态变化的概念，应与认知复杂程度或归因复杂程度不同，因此彼此之间应无显著相关。同理，笔者认为阴阳思维应与个体认知需求程度无显著相关，并非喜欢思考者必定会具有阴阳思维，而具阴阳思维者也并非一定乐观，因此这两者之间也应是低相关或无显著相关。再者，阴阳思维强调动态的变化，造成这变化的原因可能是外在因素，也可能是内在因素，因此笔者认为应该与内－外控信念有一定程度的相关。此外，长期从事中庸研究的学者也认为阴阳思维与中庸思维有一定程度的关联（杨中芳，2001；2008；2010），因此本研究也将纳入中庸思维。最后，鉴于阴阳思维所具有的动态本质，笔者认为在面对一极端情境（亦即颇具胜算或颇不可能获得成功的情境）时，较具阴阳思维的个体会考虑到事情有变化、反转的可能，因此应该较不会做出极端判断。

（一）研究方法

1. 被试

被试为修习"社会心理学"的大三学生，共115名。

2. 施测程序

本研究分两个阶段进行施测。第一阶段为在课堂上完成"未完成故事作业"及极端情境判断作业。之后再分别安排时间，以每次5~8人的小团体方式，请被试到实验室填写其他相关问卷及完成极端情境判断作业，完成第二阶段的施测。

3. 研究工具

（1）自创建之阴阳转折思维测量工具："未完成故事作业"

以在前置研究中所编制的"未完成故事作业"为研究工具来对个体的阴阳思维倾向进行测量，作业内容涵盖个人层面及人际层面，各有两个正向事件及两个负向事件，总共8则故事（见表3），要求被试以故事接龙的方式完成每一则故事。

表3　"未完成故事作业"之八则故事

	个人层面	人际层面
正向事件	故事一： 某甲一直希望可以中乐透,这次开奖,某甲很幸运地中了头彩……	故事五： 某戊进大学之后,一直希望谈恋爱,终于在一次联谊中遇到了心仪的对象……
	故事二： 某乙进公司后,升迁一直很顺利,最近又升官了……	故事六： 某己一进大学就受到大家的欢迎与喜爱,成为许多活动的领导者……
负向事件	故事三： 某丙在上班途中,不小心发生了严重的车祸,腿部受了重伤……	故事七： 某庚的婚姻不顺利,目前与配偶正处于分居的状态……
	故事四： 某丁在公司颇受重用,这次代表公司去谈一个很重要的案子,结果没谈成……	故事八： 某辛在公司遭到同事排挤,下班后,同事之间若有聚会活动也不会邀请他参加……

（2）中庸思维量表

中庸思维量表由吴佳辉、林以正（2005）编制，目的在于测量个体的中庸思维倾向。此量表一共有13题，由三个成分组成，包括多方思考（共4题，内部一致性 Cronbach's $\alpha = 0.69$）、整合性（共5题，内部一致性 Cronbach's $\alpha = 0.73$）及和谐性（共4题，内部一致性 Cronbach's $\alpha = 0.71$），全量表的内部一致性 Cronbach's $\alpha = 0.87$。以7点量尺测量，所得分数越高表示个体的中庸思维倾向越高。

（3）自尊量表

所使用之自尊量表系由蔡芬芳（1997）译自 Rosenberg（1965）编制的"自尊量表"（Rosenberg's Self-Esteem Scale），目的在于测量个体的整体自尊水平。此量表共有10题，以5点量尺测量，得分越高表示个体的整体自尊水平越高。全量表的内部一致性 Cronbach's $\alpha = 0.85$。

（4）内－外控量表

内－外控量表改编自 Levenson（1981），共选取12题（内控量表6题，外控量表6题），以7点量尺测量。其中，内控量表的得分越高表示个体的内控水平越高，外控量表的得分越高表示个体的外控水平越高。

（5）自编之认知复杂度量表

笔者参考 Streufert 与 Swezey（1986）的量表编制而成，共有9题，以7点量尺测量，所得分数越高表示个体的认知复杂度越高。

（6）认知复杂度量表

本研究所使用之认知复杂度量表来自田秀兰与郭乃文（2005）所编制的成人生涯认知量表，目的在于测量个体的认知发展程度。此量表一共有15题，每题有6个选项，每个选项依据认知发展程度给予1~3分。作答时，被试必须从6个选项中选出2个较符合其想法的选项，依照该选项被赋予的分数计分，每题最高得分为6分，最低得分为2分，总量表得分范围在30~90分之间。所得分数越高表示个体认知发展程度越高。全量表的内部一致性 Cronbach's $\alpha = 0.79$。

（7）归因复杂度量表

归因复杂度量表由黄裕达（1992）译自 Fletcher 等（1986）编制的自陈量表，目的在于测量个体的归因复杂程度。此量表一共有28题，由7个成分组成，每个成分有4题。这7个成分为：①动机与兴趣水平；②喜欢做复杂的解释而不喜欢做简单的解释；③对于解释会有后设认知的情形；④觉察到人类行为乃是与其他人交互作用的结果；⑤倾向于做抽象或复杂的内在归因；⑥倾向于做抽象或复杂的外在归因；⑦倾向于推论行为来自过去所发生的外在原因。全量表的内部一致性 Cronbach's $\alpha = 0.84$。在本研究中，考虑到研究目的，笔者只挑选了前 3 个成分作为测量题目，共 12 题，以 7 点量尺测量，所得分数越高表示个体的归因复杂度越高。

（8）认知需求量表

认知需求量表由高泉丰（1994）修订而成，目的在于测量个体的认知需求程度。此量表一共有 18 题，以 6 点量尺测量，得分越高表示个体的认知需求程度越高。全量表的内部一致性 Cronbach's $\alpha = 0.87$。

（9）生活导向量表（乐观量表）

此量表为吴静吉（1991）译自 Scheier 与 Carver（1985）所编制之生活导向量表（Life Orientation Test）后修订而成，目的在于测量个体的乐观程度，共 12 题，其中 4 题为正向题，4 题为负向题，4 题为混淆题。一半题以乐观的态度为构想，另一半题则以悲观的态度为构想，以 5 点量尺测量。其中对负向题采用反向计分，得分越高表示个体越乐观；反之，得分越低表示个体越悲观。全量表的内部一致性 Cronbach's $\alpha = 0.57$。

（10）极端情境题

笔者自编了 3 个与生活事件相关的情境题，在情境脚本中描述了"股票获利可能性"、"比他人能力强的程度"和"所学相符程度"三种情境，在各种情境下分别有两种极端情况（分别占 80% 及 20%），之后再以此为条件，每种情境各涵盖 4 个相关问题。所有被试都必须就各种情境所涵盖的问题进行判断，但会安排在不同时间点进行。

举例来说，被试可能先被要求去了解股票投资获利脚本中的一种极端情况（80%），被告知"此时投资股票获利的可能性为 80%"，并要求被试就 4 题进行判断：某人"实际投资获利的可能性"、"投资获利的信心"、"投资的可能性"及"建议他人投资的程度"。被试所选数值越大（如 100%、90%、80% 等），代表个体的极端反应程度越高；被试所选数值越趋中（如 70%、60%、50% 等），则表示个体的极端反应程度越低。随后，再安排另外的时间让被试了解股票投资获利脚本中的另一种极端情况（20%），并进行判断。被试所选数值越小（如 0、10%、20% 等），代表个体的极端反应程度越高；被试所选数值越趋中（如 30%、40%、50% 等），则表示个体的极端反应程度越低。

（二）结果分析

1. 阴阳思维之指标及分析

（1）两位评估者之间的一致性

由两位评估者根据表 1 所设定的阴阳思维之分类标准，对被试续写的内容进行编码与分类，相关例句见表4。两位评估者之间的一致性颇高，信度在0.75~0.90之间。

表4　分类标准：阴阳转折思维分类标准之范例

分类标准	阴阳转折思维内容描述较不完整	阴阳转折思维内容描述较完整
A类型 转折思考、逆向发展	故事：某己一进大学就受到大家的欢迎与喜爱，成为许多活动的领导者…… 例：但是他由于活动太多，结果导致成绩不断下滑，最后甚至落得退学的命运，可见玩乐不是不好，但要有限度才行。	故事：某甲一直希望可以中乐透，这次开奖，某甲很幸运地中了头彩…… 例：某甲真的是太高兴了，四处张扬，惹来有心人的觊觎，最后彩票被人夺走，一切回到最初的日子，某甲十分不甘心，狂买乐透，想再中一次头彩，最后败光了家产。
B类型 故事的另一种可能面	故事：某己一进大学就受到大家的欢迎与喜爱，成为许多活动的领导者…… 例：在活动带领方面，某己总是能把大家的情绪high到最高点。在领导成员开会时，那种自信满满的表情，让大家对他的话很信服。但有谁知道某己在初、高中时期，却是个挺内向的男生，所有的改变在于他高二的一次营队经验。	故事：某丁在公司颇受重用，这次代表公司去谈一个很重要的案子，结果没谈成…… 例：因为在途中出现了一点小插曲。搭车的途中，一位有心脏病的女子突然病发，某丁帮她急救，并且送她去医院，所以错过和客户约好的时间。但某丁并没有不开心，因为在救一个人跟谈一件案子之间，他觉得自己选对了方向。
C类型 对事件有了领悟	故事：某丙在上班途中，不小心发生了严重的车祸，腿部受了重伤…… 例：起初当然是绝望在谷底，从此放弃自己，放弃接下来的人生。但好在家人一路扶持及朋友不断开导，最终某丙能走出伤痛、发现自我，从此更加持正向的态度看待自己的人生。	故事：某辛在公司遭到同事排挤，下班后，同事之间若有聚会活动也不会邀请他参加…… 例：某辛很难过，也不知道为什么会这样，他问了很多人才发现，原来自己平常习惯于指使别人做事，又没礼貌，说话太直很容易伤人。自此之后，某辛才比较注重礼仪，说话经过大脑考虑。

（2）各故事之阴阳转折思维类型的分布

笔者分别计算8则故事出现阴阳转折思维的比率，结果显示，8则故事中出现A类型阴阳转折思维的比率在47.7%~96.2%之间，平均比率为82.4%；出现B类型阴阳转折思维的比率在0~18.9%之间，平均比率为8.5%；出现C类型阴阳转折思维的比率在0~50.0%之间，平均比率为9.1%（见表5）。此结果与前置研究结果相似，在三种阴阳转折思维类型中，A类型所占的比率最高，亦即在具阴阳转折思维的个体中，以转折思考或逆向发展的方式来描述故事者所占的比率最高。但因B、C两种类型出现的次数过少，无法个别进行分析，因此在本研究中将 A、B、C 三种类型合并计算，进行分析。

表 5　各故事之阴阳转折思维类型的分布（$N=115$，总转折次数 $=386$ 次）

			个人正向		个人负向	
			甲	乙	丙	丁
A		次数	43	48	21	35
		百分比（%）	84.3	82.8	47.7	94.6
B		次数	3	8	1	1
		百分比（%）	5.9	13.8	2.3	2.7
C		次数	5	2	22	1
		百分比（%）	9.8	3.4	50.0	2.7
累积次数（次数＋次数＋次数）			51	58	44	37
累积百分比（%）（累积次数/386）			14.9	16.9	12.8	10.8

			人际正向		人际负向		
			戊	己	庚	辛	
A		次数	61	55	25	30	318
		百分比（%）	92.4	82.1	96.2	81.1	82.4
B		次数	1	12	0	7	33
		百分比（%）	1.5	17.9	0.0	18.9	8.5
C		次数	4	0	1	0	35
		百分比（%）	6.1	0.0	3.8	0.0	9.1
累积次数（次数＋次数＋次数）			66	67	26	37	386
累积百分比（%）（累积次数/386）			19.2	19.5	7.6	10.8	100.0

（3）9 个阴阳转折指标及其比较分析

为了充分了解阴阳思维的动态本质，笔者依据 8 则故事的性质（可分为正向、负向个人层面故事或正向、负向人际层面故事），设立了 9 个阴阳转折指标（见表 6），包括整体阴阳转折、"正转负"阴阳转折、"负转正"阴阳转折、个人层面阴阳转折、人际层面阴阳转折、个人层面"正转负"阴阳转折、个人层面"负转正"阴阳转折、人际层面"正转负"阴阳转折及人际层面"负转正"阴阳转折。

整体阴阳转折即为个体所具整体阴阳思维的倾向，转折次数越多代表个体越具有阴阳思维。"正转负"阴阳转折代表由正向转为负向的思考倾向，亦即个体认为顺遂的状况也会出现不测风云；"正转负"阴阳转折次数越多，表示此种思考倾向越强。而"负转正"阴阳转折代表由负向转为正向的思考倾向，亦即个体认为即便是逆境仍会柳暗花明；"负转正"阴阳转折次数越多，表示此种思考倾向越强。

在表7中可见，整体阴阳转折次数最小值为0次，代表有些被试未展现任何阴阳思维；最大值则为10次，显示有些被试在8则"未完成故事作业"中，不止一次展现了阴阳思维。

表6　九个阴阳转折指标（以转折方向区分）

	个人性质	人际性质	
"正转负"	个人层面"正转负"阴阳转折↻	人际层面"正转负"阴阳转折↻	"正转负"阴阳转折↻
"负转正"	个人层面"负转正"阴阳转折↺	人际层面"负转正"阴阳转折↺	"负转正"阴阳转折↺
	个人层面阴阳转折	人际层面阴阳转折	整体阴阳转折

表7　九个阴阳转折指标之描述统计（阴阳转折次数）

阴阳转折指标 描述统计	最小值	最大值	平均值	标准差
整体阴阳转折	0	10	3.87	2.34
个人层面阴阳转折	0	5	1.91	1.40
人际层面阴阳转折	0	6	1.96	1.23
"正转负"阴阳转折	0	6	2.15	1.40
"负转正"阴阳转折	0	6	1.72	1.45
个人层面"正转负"阴阳转折	0	3	0.98	0.82
个人层面"负转正"阴阳转折	0	3	0.93	0.90
人际层面"正转负"阴阳转折	0	3	1.17	0.81
人际层面"负转正"阴阳转折	0	3	0.79	0.81

2. 阴阳思维指标与其他相关量表之相关分析

为了厘清阴阳思维与其他概念之间的关系，笔者分别计算出个体之9种阴阳思维转折次数，并以其作为阴阳思维指标与其他相关量表进行相关分析。结果如笔者所预期，阴阳思维与认知复杂度、归因复杂度及认知需求等均无显著相关，显示阴阳思维与上述概念并不相同。此外，结果也显示，个体之阴阳思维与乐观程度及自尊水平也无显著相关，显示乐观者未必具有阴阳思维，而自尊水平的高低也与是否具有阴阳思维无关。由相关分析结果也可看出，阴阳思维与外控量表显著相关，亦即越具阴阳思维者，阴阳转折次数越多，尤其是"正转负"阴阳转折次数多的个体，在面对事件时，倾向于以不可控的外在环境因素来解释事件本身或其结果。最后，结果也显示，阴阳思维与中庸相关概念并无显著相关（见表8）。

表8 九个阴阳思维指标与其他相关量表之相关

阴阳思维之九个指标 \ 其他相关量表	中庸平均	中庸多方	中庸整合	中庸和谐	自尊
整体阴阳转折次数	-.109	-.086	-.085	-.076	.016
个人层面阴阳转折次数	-.069	-.062	-.065	-.024	.016
人际层面阴阳转折次数	-.128	-.093	-.088	-.117	.013
"正转负"阴阳转折次数	-.120	-.092	-.050	-.145	-.090
"负转正"阴阳转折次数	-.059	-.050	-.087	.016	.111
个人层面"正转负"阴阳转折次数	-.130	-.111	-.091	-.088	-.043
个人层面"负转正"阴阳转折次数	.010	.004	-.019	.042	.064
人际层面"正转负"阴阳转折次数	-.078	-.047	.005	-.162	-.113
人际层面"负转正"阴阳转折次数	-.115	-.093	-.135	-.017	.127

阴阳思维之九个指标 \ 其他相关量表	外控	内控	自编认知复杂度	归因复杂度	认知需求	乐观
整体阴阳转折次数	.196 *	-.098	-.024	-.001	-.052	-.061
个人层面阴阳转折次数	.153	-.158	.008	.026	-.057	-.055
人际层面阴阳转折次数	.201 *	-.009	-.055	-.032	-.035	-.053
"正转负"阴阳转折次数	.359 **	-.103	-.124	.070	-.067	-.180
"负转正"阴阳转折次数	-.031	-.056	.078	-.068	-.019	.074
个人层面"正转负"阴阳转折次数	.240 *	-.098	-.093	.066	-.087	-.153
个人层面"负转正"阴阳转折次数	.016	-.155	.096	-.020	-.010	.053
人际层面"正转负"阴阳转折次数	.385 **	-.083	-.121	.054	-.029	-.158
人际层面"负转正"阴阳转折次数	-.072	.066	.035	-.099	-.023	.074

$* p < 0.05$, $** p < 0.01$。

总体而言，上述分析结果显示，阴阳思维不同于认知复杂度、归因复杂度、认知需求、乐观、自尊与中庸等概念，这似乎呼应了笔者先前所言，因为阴阳思维所强调的是一种"动态"或"变动"的思考历程，所以不同于中庸思考是在多方思考后，择其最适，也不同于认知复杂或认知需求所强调的对事件做详尽的考虑或是有着追根究底的倾向。

3. 阴阳思维与极端判断之关联

在检验了阴阳思维与其他相关概念之间的关联后，笔者接着检验阴阳思维与极端判断之间的关系。笔者自编了3种与生活事件相关的情境，分别为"股票获利可能性"、"比他人能力强的程度"和"所学相符程度"，每种情境分别有两种极端情况（分别占80%及20%），让被试以此为条件，对每种情境所涵盖的4题分别进行判断。

先就可能性为80%的极端情况进行相关分析。结果显示，整体阴阳转折次数、个人层面阴阳转折次数、"正转负"阴阳转折次数、个人层面"正转负"阴阳转折次数和人际层面"正转负"阴阳转折次数大致与"股票获利可能性"、"比他人能力强的程度"两种情境下的可能极端判断呈显著负相关。尤其是当个体阴阳思维中的"正转负"（包含个人层面"正转负"阴阳转折次数与人际层面"正转负"阴阳转折次数）阴阳转折次数越多时，个体在面对可能性为80%的极端情况时越容易将数值往下调（例如往70%、60%、50%等数值做调整），两者呈显著负相关，亦即个体越不容易做出极端判断。

例如"正转负"思考倾向较强的个体，虽被告知某人的能力比80%的人强，但在评估相关问题时，却会倾向于做出不极端的判断，认为某人表现得比他人优秀的可能性及认为某人真的会有优秀表现的信心均会趋于保守（低于80%），在升迁可能性及其在未来会有好的发展的可能性的评估上，亦会趋于保守（低于80%）（见表9）。

根据上述分析结果可知，在面对可能性为80%的极端情况时，个体阴阳思维中"正转负"的阴阳转折次数越多，越不容易做出极端判断。而为了进一步检验"正转负"阴阳思维与极端判断之间的关联，笔者根据个体阴阳思维中"正转负"阴阳转折次数的不同，将其区分为"正转负"阴阳思维高分组与低分组。个体阴阳思维中"正转负"阴阳转折次数高于平均值（$M = 2.15$）达一个标准差（$SD = 1.39$）及以上被称为高分组；而低于一个标准差及以下则被称为低分组。

结果显示，在"股票获利可能性为80%"的情境中，针对"投资获利的评估信心"，"正转负"阴阳思维高分组的信心仅为59%，显著低于低分组的72%〔$t(40) = -2.25$，$p = 0.03$〕。而在"投资的可能性"上，"正转负"阴阳思维高分组的得分也显著低于低分组〔M 高分组 $= 75\%$，M 低分组 $= 83\%$，$t(40) = -2.15$，$p = 0.04$〕。在这两题的评估上，"正转负"阴阳思维高分组的得分明显低于低分组，显现较不容易做出极端判断。

在某人"比80%的他人能力强"的情境中，也同样出现了"正转负"阴阳思维高分组的得分明显低于低分组、较不会做出极端判断的倾向。针对"比他人优秀的可能性"，"正转负"阴阳思维高分组认为可能性仅有68%，而低分组却高达80%，两组差异达到显著水平〔$t(40) = -3.34$，$p = 0.001$〕。在"比他人优秀的评估信心"上，"正转负"阴阳思维高分组与低分组的差异也达到显著水平〔M 高分组 $= 64\%$，M 低分组 $= 80\%$，$t(40) = -4.23$，$p = 0.001$〕。而在"升迁可能性"的评估上，"正转负"阴阳思维高分组（68%）也显著低于低分组（81%）〔$t(40) = -3.31$，$p = 0.001$〕。"正转负"阴阳思维

表 9　九个阴阳思维指标与极端判断（80%）之相关分析

		整体阴阳转折次数	个人层面	人际层面	正转负	负转正	个人正转负	个人负转正	人际正转负	人际负转正
股票获利可能性为80%	1. 获利成功可能性	.068	.072	.053	.026	.083	.020	.094	.024	.056
	2. 投资获利的评估信心	-.218*	-.219*	-.171	-.253**	-.080	-.210*	-.160	-.222*	.003
	3. 投资的可能性	-.177	-.159	-.163	-.206*	-.083	-.171	-.076	-.179	-.064
	4. 投资建议度	-.149	-.226*	-.053	-.188*	-.056	-.196*	-.149	-.121	.062
比80%的他人能力强	1. 比他人优秀的可能性	-.189*	-.243**	-.101	-.292**	-.046	-.305**	-.105	-.206*	.022
	2. 比他人优秀的评估信心	-.170	-.167	-.141	-.324**	.003	-.253**	-.052	-.317**	.071
	3. 升迁可能性	-.108	-.140	-.072	-.299**	.094	-.243**	.015	-.287**	.143
	4. 未来发展可能性	-.217*	-.261**	-.141	-.366**	-.011	-.334**	-.097	-.307**	.076
与所学相符程度为80%	1. 表现好的可能性	-.103	-.091	-.092	-.168	-.003	-.153	-.002	-.138	-.003
	2. 对表现好的评估信心	-.100	-.057	-.127	-.091	-.073	-.022	-.068	-.139	-.054
	3. 发挥可能性	-.140	-.108	-.144	-.135	-.094	-.084	-.092	-.152	-.065
	4. 未来发展可能性	-.159	-.082	-.212*	-.218*	-.045	-.119	-.019	-.263**	-.059

* $p < 0.05$，** $p < 0.01$。

高分组在评估"未来发展可能性"时，同样也呈现较不极端的判断〔M 高分组 $=70\%$，M 低分组 $=82\%$，t (40) $= -4.16$，$p = 0.001$〕。

相对地，相较于可能性为 80% 的极端情境，笔者未发现可能性为 20% 的极端情境下的种种判断与阴阳思维显著相关，"正转负"的阴阳思维也未与此种极端情境下的判断显著相关。但有趣的是，结果显示，即便告知被试"股票获利可能性为 20%"或某人"比 20% 的他人能力强"之后要其进行评估，大部分被试都有高估的倾向，评估的实际获利或真实表现都显著地高于 20%。

总体而言，结果显示，阴阳思维与极端判断之间确实有相当程度的关联，而这种对极端判断的影响，主要来自"正转负"的转折思考。当个体越能够在顺境中考虑到事件会有逆转的可能时，就越可能趋于保守，越不会做出极端判断。

五　讨论

（一）"未完成故事作业"可以抓住阴阳思维的动态本质

由古至今，阴阳思维逐渐融入我们的生活，不管是在文史典籍的论述中，还是在日常生活中对人、事、物的思考判断中，均可看到阴阳思维的影响，但如何界定阴阳思维并加以测量，却是一个困难的课题。笔者认为，阴阳思维是一种动态的思维，其重要本质在于变动、转化，不宜以问卷方式测量，因此尝试发展"未完成故事作业"，来了解个体阴阳思维的变化。笔者认为，此种作业之所以适合用于测量阴阳思维，主要是因为作业本身只提供了事件开始的状况，并未对结果做任何暗示或限制，因此个体在接续书写未完成故事时，可以充分及自由地展现其本身的思考方式。再者，故事中的事件包括个人层面的事件及人际层面的事件，也各有正向及负向情境，涵盖面尚周延，个体可以充分发挥。最后，借助这种作业除了可以了解个体的阴阳思维外，因其更细致地区分为"正转负"及"负转正"的阴阳转折，所以可以对阴阳思维的动态本质做更进一步的分析。在本研究中，也对此作业的信、效度做了初步的检验，评估者的一致性颇高，所测得的阴阳思维确实与其他概念有所区分，区辨效度也颇佳，所以应该是值得采用的作业。

（二）阴阳思维与认知复杂度及认知需求无关

在检验阴阳思维与其他概念的关联时，确实发现个体阴阳思维与其本身的认知复杂度无关，亦即个体即便在思考问题时会多面向考虑、注意到细节及事件之间的关联，但未必具有动态转化的阴阳思维。同理，认知需求程度高或归因复杂度高的个体，或许对事件有细心探究的动机或是在考虑影响因子时会多方注意，但这也与阴阳思维的关联不大，这些概念之间区别颇大。笔者认为，阴阳思维倾向较强的个体，未必会较乐观，相关分析的结果也支持这种看法。乐观者通常较倾向于认为好事会发生在自己身上，而坏事则较可能出现在他人的生活中。具阴阳思维者则并非如此，他们认为善始未必善终，而逆境也可能好转，他们具有的是一种动态阴阳转化的思维，并不会特别乐观，所以与乐观倾向之间无显著相关也颇为合理。

诚如笔者一直以来所强调的，阴阳思维具有动态的本质，其重点在于变动、转化，可以由负转正，也会由正转负。但个体为何会有这样的思考，认为好事可能会逆转遭顿挫，而"否"极之后却可能会"泰"来呢？在相关分析中外控量表与阴阳思维呈显著正相关，或许可为此提供一些思考的线索。若再加以细究，则可发现这一显著正相关多出现在"正转负"的阴阳转折和外控信念之间。基本上外控信念越高，其"正转负"阴阳思维倾向也越强。这似乎说明了当个体处于顺境时，之所以会认为未来可能会出现变局，由盛转衰，可能是因为其本身的外控信念扮演了重要的角色。这样的解释也颇为合理，因为人人都追求成功、希望掌握所有的细节获得成功，若此时还是出现让我们由盛转衰的变数，则多半会相信这应是非个人能力所能控制的外在因素所致。

（三）阴阳思维中的"正转负"阴阳转折才是重点

在检验阴阳思维与极端判断之间的关联时，本研究也发现在状况好的极端情境（股票获利可能性为80%及比80%的他人能力强）中，"正转负"阴阳转折的次数与极端判断分数呈显著负相关，而进一步的分析也显示，"正转负"阴阳思维高分者的极端判断分数显著地低于低分者，这显示越具阴阳思维者，尤其是"正转负"阴阳转折次数多者，越不会做出极端判断。阴阳思维既具动态的本质，强调变动和互相转化，也包括"正转负"及"负转正"两种阴阳转折。那么，为何似乎只有"正转负"这种阴阳转折才会对极端判断有所影响呢？笔者认为，这主要是因为"负转正"的阴阳转折思维是一种"否极泰来"的思考，意味着在逆境中仍认为事情会好转。Taylor 和 Brown（1994）在回顾了许多先前研究后指出，一般人皆有些正向幻觉（positive illusions），例如，会倾向于高估自己的能力，或在看事情时有着较多的正向预期，等等，这似乎颇能与"负转正"的阴阳转折思维相互呼应。本研究针对在状况差的极端情境（亦即股票获利的可能性为20%及仅比20%的他人能力强）中所得的结果，或许可以为上述说法提供一些佐证。结果显示，在此种极端情境中，阴阳思维与极端判断并没有显著相关，但被试所做出的判断基本上都显著地比原本极端差的情况要好，这显示个体即便在面对负向事件时，仍有着较正向的预期。

"负转正"阴阳转折思维较普遍，影响不大，所以个体是否会做出较极端之判断，就取决于其本身"正转负"阴阳转折思维的倾向。研究结果也确实发现"正转负"阴阳转折思维高分组所做出的判断明显不如低分组的个体极端。"正转负"阴阳转折思维认为，即便盛极一时也可能衰败，居安必要思危，而诚如之前相关分析所显示的，此种思维与外控信念呈显著正相关，这也意味着或许具有此种思维者，确实相信有不可控制的外在因素能使盛景转为衰败，而正因如此，"正转负"阴阳转折思维倾向强者更会考虑这些变量，也较不会做出极端判断。

六　未来研究之建议

即便本研究所得结果颇为有趣，但仍有些需要注意或可以改进之处，特此提出以供后续研究者参考。首先，对极端情境设定部分，需要多加注意。在本研究中，笔者自编了3种与日常生活相关的情境，分别为"股票获利可能性"、"比他人能力强的程度"和"与所学相符程度"三种情境。在前面两种情境中，极端判断与阴阳思维之间的关联和变化趋势非常一致而明显，但在第三种情境中却未发现任何关联。笔者认为，这主要是因为设定的情境本身过于模糊，因为以所做的工作与所学相符程度来推论可能的工作表现，其中所涉及的变量太多，例如，本身实际情况如何，整体能力又如何，等等，因为有太多可以想象与解读的空间，所以使焦点变得模糊，无法真正探究阴阳思维与极端判断之间的关联，后续研究应多加注意。

其次，有关"未完成故事作业"的施测时间限制问题。在本研究中是给予被试约30分钟的时间（亦即每则故事3~4分钟），来完成故事的接续。在一些前测中，笔者也曾分析比较在没有时间限制或有时间限制的情况下，个体展现的阴阳思维是否会有所不同，但结果发现在阴阳思维的转折次数上并无显著不同，只是转折内容的描述或许会更为完整。笔者也尝试依书写内容的完整程度进行加权计分，但分析所得结果也并未较单纯计算转折次数更佳（孙蒨如，2008），所以基本上仍建议可以给予时间的限制，以免施测时间过长。

最后，对于未来研究的方向，笔者认为，除了可以继续改进"未完成故事作业"本身的信、效度及其施测的方式之外，还可对阴阳思维与中庸实践思维之间的关联做深入的探讨。因为在本研究中确实发现阴阳思维倾向越强者，越不会做出极端判断，这似乎也意味着这些人会将可能的变化都纳入考虑，因此在判断或决策时也更为"中庸"。虽然在本研究中所测得的阴阳思维与中庸实践思维之间并没有显著相关，但笔者认为这或许与所使用的中庸量表有关。本研究所采用的中庸量表是将中庸分为多方思考、整合性与和谐性三个面向，笔者认为此种定义下所测得的中庸，考虑的仅是同一时间点、横断面的整合，尚未能将中庸理念中的动态实践思维涵盖在内（杨中芳，2010），中庸的实践还需"审时度势"，对纵贯面加以考虑，能"审目前之时，度未来之势"，如此方能有最好的拿捏。而本研究所探讨的阴阳思维的动态本质，就涵盖了纵贯时间的变动、转折，后续研究或许可以由此入手，探讨阴阳思维与中庸实践思维的关联。

参考文献

蔡芬芳，1997，《自尊对自利归因的影响：自我概念内容与架构的交互作用》，台湾大学心理学研究所硕士学位论文。

高泉丰，1994，《认知需求的概念与测量》，（台北）《中华心理学刊》第 36 期，第 1～20 页。

黄裕达，1992，《忧郁症的归因向度与归因复杂度探讨》，台湾中原大学心理学系硕士学位论文。

孔繁诗，1998，《易经系辞传研究》，台北：晴园出版。

李学勤，2001，《十三经注疏整理本》，台北：台湾古籍出版社。

林升栋，2005，《寻找中庸自我的研究》，中山大学心理学系博士学位论文。

林升栋、杨中芳，2006，《阴阳转换思维的再探研》，中国社会心理学会 2006 年年会，黄山，10 月 20～22 日。

林振辉，2000，《青青子衿：诗经赏析》，台北：成阳出版。

孙蒨如，2008，《中国人的阴阳思维》，中国社会心理学会 2008 年年会，天津，10 月 24～26 日。

唐永霖，2004，《先秦阴阳思想之形成初探》，台湾淡江大学中国文学系硕士学位论文。

田秀兰、郭乃文，2005，《成人生涯认知量表》，台北：心理出版社。

王弼，1974，《老子道德经》，台北：河洛图书。

王为蒨、林以正，2006，《华人的均衡自我观与心理适应》，中国社会心理学会2006 年年会，黄山，10 月 20～22 日。

吴佳辉、林以正，2005，《中庸思维量表的编制》，（台北）《本土心理学研究》第24 期，第 247～300 页。

吴静吉，1991，《乐观量表简介》，未出版。

许洁虹、李纾、孙悦，2008，《阴阳转换思维与概率思维的关系研究》，中国社会心理学会 2008 年年会，天津，10 月 24～26 日。

杨中芳，2001，《中国人的世界观：中庸实践思维初探》，《如何理解中国人》，台北：远流出版公司，第 269～287 页。

杨中芳，2008，《中庸实践思维研究：迈向建构一套本土心理学知识体系》，载杨中芳主编《本土心理研究取径论丛》，台北：远流出版公司，第 435～478 页。

杨中芳，2010，《中庸实践思维体系探研的初步进展》，（台北）《本土心理学研究》第 34 期，第 3～96 页。

朱熹，1979，《楚辞集注》，上海：上海古籍出版社。

Fletcher, G. J. O., Danilovics, P., Fernandez, G., Peterson, D., & Reeder, G. D. (1986). Attributional complexity: An individual differences measure. *Journal of Personality and Social Psychology*, *51*, 875 – 884.

Levenson, H. (1981). Differentiating among internality, powerful others, and chance. In H. Lefcourt (Ed.), *Research with the locus of control construct* (pp. 15 – 63). New York: Academic Press.

Rosenberg, M. (1965). *Society and the adolescent self-image.* Princeton, NJ: Princeton University Press.

Scheier, M. F., & Carver, C. S. (1985). Optimism, coping, and health: Assessment and implications of generalized outcome expectancies. *Health Psychology*, *4*, 219 – 247.

Streufert, S., & Swezey, R. W. (1986). *Complexity, managers, and organizations.* New York: Academic Press.

Taylor, S. E., & Brown, J. D. (1994). Positive illusions and well-being revisited: Separating fact from fiction. *Psychological Bulletin*, *116*, 21 – 27.

Yin-Yang Reversals and Extremity Judgments: A Preliminary Study of the Dynamic Nature of Yin-Yang Thinking Mode

Sun Chienru

Department of Psychology, Chengchi University

Abstract: The author of this paper posits that the essence of the yin-yang thinking Mode which rooted in the Chinese culture, does not lie in the coexistence of two seemingly opposing extremes, yin and yang, but lies in its emphasis on its dynamic nature, i. e. , change from yin to yang or yang to yin. The purpose of present study was to develop an instrument to capture this dynamic nature and to test the hypothesis that individuals with more frequent yin-yang reversals tend to make less extreme judgments when assessing extreme life-events.

Since there was no previous research studied the dynamic nature of the yin-yang thinking mode, the author designed a "story-completion" task and asked the participants to complete some unfinished happy or adverse stories. The frequency of yin-ying reversals in the finished stories collected from the participants, served as an index of the degree to which they employed the yin-yang dynamic thinking. It was found that this index was not significantly correlated with the participants' zhongyong belief/value, the complexity of attribution, self-esteem or the need for cognition scores, suggesting that the frequency tap a distinct concept different from those related concepts. In addition, the results of this study supported the hypothesis that the more frequently the individuals' used the yin-yang dynamic thinking in their finished stories, the less extreme judgments they made afterwards about the finished stories. This relationship was stronger when individuals showed more frequent reversals from positive to negative, than from negative to positive.

Keywords: Yin-Yang Dynamic Thinking, Zhongyong Belief/Value, Extremity Judgments

中庸思维对自我一致性和自我矛盾冲突感的影响

王飞雪　　刘思思
中山大学心理学系

摘　要： 本研究结合实验和问卷的方法探讨中庸思维对自我一致性的影响。研究一采用量表分别测量个体的中庸思维水平和自我一致性水平，并考察两者之间的关系。研究二运用计算机任务考察不同中庸思维水平的个体在进行不一致的自我矛盾评价时所引发的自我矛盾冲突感之间的差异，并探讨不同中庸思维水平的个体的自我矛盾冲突感和整合性思维能力之间的关系。结果表明：①以不同方式进行自我评价的四个组（"既积极又消极组"、"非积极非消极组"、"只积极组"、"只消极组"），其自我不一致性水平差异显著、中庸思维水平差异显著；②自我不一致性程度最高的"既积极又消极组"与其他组（"只积极组"、"只消极组"、"非积极非消极组"）相比，其中庸思维水平最高；③中庸思维水平越高的个体，其自我不一致性评价引发的自我矛盾冲突感越低；④中庸思维水平越高的个体，其整合性思维能力越强；⑤整合性思维能力是中庸思维和自我矛盾冲突感的中介变量。

关键词： 中庸思维　自我一致性　自我矛盾冲突感　整合性思维

一　文献综述

西方学者在跨文化研究中发现，东方文化和西方文化下的个体在进行自我评价时有很大差异。与东方人相比，西方人在自我评价时具有更高的内部自我一致性，即：有积极自我而没有消极自我，或者有消极自我而没有积极自我（Kim，Peng，& Chiu，2008）。例如，北美学生如果把自己评价为外向者就不会将自己评价为内向者，将自己评价为内向者就不会将自己评价为外向者。另外，北美学生更倾向于赞同积极的自我描述而不赞同消极的自我描述，同时用更多的积极词而不是消极词来描述自己（Choi & Choi，2002）。与东方人相比，西方人具有强烈的维持回答一致性的动机。他们会用一致的方式回答所有的问题，还会根据他们第一个条目的回答，在接下来的条目中保持一致的回答（Kim et al.，2008）。而东方人在这一方面则表现出很大的不同，他们更倾向于进行矛盾的自我评价（Sande，Goethals，& Radloff，1988；Peng & Nisbett，1999；Kim et al.，2008）。关于中国人的研究表明，他们在赞同积极的自我描述的同时也不会反对消极的自我描述。而且，他们会使用同等比例的积极词和消极词来描述自己（Spencer-Rodgers，Peng，Wang，& Hou，2004）。关于日本人和韩国人的自我评价研究也得到类似的结果（Choi & Choi，2002；Spencer-Rodgers，Boucher，Mori，Wang，& Peng，2009）。基于这样的结果，西方学者认为东方人的内部自我是不一致的和自相矛盾的。另外，东方人在自尊量表上的得分偏低，这种低得分也使该量表无法普遍预测与自尊相关的动机和自我知觉（Kim et al.，2008）。国外学者将这些结果解释为东方文化下的人缺乏积极的自我关注（Heine，Lehman，Markus，& Kitayama，1999）。

虽然东方人在进行自我评价时表现出自我矛盾且具有更高程度的自我不一致性，但跨文化研究表明无论是东方文化还是西方文化都具有崇尚一致性的特点（Cialdini，Wosinska，Barrett，Butner，& Gornik-Durose，1999），不过东西方个体在处理矛盾的方法上有所不同。在面对矛盾时，东方文化下的个体更倾向于容忍而不是分离矛盾（Peng & Nisbett，1999）。与东方人容忍矛盾不同的是，西方人在面对矛盾并需要整合矛盾信息时会产生不舒适感（Spencer-Rodgers et al.，2004），面对这种不舒适感，他们更可能通过逻辑判断的方式来解决矛盾。已有研究表明，在面对矛盾和模棱两可的态度时，西方人的内心冲突感比东方人更强（Heine et al.，1999；Spencer- Rodgers，Williams，& Peng，2010）。正因为西方人这种思维方式的存在，使得他们（尤其是欧裔美国人）在面对矛盾冲突时，其认知、情绪、行为上产生的紧张感更强烈（Lewin，1951），从而产生协调这种紧张感的动机也更强烈（Festinger，1957）。而与北美人相比，中国人更能看到相矛盾事物的两极转化。研究发现，东方人（包括中国人、日本人和韩国人）更倾向于认为事物的发展是变化的。中国人比美国人更能够预测到事物的变化（Ji，Peng，Nisbett，& Su，2001）。中国人相信两种极端的状态是可以相互转化的，并且是可以共存的（Nisbett，Peng，Choi，& Norenzayan，2001），这在一定程度上可以解释为什么中国人比西方人对矛盾具有更高的容忍度。Sande 等曾将这种现象解释为个体"多面我"的存在，同时指出，有些人在进行自我描述时确实觉得自己兼具矛盾的两面。他们拥有很多相互对立的特质，这样他们就可以根据情境来调整自己的反应，以便使自己的行为更灵活，表现也更恰当。拥有多种特质使他们的行为产生多种可能性，从而使他们能够在特定的情境展现最合适的一面（Sande et al.，1988）。Kim 等（2008）将中国人的这种将积极词和消极词同时用来描述自我的行为解释为中国人具有"矛盾自我"（dialectical self）。这和 Sande 等提出的"多面我"有些类似，表明中国人这种积极自我和消极自我同时共存的"矛盾自我"可能是为了更灵活地适应情境，同时得到更好的结果。相比之下，美国人对人和事持有不变的观点，他们更相信其人格特质，且相信这些特质是固定不变的（Ji et al.，2001）。

　　关于东西方人不同的思维方式，彭凯平和 Nisbett 的研究曾给出过概括性的解释（Peng & Nisbett，1999）。他们认为，东方人在思考问题时依据 3个基本原则：矛盾原则、变化原则、整体原则。这种思维使得东方人认为事物不是永恒不变的。当现实与预期相矛盾时，他们更能接受（Nisbett et al.，2001）；同样，西方人在思考问题时也依据 3 个基本原则：独立性原则（如果某事物是对的，那么它就是对的，不会因环境变化而改变这个事实）、非矛盾原则（某事物不可能同时既是对的也是错的）和排除中间原则（在两个矛盾的事物中肯定有一个是对的，有一个是错的，没有中间状态）。西方人认为事物独立于环境，其独特的属性是不变的。彭凯平和 Nisbett 将东方人的思维统称为朴素辩证思维（Naive Dialecticism），同时指出东方人可能通过"中道"（Middle Way）的方式解决矛盾（Peng & Nisbett，1999）。这种同时寻找相对立的两极的合理部分并对矛盾予以容忍的态度、考虑到其所处的局面的动态平衡并表现出和谐以及"中道"的处理方式正是中国传统文化中中庸思维的体现（杨中芳，2001）。西方学者发现，矛盾思维与自我矛盾评价显著相关。Spencer-Rodgers 等（2004）使用实验的方法验证了东方文化下的个体比西方文化下的个体更倾向于用不一致的态度进行自我评价。林升栋、杨中芳的研究也将用大量矛盾的词语进行自我评价的被试归类为"中庸"组（林升栋、杨中芳，2007），说明自我不一致性与传统的中庸思维可能存在重要的关系。

（一）中庸思维

自古以来，中庸思想融合了包括儒家、佛家、道家等多种学说的精髓，对中国人影响深远，已经内化为中国人思维的一部分。"中庸之道"更是成为中国人为人处世及解决问题的基本原则。中庸的概念有狭义和广义之分。狭义上，中庸的基本概念就是"执两端而允中"（杨中芳，2009）。中庸思维包括"中"与"和"："中"指恰如其分，不走极端；"和"则是从整全观出发，谋求各种行为和谐共处。因此，在冲突情境中，事物的两端是比较清晰和明确的，其对立性比较强，更凸显"以中为美"，以及以和谐方式来化解冲突的重要性。从广义来看，中庸甚至与德行相联系，"依中道而行"上升为一种美德。当今社会心理学领域对中庸思维的研究局限在其狭义范围内，其核心概念仍然是"中"。它以整体全局的视野、自我调节的心态，求取恰如其分的最佳状态。

杨中芳（2009）认为中庸构建了一套"元认知"的实践思维体系，是人们在处理日常生活事件时，决定如何选择、执行及修正具体行动方案的指导方针。中庸实践思维体系包括集体文化思维层面和个体心理思维层面，其中个体心理思维层面的三个方面（生活哲学、具体事件处理、事后反思/修正）是建立在集体文化思维层面上的。在这个体系中，具中庸思维的个体，其内外应该都是和谐的，以"执两端而允中"的思维和行为方式做人处世（见附录一）。

由此可见，中庸思维是一个完整的实践思维体系，不仅包含前面提及的矛盾的、变化的、整体的辩证性思维，还涵盖了中国人将这种辩证性思维以"执两端而允中"的方式表现在日常行为、为人处世上。王飞雪等（王飞雪、伍秋萍、梁凯怡、陈俊、李华香，2006；Wang & Su，2011）的研究发现，中国人普遍具有较强的中庸思维能力，表明中庸思维是中国人在日常生活中做人处世所惯用的思维方式。

既然中庸思维是一个完整的思维体系，包含集体文化思维层面和个体心理思维层面，涵盖范围广，不同研究者对中庸思维所下定义的侧重点也就有所不同。根据对中庸思维所下的不同的操作性定义，研究者编制了不同的中庸思维量表。

吴佳辉和林以正（2005）根据中庸思维的两个特点（"权"与"和"），编制了中庸思维量表，共13题。该量表采用"意见表达"的情境叙述，将中庸思维定义为"由多个角度来思考同一件事情，在详细地考虑不同看法之后，选择可以顾全自我与大局的行为方式"，并根据"多方思考"、"整合性"、"和谐性"等维度编制题目。

杨中芳和赵志裕（1997）曾编制了一个有 16 道题的中庸实践思维量表，测量 8 个方面的内容：天人合一、两极感知、顾全大局、不走极端、以和为贵、注重后果、合情合理、恰如其分。后来，黄金兰、林以正和杨中芳（2012）对该量表进行筛选，将其修订为中庸 9 题量表，包括"拔高视野"和"自我收敛"两个因素。该量表的每个题都有两个陈述句——中庸陈述句和非中庸陈述句，要求被试二选一后再选择自己同意的程度。如果被试选择非中庸陈述句则进行反向计分。另外，黄金兰等（2012）将中庸 9 题量表从过去的 7 点量尺改为 6 点量尺，有效地减弱了中国人在填答问卷时趋中选择的倾向。该量表自开发出来以后被广泛应用于中庸研究，成为测量中庸思维的一个常用工具。

除了运用量表测量中庸思维以外，林升栋和杨中芳（2007）尝试运用形容词自我评价量表来分离中庸人群，这种测量方法与前面提到的跨文化自评量表中的形容词自我评价有关。他们从王登峰等编制的"大七"人格量表中选取了 30 对形容词，其中每对词都是相对立的词，一个词反映积极方面，另一个词反映消极方面，要求被试判断每个词是否符合自己的性格。最后将同时选择两个对立的词的个体、只选择积极词而不选对立的消极词的个体、只选择消极词而不选对立的积极词的个体、积极词和消极词都不选择的个体按这四种选择方式的各自得分运用 K – means 分组产生四个组："既积极又消极组"、"只积极组"、"只消极组"、"非积极非消极组"。研究者把同时选择大量对立词的"既积极又消极组"命名为"中庸组"，并发现该组个体更符合中庸思维的构念，其阴阳思维能力更强，且相比其他三组，思维独立性和情境场依性更强。不过，该研究并未对"既积极又消极组"的中庸思维进行测量，该组个体是否具有高水平的中庸思维还有待进一步验证。另外，"既积极又消极组"的个体实际上是自我矛盾程度高的个体，即具有高度自我不一致性的个体。这种分离"中庸组"的方法既涉及自我评价的不一致性，又涉及中庸思维，因此与本研究的方向是一致的。

研究者发现，东方人形式上表现出的矛盾的、不一致的自我评价，是内心真实的反映。林升栋和杨中芳（2007）的研究发现，"既积极又消极"这种高度自我矛盾评价的个体，其测谎得分更低，说明这类人群表现出来的"自我矛盾"可能是依情境来行事的，并非刻意去欺骗他人。另外，尽管东方人表现出自我评价的不一致性，但是他们却很少遭受思维、情绪和行为上的矛盾带来的困扰（Heine, Lehman, Markus, & Kitayama, 1999）。研究者指出，一般而言，当个体面对矛盾冲突时，都会产生一定程度的不适感，这种不适感在西方人中尤为明显，这与西方人的思维方式有关。由于东方人中庸思维的存在，他们可能更倾向于同时寻找相对立两极的合理部分对矛盾予以容忍。以往的跨文化研究支持了上述观点，与美国人相比，日本人在进行自我评价时，其自我不一致性程度更高，但是这种不一致的矛盾评价引发的自我矛盾冲突感却更低（Spencer-Rodgers et al., 2009）。这种现象可能在同属东方文化的中国人身上也有所体现。

（二）整合性思维

研究者发现，整合性思维能力的高低与矛盾思维有关。例如，启动个体的矛盾思维时，个体的整合性思维能力也会显著提高（Miron-Spektor, Gino, & Argote, 2011）。整合性思维是一种从多角度看问题，且能运用多种准则来思考这些问题的能力（Tetlock, 1983），也是一种包容不同观点并将这些观点进行整合、建立新联系的能力。整合性思维在概念上通常包括两个认知过程：一个是对不同观点的"评价区分"（evaluative differentia-tion）过程；另一个是发现概念之间的联系而进行的"概念整合"（conceptual integration）过程。其中，"评价区分"过程从看问题的多个角度产生，而"概念整合"过程则表现为能够看到事物或各元素之间的关联，并能将之整合。

整合性思维能力可通过两种形式表现出来：一种是能认识到事物间的因果关系；另一种是能够解释为什么人们运用不同的方式来看待同一个问题。另外，整合性思维能力强的个体更能理解不同的观点，处理事情时更倾向于采用整合的方式（Tetlock, Peterson, & Berry, 1993）。在他们身上更能体现对相矛盾的元素的整合能力，同时能够对来自他人的与自己不一致的动机和行为予以容忍（Tadmor, Tetlock, & Peng, 2009），在解决矛盾时更倾向于寻找一种综合方式（Tetlock, Armor, & Peterson, 1994）。

从以上讨论可以看出，整合性思维与中庸思维的概念有相似之处。中庸思维的基本定义是"执两端而允中"，强调不走极端，同时取矛盾两极的合理部分加以综合运用，表现为行为和思维的和谐。因此，中庸思维能力强的个体在环境中可能会更敏感地觉察矛盾，并理解矛盾，然后寻找一种整合的方式将矛盾化解。而西方研究中所使用的整合性思维的概念则是从多角度看问题，看出区别，同时将各种观点加以整合，这与中庸思维的理念颇有相通之处。我们预测，具有中庸思维的个体应该具有较高的整合性思维能力，这种能力将有助于个体降低在进行自我不一致性评价时所引发的自我矛盾冲突感。

我们从两个方面对整合性思维能力进行测量：一是区分不同观点的"评价区分"能力；另一是发现概念之间的联系而进行的"概念整合"能力（Tetlock et al.，1993）。Schroder 等最早使用段落完形测试对个体的整合性思维进行测量（Tetlock et al.，1993）。Tetlock 也通过使用看图写故事的方法测量个体的整合性思维（Tetlock，1983）。Baker-Brown 等（Baker-Brown，Ballard，Bluck，deVries，Suedfeld，& Tetlock，1992）编写了整合性思维评分手册（Code Manual for Conceptual Integrative Complexity），依据其对个体的评论、观点进行打分，可以评估一个人的整合性思维能力。例如，Tetlock 尝试直接选取社会新闻段落，让被试写下自己的观点，然后根据其在整合性思维能力两个方面的表现，进行打分（Tetlock，1983）。在测量二元文化对个体整合性思维的影响的研究中，研究者直接使用两个问题测量被试的整合性思维能力：一个问题测量二元文化整合性思维（你是如何理解二元文化的？你觉得自己受到二元文化的影响吗？在一个 1~7 分的量表上，你会选择哪个数字表达自己运用二元文化思维的程度？为什么？）；另一个问题测量一般整合性思维（一些人觉得自己在开会的时候，需要花太多的时间以听取不同的观点和意见，另一些人觉得他们不用花多少时间，你认为哪种观点有道理？）（Tadmor & Tetlock，2006）。事实上，对整合性思维能力的测量并不拘泥于运用特定的实验材料。个体在看待问题时，无不反映出自身的整合性思维能力。

综上所述，本研究将以实证的方法考察中庸思维与中国人自我评价不一致的关系。我们预测，中庸思维会影响中国人的自我不一致性评价。中国人的自我评价虽然在形式上表现为不一致，但却不会产生内在的矛盾冲突，其原因可能是中国人会通过整合性思维使矛盾的自我得到内部整合，从而达到内心和谐。因此，整合性思维可能在中庸思维和自我矛盾冲突感之间发挥作用。根据以上讨论，我们提出以下假设：①以不同方式进行自我评价的四个组（"既积极又消极组"、"非积极非消极组"、"只积极组"、"只消极组"）的自我不一致性水平有显著差异；②选择大量的对立词进行自我描述的"既积极又消极组"相比其他组（"非积极非消极组"、"只积极组"、"只消极组"），其中庸思维水平最高；③中庸思维水平越高的个体，其自我不一致性评价引发的自我矛盾冲突感越低；④中庸思维水平越高的个体，其整合性思维能力越强；⑤一般整合性思维能力是中庸思维和自我矛盾冲突感的中介变量。

　　针对以上假设，我们将通过两个分研究，结合实验和问卷的方法来进行探讨。

二　研究一

　　研究一的目的是探讨中庸思维与自我不一致性评价的基本关系，为进一步考察个体的自我不一致性评价是否会引发自我矛盾冲突感及探讨其背后的原因提供研究基础。研究一将采用林升栋和杨中芳（2007）的形容词自我评价量表分离出高矛盾自我评价组及用其他不同方式进行自我评价的组，并使用量表分别测量每个组的中庸思维水平和自我不一致性水平，同时考察两者之间的关系，从而检验假设 1 和假设 2。

（一）研究方法

1. 被试

　　本研究从中山大学南校区、陕西师范大学、西北大学随机抽取大学生被试 266 人，共收到有效问卷 235 份，其中 5 人没有完整填写性别、年龄、学历。男性 81 人（34.5%），女性 149 人（63.4%）；年龄为 17～34 岁，平均年龄为 22.8 岁；有本科学历的 140 人（59.6%），有研究生学历的 82 人（34.9%），其他学历的 8 人（3.4%）。

2. 研究设计和研究材料

　　本研究采用问卷的方式进行，以自行阅读问卷的形式进行填答。问卷包括形容词自我评价量表和中庸 9 题量表。形容词自我评价量表参照林升栋和杨中芳（2007）的自我评价和中庸思维研究中所使用过的量表。原量表共 150 个形容词，其中包括 36 对形容词。本研究经过预实验删去了大多数被试均不选择的 6 对形容词（"内向"与"外向"、"上进"与"堕落"、"可爱"与"可恶"、"友善"与"凶恶"、"聪明"与"愚蠢"、"马虎"与"认真"），选取其中 30 对形容词对被试施测。指导语要求被试对每个词是否符合自己的性格做出判断，对形容词选择的数量没有限制，且不要回头看自己曾经选择的词。中庸 9 题量表来自前文介绍过的黄金兰等（2012）修订的量表（6 点量尺）。

　　本研究采用跨文化研究中 Spencer-Rodgers 等（Spencer-Rodgers et al.，2009）曾使用的 NAM（Negative Acceleration Model）对自我不一致性进行测量。具体公式来自 Scott 在 1966 年使用的模型，即根据被试对积极词和消极词的选择进行计分，最后得分高的计入 L，得分低的计入 S，代入公式（2S+1）／（S+L+2）（NAM 模型；Scott，1966）中对自我不一致性进行测量。这个公式同样被用来计算自我不一致性引发的自我矛盾冲突感，只是数据获取的方式有所差异。

（二）结果

对中庸 9 题量表的分析得到其内部一致性 α 系数为 0.41。从该量表在其他研究中的使用情况来看，内部一致性均偏低。对此现象，杨中芳、林升栋进行了深入的研究和分析探讨（见本辑《"中庸信念／价值量表"到底在测什么？》一文）。

采用 K – means 对形容词自我评价量表的结果进行分组后，发现四个维度分出来的 4 种不同答题模式的人符合构念，也符合统计标准。K – means 将 235 名被试分成 4 组（如表 1 所示），各组别在四个维度上的得分均值情况是：1 组在"只消极"维度上得分最高（$N = 36$）；2 组在"非积极非消极"维度上得分最高（$N = 85$）；3 组在"既积极又消极"维度上得分最高（$N = 25$）；4 组在"只积极"维度上得分最高（$N = 89$）。这里的第 3 组即是选择大量相矛盾的形容词来进行自我评价的被试组。

表 1　四个组在四个维度上的得分均值（$N = 235$）

变　量	组　别			
	1 组（$N = 36$）	2 组（$N = 85$）	3 组（$N = 25$）	4 组（$N = 89$）
既积极又消极	1.81	1.06	**11.44**	2.03
非积极非消极	10.19	**17.64**	2.52	8.36
只积极	5.44	6.89	10.32	**15.94**
只消极	**13.50**	5.41	6.32	4.72

我们根据被试对积极词和消极词的选择数量分别进行计算，最后得分高的计入 L，得分低的计入 S，代入公式（2S + 1）／（S + L + 2）中测量被试的自我不一致性。结果发现，四个组的自我不一致性得分均值分别为：1 组（"只消极"），$M = 0.63$（$SD = 0.28$）；2 组（"非积极非消极"），$M = 0.74$（$SD = 0.24$）；3 组（"既积极又消极"），$M = 0.87$（$SD = 0.08$）；4 组（"只积极"），$M = 0.54$（$SD = 0.16$）。采用 ANOVA 对 4 个组的自我不一致性得分均值进行比较分析，发现存在显著差异，$F(3, 231) = 23.54$，$p < 0.001$。对四个组进行两两比较发现，高矛盾自我评价的"既积极又消极组"（3 组）与其他组均存在显著差异（$p < 0.001$），表明该组被试比其他三个组的被试具有更高的自我不一致性水平，结果支持了假设 1。

对中庸9题量表的统计分析结果发现，被试总体的中庸思维水平平均分为 $M = 36.1$ （$SD = 11.16$）。四个组的得分均值分别为：1组（"只消极"），$M = 32.44$ （$SD = 12.23$）；2组（"非积极非消极"），$M = 34.20$ （$SD = 11.35$）；3组（"既积极又消极"），$M = 44.76$ （$SD = 5.24$）；4组（"只积极"），$M = 36.96$ （$SD = 10.46$）。对于不同年级的大学生，其中庸思维水平均在36左右，无显著差异（$p = 0.72$），说明中庸思维和年级无关。另外，男、女生组之间的中庸思维水平亦无显著差异（$p = 0.83$）。采用 ANOVA 对四个组的中庸思维水平得分均值进行比较分析，发现存在显著差异，$F (3, 231) = 7.96$，$p < 0.001$。对4个组进行两两比较发现，高矛盾自我评价的"既积极又消极组"（3组）与其他组均存在显著差异（$p < 0.001$），结果支持了假设2。

另外一个发现是，"非积极非消极组"（2组）虽然在自我不一致性水平上得分较高（相比1组和4组），但与高中庸得分的"既积极又消极组"（3组）相比，其中庸思维水平却很低。

（三）讨论

研究一采用问卷的方式考察了中庸思维与自我不一致性之间的关系。结果表明，自我评价矛盾程度高的"既积极又消极组"不仅自我不一致性水平比其他组高，中庸思维水平也更高。结果支持了本研究的假设1和假设2。

需要注意的是，"既积极又消极组"（3组）和"非积极非消极组"（2组）的自我不一致性得分均很高（平均分分别为0.87和0.74），但中庸思维水平的得分相差很大。Spencer-Rodgers 等曾指出，东方人自我评价中表现出来的模棱两可的自我评价和真正的低自尊的自我评价是不一样的。自我矛盾评价得分高的，其自评表现更为模棱两可，他们虽然在生活满意度上的得分较低，却并不能说明他们就是不积极的。因为自我评价矛盾程度高、自尊水平低的人群与自我矛盾程度低、自尊水平低的人群是两类不同的人群，需要进行区分，前者才是矛盾文化下个体自我评价的反应（Spencer-Rodgers et al., 2004）。因此，一种可能的解释是，中庸思维虽然使个体表现出很高的自我不一致性水平，但仍然属于 Spencer-Rodgers 等提到的前者的情况，并非不积极，而是同时包容积极和消极。另外，需要看到自我不一致性包含两个方面：一个是个体在进行自我评价时用大量积极词描述自我的同时也用大量消极词描述自我；另一个是个体在进行自我评价时同时用相矛盾的词描述自我。事实上，这两个方面有交集。同时用大量相矛盾的词描述自我的人也会同时用大量积极词和消极词来描述自我，但在用大量积极词描述自我的同时也用大量消极词描述自我的个体不一定会同时用相矛盾的词描述自我。"非积极非消极组"（2 组）属于前一种自我不一致性，而"既积极又消极组"（3 组）属于后一种自我不一致性。从研究一的结果可以看到，只有矛盾的自我不一致性表现才与中庸思维有关。以上结果为我们进一步探讨中庸思维对自我一致性的影响提供了重要基础。为了深入考察中国人的自我不一致性评价是否会引发内在的自我矛盾冲突感及探讨其背后的原因，我们又进行了进一步的研究（研究二）。

三　研究二

前文提到，人们在面对不一致的态度时，通常会产生不舒服的感觉。前人的研究发现，在进行自我不一致性评价时，美国人的自我矛盾冲突感比日本人更强（Spencer-Rodgers et al.，2004）。研究提示，具有中庸思维的中国人虽然表现为矛盾的自我不一致性评价，却不一定会引发自我矛盾冲突感。由此我们推测，在面对不一致的、相矛盾的自我评价时，中庸思维可能起到一定的作用，使中国人不会像西方人那样产生强烈的自我矛盾冲突感。研究二的目的就是要考察中庸思维与自我不一致性评价引发的自我矛盾冲突感之间的关系，以及整合性思维能力在两者之间所起的作用。

（一）研究方法

在研究一的基础上，研究二将运用计算机任务进一步确认中庸思维对个体自我不一致性评价的影响。我们将通过中庸 9 题量表来划分高、低中庸思维水平的被试，并采用实验的方法考察自我矛盾冲突感、整合性思维能力和中庸思维水平三者之间的关系，探讨不同中庸思维水平的被试在进行自我不一致性评价时其自我矛盾冲突感之间的差异及其原因，从而检验假设 3、假设 4 和假设 5。

1. 被试

共计 83 名大学生被试参与了研究二，他们均来自中山大学南校区，无年级、专业限制。由于本研究的重点在于考察中庸思维与自我不一致性评价之间的关系，因此删除了矛盾词分数分布（$M = 7.19$，$SD = 3.64$）在 3 个标准差之外的被试（没有任何自我不一致性评价倾向的被试，即矛盾词对数目为 0 和矛盾词对数目大于 18 的被试），共 3 人，并删除了中庸思维分数分布（$M = 33.95$，$SD = 12.61$）在 3 个标准差之外的被试（中庸思维分数小于 -3.88），共 2 人，同时删除了没有认真填写整合性思维测试问卷（答案字数过少，无法对其进行整合性思维评分）的被试 1 人。共 77 人进入最终的统计分析。其中，男性 24 人，女性 53 人；年龄为 16 ~ 34 岁，平均年龄为 22.86 岁。所有被试都自愿参加实验并熟悉计算机操作。

2. 研究设计和研究材料

本实验的自变量为整合性思维能力、中庸思维水平，因变量为自我矛盾冲突感，目的在于探讨三者之间的关系。首先要求不同中庸思维水平的被试在计算机上完成形容词自我评价任务，从而测量其自我矛盾冲突感；其次，要求他们完成整合性思维测试问卷。

研究材料包括：计算机编写的形容词自我评价任务、研究一使用过的中庸 9 题量表和形容词自我评价量表，另外还有整合性思维测试问卷。

计算机上的形容词自我评价任务由研究者利用 E-prime 2.0 软件编写，用于检测被试的自我不一致性水平以及自我不一致性评价引发的自我矛盾冲突感水平（Spencer-Rodgers et al.，2009）。计算机上呈现的形容词来自研究一中的形容词自我评价量表，从中选取了 110 个人格特质词（有 20 个形容词是被试练习操作用的），其中包含 30 对相矛盾的形容词。被试被要求在计算机上进行"符合我"／"不符合我"的判断。

中庸 9 题量表仍用于测量被试的中庸思维水平。形容词自我评价量表所包含的形容词与计算机上的形容词自我评价任务中呈现的形容词是相同的。形容词自我评价量表使被试在现场作答时有更充足的时间运用其逻辑思维来维持一致性，从而表现出自我一致性；而使用计算机完成形容词自我评价任务，被试就没有充足的时间运用这种逻辑思维来维持一致性，从而可以通过对矛盾态度的反应时测量被试的潜在态度。因此使用计算机完成形容词自我评价任务应该更能反映被试潜在的矛盾态度引发的冲突感。两种不同形式的测量很可能会呈现两种不同的分组结果。

自我矛盾冲突感的测量。我们使用 Newby-Clark 等测量自我不一致性评价所引发的自我矛盾冲突感的方法（Newby-Clark, McGregor, & Zanna, 2002）。这种方法常常被用来测量被试对事物两极中的某一极、某一方面的潜在态度。通常是分别呈现对事物两极中的某一极、某一方面的态度，同时测量被试对每种态度的潜在的反应时间，然后将对相对立、相矛盾态度的反应时间进行比较。该方法能检测出被试"同时能有多快地给出出现在脑中的相冲突的评价"（Spencer-Rodgers et al.，2009）。在研究二中，被试将在计算机上对所呈现的大量形容词做"符合我"／"不符合我"的判断，被试对相矛盾的形容词的判断速度（反应时）将被自动记录。如果被试对相矛盾的形容词的反应几乎同样快，说明他/她的自我不一致性评价引发的自我矛盾冲突感很低；反之则很高。

整合性思维能力的测量。对此，我们参照 Tadmor 等（Tadmor et al., 2009）对整合性思维能力的测量方法——采用开放式回答问题的方式，对整合性思维能力进行测量。这种方法能同时对整合性思维所需评估的"评价区分"和"概念整合"两个方面进行有效测量，并被认为有较高的信、效度（Baker-Brown et al., 1992; Tetlock et al., 1993）。研究二将直接使用 Tadmor 等使用过的一般整合性思维能力测量题目对被试的整合性思维能力进行测量（一些人觉得自己在开会的时候，需要花费太多的时间以听取不同的观点和意见；另一些人觉得他们不用花多少时间。你认为哪种观点有道理？）。另外，我们对 Tadmor 等用于测量二元文化整合性的题目进行修订，得到了用于测量自我矛盾的整合性的两个问题。例如：你是怎样理解相矛盾的性格的？你觉得自己性格上相矛盾吗？你会选择哪个数字表达自己性格上自我矛盾的程度（1 表示程度最低，7 表示程度最高），并回答为什么。

3. 实验流程

被试单独来到实验室后，首先完成计算机任务。计算机随机呈现人格特质词，其中包括 30 对相矛盾的形容词，每个词在呈现前都在屏幕中间加一个注视点"＋"（呈现时间为 500 毫秒），让被试判断屏幕上的词是否符合自己。E-prime 2.0 软件自动记录其"符合我"/"不符合我"的选择以及反应时。其中，一半的被试在按键时，数字键 1 为"符合我"，数字键 0 为"不符合我"；另一半被试则刚好相反，数字键 0 为"符合我"，数字键 1 为"不符合我"：以此平衡按键的顺序效应。该任务的完成时间约 5 分钟。

接下来要求被试完成整合性思维测试问卷。该问卷包括两个题目：一般整合性思维问题和自我整合性问题。指导语要求被试按照自己的真实想法单独作答（针对每个问题至少写两段文字），完成时间约 10 分钟。

最后，被试将完成中庸 9 题量表和形容词自我评价量表，完成时间约 10 分钟。实验结束后，主试向被试致谢并发放礼品，送其离开。

（二）结果

1. 计算机形式与量表形式测得的自我不一致性差异

将形容词自我评价量表结果按照研究一中的 K-means 分组分为 4 组，其中被分到"积极组"的有 32 人、"消极组"的有 16 人、"既积极又消极组"的有 11 人、"非积极非消极组"的有 18 人。将其结果与计算机的形容词自我评价任务的结果对比可以发现，计算机的形容词自我评价任务呈现的自我不一致性程度更高，被试更倾向于做出"既积极又消极"的选择。例如，利用量表进行自我评价时，未删数据前的 83 个被试选择矛盾词对的数目为 $M = 2.78$，而在计算机的形容词自我评价任务中被试选择矛盾词对的数目为 $M = 7.19$。该结果难以使我们按照（K – means）分组的方式对计算机的形容词自我评价任务的结果进行同样的分组处理，最终我们采用计算机的形容词自我评价任务数据对自我矛盾冲突感和中庸思维之间的关系进行分析。

2. 中庸思维和自我矛盾冲突感

在研究二中，中庸 9 题量表的内部一致性 α 系数为 0.42，结果与研究一类似。对自我矛盾冲突感的结果的分析根据先前研究者的方法进行（Greenwald, McGhee, & Schwartz, 1998）。我们把被试进行自我评价判断所用的所有低于 300 毫秒或高于 3000 毫秒的反应时分别转化为 300 毫秒和 3000 毫秒，再按照 Newby-Clark 等（2002）对矛盾态度同时性反应速度的计算方法来测量自我矛盾冲突感。根据这种方法，我们首先找出被试对自我进行评价所用的每对相矛盾的词，然后分别计算针对每对相矛盾的词同时判断"符合我"的反应速度（相矛盾的词分别有一个反应时）。最后将反应时相对高的计入 L，反应时相对低的计入 S，代入公式（2S + 1）/（S + L + 2）（NAM 模型；Scott, 1966）中，从而对自我矛盾冲突感进行测量。将两个相矛盾的词同时判断为"符合我"的反应速度越接近，说明自我矛盾冲突感越低，由公式计算得到的分数越高；将每对相矛盾的词同时判断为"符合我"的反应速度相差越大，说明自我矛盾冲突感越高，由公式计算得到的分数越低。最后计算出所有自我矛盾冲突感的平均得分为 $M = 0.76$，$SD = 0.07$。

简单线性回归的结果显示，中庸思维和自我矛盾冲突感之间的线性关系显著（见表 2），$F (1, 75) = 17.51$，$p < 0.001$。回归模型中常数项与回归系数的 t 检验均达到显著水平，$p < 0.001$，自变量与因变量的线性关系显著，表明中庸思维水平越高的被试在进行自我评价时将相矛盾的词同时判断为"符合我"的反应速度更快，即其自我不一致性评价引发的自我矛盾冲突感更低。这个结果提示我们，中庸思维水平高的个体虽然在自我评价上表现为"既积极又消极"的矛盾现象，自我评价也更为不一致，但是与中庸思维水平相对偏低的个体相比，其自我不一致性评价引发的自我矛盾冲突感是明显偏低的。结果验证了假设 3。

表 2 自我矛盾冲突感对中庸思维的回归模型系数表

	非标准化回归系数 β 值	标准误	标准化回归系数 β 值	t
常数项	0.675	0.021		32.290 ***
中庸思维	0.002	0.001	0.440	4.190 ***

*** $p < 0.001$。

3. 整合性思维在中庸思维和自我矛盾冲突感之间所起的中介作用

整合性思维得分最终的评分标准来自 Baker-Brown 等（1992）的整合性思维评分手册。"整合性"要求根据被试对不同观点的"评价区分"能力和发现概念之间的联系并能加以整合的"概念整合"能力两个方面进行评分。评分时更注重回答的结构而不是内容（Suedfeld, 2010）。

按照 Baker-Brown 等在整合性思维评分手册中使用的整合性思维计分方法，将低程度的"评价区分"和低程度的"概念整合"计为 1 分；将中/高程度的"评价区分"和低程度的"概念整合"计为 3 分；将中/高程度的"评价区分"和中程度的"概念整合"计为 5 分；将高程度的"评价区分"和高程度的"概念整合"计为 7 分。

通过广告招募的两个评分员对原始的 83 份被试的整合性思维测试问卷进行评分。两个评分员均不知道实验的真正目的，只关注于整合性思维的打分标准。在进行最终评分的前一周，主试通过网络对两个评分员进行近 1 个小时的整合性思维评分培训，直到评分员对 5 份同样的材料反映出来的整合性思维能力给出相近的分数。一周后两个评分员再进行集中评分，在评分之前仍然接受一次评分培训。最后，两个评分员对筛选后的问卷的自我整合性和一般整合性打分，其 Kappa 系数分别达到 0.83 和 0.79。

结果显示，被试的自我整合性思维的得分（$M = 3.57$，$SD = 1.22$）高于一般整合性思维的得分（$M = 3.22$，$SD = 1.48$）。简单线性回归的结果显示，自我矛盾冲突感与一般整合性、自我整合性思维之间的线性关系均达到显著，分别为：$F (1, 75) = 17.57$，$p < 0.001$；$F (1, 75) = 7.53$，$p < 0.05$。回归模型中常数项与回归系数的 t 检验均达到显著水平，自变量与因变量的线性关系显著。这说明整合性思维能力越高的被试，其自我矛盾冲突感也越低。

另外，根据温忠麟、侯杰泰和张雷（2005）的中介分析程序，我们分以下几个步骤对整合性思维的中介作用进行分析。分析时将中庸思维水平作为预测变量，将一般整合性思维和自我整合性思维分别作为中介变量，将自我矛盾冲突感作为结果变量。第一步，用中庸思维水平（预测变量）

预测自我矛盾冲突感（结果变量），检验其回归系数。第二步，用中庸思维水平预测一般/自我整合性思维（中介变量），检验其回归系数；用结果变量自我矛盾冲突感预测中介变量一般/自我整合性思维，检验其回归系数。第三步，用中庸思维水平和中介变量一般/自我整合性思维同时预测结果变量自我矛盾冲突感，进行多元回归分析。

第一步用预测变量即中庸思维水平预测结果变量自我矛盾冲突感，这在前面的分析中已经完成。结果显示，中庸思维水平与自我矛盾冲突感之间的线性关系显著。第二步，简单线性回归的结果表明，中庸思维水平和一般整合性思维、自我整合性思维之间的线性关系均达到显著（见表3），分别为：F（1，75） = 26.83，$p < 0.001$；F（1，75） = 4.74，$p < 0.05$。回归模型中常数项与回归系数的 t 检验均达到显著水平，自变量与因变量的线性关系显著。这说明中庸思维水平越高的被试，其整合性思维能力越高。该结果验证了假设4。

表3　一般/自我整合性思维对中庸思维的回归模型系数表

		非标准化回归系数 β 值	标准误	标准化回归系数 β 值	t
一般整合性思维	常数项	1.025	0.448		2.288 *
	中庸思维	0.064	0.012	0.516	5.180 ***
自我整合性思维	常数项	2.711	0.419		6.475 ***
	中庸思维	0.025	0.012	0.245	2.178 *

　　* $p < 0.05$，　*** $p < 0.001$。

从前面的数据分析结果可以看出，整合性思维对中庸思维的回归系数和自我矛盾冲突感对整合性思维的回归系数都达到显著，说明整合性思维有发挥中介作用的可能。如表4所示，中庸思维和自我矛盾冲突感之间的回归系数在加入一般整合性思维之后变小了，但是关系依然显著，表明一般整合性思维在中庸思维和自我矛盾冲突感之间只是起到部分中介作用。另外，中庸思维和自我矛盾冲突感之间的回归系数在加入了自我整合性思维以后变得不再显著，由此再进行第四步 Sobel Z 检验，结果为 $z = 1.510$，$p > 0.05$。虽然自我整合性思维在中庸思维和自我矛盾冲突感之间所起的中介作用不显著，但一般整合性思维在中庸思维和自我矛盾冲突感之间所起的中介作用仍然是显著的，说明中庸思维通过一般整合性思维影响自我矛盾冲突感。结果支持了假设5。

表4　一般/自我整合性思维在中庸思维和自我矛盾冲突感之间的中介作用检验

因变量		自我矛盾冲突感				
		标准误	β		标准误	β
第一步		SE = 0.001	0.002 ***		SE = 0.001	0.002 ***
第二步		SE = 0.012	0.064 ***		SE = 0.012	0.025 *
第三步	一般整合性思维	SE = 0.005	0.013 *	自我整合性思维	SE = 0.006	0.011
	中庸思维	SE = 0.001	0.002 *	中庸思维	SE = 0.001	0.002 ***
第四步				Sobel Z 检验	1.510	

　　$* p < 0.05$，　$*** p < 0.001$。

（三）讨论

　　研究一和研究二分别使用量表形式和计算机任务的形式测量被试的自我评价，两个分研究中的自我评价所使用的形容词是相同的，但却得到了不同的结果。在量表形式的自我评价中被分到"只积极组"的被试在完成计算机任务时更偏向于做出"既积极又消极"的自我矛盾表现。这可能可以解释为采用量表形式使被试有更多的思考时间维持逻辑上的一致性，这是西方思维处理矛盾态度的方法，即维持回答的一致性，从而表现为偏向一极的倾向。而计算机任务中随机出现大量相矛盾的形容词，并要求被试对自我进行快速评价，由此可以更好地测量被试潜在的矛盾冲突态度（Spencer-Rodgers et al., 2009）。结果，被试很可能在量表中保持逻辑思维的一致，而在计算机任务中却自发地表现出其真实的潜在态度。

　　研究二的结果表明，中庸思维水平越高的被试，其自我不一致性评价所引发的自我矛盾冲突感越低，整合性思维能力也越高。整合性思维在中庸思维和自我矛盾冲突感之间起到中介的作用。

四　综合讨论

　　本研究的目的是探讨中庸思维对自我一致性的影响，进而考察中庸思维、自我评价一致性、整合性思维以及自我矛盾冲突感之间的关系。两个分研究的结果表明，自我评价不一致的个体具有更高的自我不一致性水平和中庸思维水平，而中庸思维水平越高的个体其自我矛盾冲突感越低，自我整合性和一般整合性思维能力也越高。结果说明，中庸思维在一定程度上的确影响中国人的自我评价一致性。虽然东方文化下的中国人进行自我评价时在形式上表现为自我矛盾，但他们却能够内在地对自我矛盾予以整合和包容，从而更少受到自我不一致带来的负面影响。这与西方跨文化研究指出的矛盾思维和辩证性思维对自我评价一致性有一定影响的结果是一致的。

本研究使用不同的方法验证了前人的研究结果，从而在前人的基础上进一步推进了该领域的研究。研究一重复使用林升栋和杨中芳的研究方法对用四种不同方式进行自我评价的组进行比较。林升栋、杨中芳是将"既积极又消极组"直接命名为"中庸组"，本研究则是通过中庸 9 题量表验证了高矛盾自我评价的"既积极又消极组"的确比其他组的中庸思维水平高，这进一步证实了林升栋和杨中芳将此组称为"中庸组"的合理性。另外，在研究自我评价矛盾态度所使用的方法上顺应了目前跨文化研究在这个领域的主流研究趋势（Spencer-Rodgers et al.，2009），尝试从个体的内部自我认知出发，而不是仅仅从情境方面（认为自我不一致的个体自相矛盾的原因是随情境的变化而变化）进行考虑。

本研究结果为东西方自我评价差异的跨文化研究提出了另一种解释，即东方文化下的中庸思维对个体自我评价一致性有着直接影响，使用中庸思维代替单纯的辩证性思维进行解释可能更为合理。很多西方跨文化研究是将矛盾思维等同于本土研究中所使用的中庸思维。虽然他们称之为矛盾思维或辩证性思维，但是他们对矛盾思维或辩证性思维的定义却又与中庸思维很相似。Peng 和 Nisbett 的研究（1999）提到中国人更倾向于用"中道"的方式来处理矛盾，但是又将之命名为辩证性思维。事实上，中庸不仅包括这种矛盾的、变化的、整体的辩证性思维，而且含义更为广泛，更符合中国人的思考情况。

然而，本研究仍存在一些问题。首先，本研究所使用的中庸 9 题量表的内部一致性 α 系数只有 0.41（研究二中为 0.42）。过往研究者在使用这个量表时也遇到了同样的问题。由于本研究是在杨中芳等的中庸理论基础上进行的，因此选取这个量表测量个体的中庸思维更为恰当。其内部一致性系数较低可能和研究中所使用的中庸 9 题量表的问题编制特点有关，是由"中庸句"与"非中庸句"在迫选题内出现的顺序导致的（见本辑《"中庸信念/价值量表"到底在测什么？》一文）。

其次，在对自我整合性思维和一般整合性思维分别做中介检验时结果有所差异。一般整合性思维作为中介变量显著而自我整合性思维作为中介变量边缘显著。这可能和检测自我整合性的题目本身有关（该题目为：“你是怎样理解相矛盾的性格的？”当中涉及“矛盾”二字）。有研究表明，启动矛盾思维能提高整合性思维。其结果也发现自我整合性思维均值（$M = 3.57$）比一般整合性思维均值（$M = 3.22$）高，有可能“矛盾”二字的启动使得被试的自我整合性思维能力更高。因此在做中介检验时，一般整合性思维作为中介变量达到显著，而自我整合性思维却没有达到显著。

最后，本研究所用的被试是在校大学生，这些被试的年龄跨度较小，而研究所涉及的主题（中庸思维和整合性思维）与年龄都有一定关联，因此对结果的解释有一定的局限性。

总之，本研究对跨文化研究中东西方自我评价差异的争议提供了解释，有助于理解中国人自我评价不一致的现象，以及更好地了解中国人的思维，在理论和方法上可为未来的中庸实证研究打下基础。

参考文献

黄金兰、林以正、杨中芳，2012，《中庸处世信念/价值量表的修订》，（台北）《本土心理学研究》第 38 期，第 3 ~ 14 页。

林升栋、杨中芳，2007，《自评式两级量尺到底在测什么？——寻找中庸自我的意外发现》，《心理科学》第 4 期，第 937 ~ 939 页。

王飞雪、伍秋萍、梁凯怡、陈俊、李华香，2006，《中庸思维与冲突情境应对策略选择关系的探究》，（香港）《科学研究月刊》第 16 期，第 114 ~ 117 页。

温忠麟、侯杰泰、张雷，2005，《调节效应与中介效应的比较和应用》，《心理学报》第 2 期，第 268 ~ 274 页。

吴佳辉、林以正，2005，《中庸思维量表的编制》，（台北）《本土心理学研究》第 24 期，第 247 ~ 300 页。

杨中芳，2001，《中国人的世界观：中庸实践思维初探》，《如何理解中国人》，台北：远流出版公司，第 269 ~ 287 页。

杨中芳，2009，《传统文化与社会科学结合之实例：中庸的社会心理学研究》，《中国人民大学学报》第 3 期，第 53 ~ 60 页。

杨中芳，2012，《中庸实践思维体系探研的初步进展》，（台北）《本土心理学研究》第 34 期，第 3 ~ 165 页。

杨中芳、赵志裕，1997，《中庸实践思维初探》，第四届华人心理与行为科际学术研讨会，台北，5 月 29 ~ 31 日。

Baker-Brown, G., Ballard, E. J., Bluck, S., deVries, B., Suedfeld, P., & Tetlock, P. (1992). The integrative complexity coding manual. *Handbook of thematic analysis.*

Cambridge, England: Cambridge University Press.

Choi, I., & Choi, Y. (2002). Culture and self-concept flexibility. *Personality and Social Psychology Bulletin*, *28*, 1508 - 1517.

Cialdini, R. B., Wosinska, W., Barrett, D. W., Butner, J., & Gornik-Durose, M. (1999). Compliance with a request in two cultures: The differential influence of social proof and commitment/ consistency on collectivists and individualists. *Personality and Social Psychology Bulletin*, *25*, 1242 - 1253.

Festinger, L. (1957). *A theory of cognitive dissonance.* Stanford, CA: Stanford University Press.

Greenwald, A. G., McGhee, D. E., & Schwartz, J. L. K. (1998). Measuring individual differences in implicit cognition: The implicit association test. *Journal of Personality and Social Psychology*, *74*, 1464 - 1480.

Heine, S. J., Lehman, D. R., Markus, H., & Kitayama, S. (1999). Is there a universal need for positive self-regard? *Psychological Review*, *106*, 766 - 794.

Ji, L., Peng, K. P., Nisbett, R. E., & Su., Y. (2001). Culture, change, and prediction. *Psychological Science*, *12* (6), 450 - 456.

Kim, Y. H., Peng, S. Q., & Chiu, H. E. (2008). Explaining self-esteem differences between Chinese and North Americans: Dialectical self (vs. self-consistency) or lack of positive self-regard. *Self and Identity*, *7*, 113 - 128.

Lewin, K. (1951). *Field theory in social science.* New York: Harper.

Miron-Spektor, E., Gino, F., & Argote, L. (2011). Paradoxical frames and creative sparks: Enhancing individual creativity through conflict and integration. *Organizational Behavior and Human Decision Processes*, *116*, 229 - 240.

Newby-Clark, I. R., McGregor, I., & Zanna, M. P. (2002). Thinking and caring about cognitive inconsistency: When and for whom does attitudinal ambivalence feel comfortable? *Journal of Personality and Social Psychology*, *82*, 157 - 166.

Nisbett, R., Peng, K., Choi, I., & Norenzayan, A. (2001). Culture and system of thoughts: Holistic versus analytic cognition. *Psychological Review*, *108*, 291 - 310.

Peng, K. P, & Nisbett, R. (1999). Culture, dialectics, and reasoning about contradiction. *American Psychologist*, *54*, 741 - 754.

Sande, G. N., Goethals, G. R., & Radloff, C. E. (1988). Perceiving one's own traits and others': The multifaceted self. *Journal of Personality and Social Psychology*, *54*, 13 - 20.

Scott, W. A. (1966). Brief report: Measures of cognitive structure. *Multivariate Behavior Research*, *1*, 391 - 395.

Spencer-Rodgers, J., Boucher, H. C, Mori, S. C, Wang, L., & Peng, K. P. (2009). Naive dialecticism and East Asian conceptual selves: Contradiction, change, and holismin East Asian cultures. *Personality and Social Psychology Bulletin*, *35*, 29 - 44.

Spencer-Rodgers, J., Peng, K. P., Wang, L., & Hou, Y. (2004). Dialectical self-esteem and East-West differences in psychological well-being. *Personality and Social Psychology Bulletin*, *30*, 1416 - 1432.

Spencer-Rodgers, J. , Williams, M. , & Peng, K. P. （2010）. Cultural differences in expectation of change and tolerance for contradiction: A decade of empirical research. *Personality and Social Psychology Review*, *14*, 296 – 312.

Suedfeld, P. （2010）. The cognitive processing of politics and politicians: Archival studies of conceptual and integrative complexity. *Journal of Personality*, *78（6）*, 1669 – 1702.

Tadmor, C, T. , & Tetlock, P, E. （2006）. Biculturalism: A model of the effects of second-culture exposure on acculturation and integrative complexity. *Journal of Cross-Cultural Psychology*, *37*, 173 – 190.

Tadmor, C. T. , Tetlock, P. E. , & Peng, K. P. （2009）. Acculturation strategies and integrative complexity : The cognitive implications of biculturalism. *Journal of Cross-Cultural Psychology*, *40*, 105 – 139.

Tetlock, P. E. （1983）. Accountability and complexity of thought. *Journal of Personality and Social Psychology*, *45*, 74 – 83.

Tetlock, P. E. , Armor, D. , & Peterson, R. S. （1994）. The slavery debate in antebellum America: Cognitive style, value conflict, and the limits of compromise. *Journal of Personality and Social Psychology*, *66*, 115 – 126.

Tetlock, P. E. , Peterson, R. S. , & Berry, J. M. （1993）. Flattering and unflattering personality portraits of integratively simple and complex managers. *Journal of Personality and Social Psychology*, *64*, 500 – 511.

Wang, F. , & Su, J. （2011）. Influence of Confucian Mean and interaction context on cooperation. Paper presented at The 9th Biennial Conference of Asian Association of Social Psychology （AASP）. Kunming, China, July 28 – 31.

The Influences of Zhongyong Thinking Mode on Self-Consistency and on the Conflict Awareness of Self-Inconsistency

Wang Feixue　Liu Sisi

Department of Psychology, Sun Yat-sen University

Abstract: This study adopted two different methods （questionnaire and experiment） to examine the effects of zhongyong on self-consistency. Study 1 studied the relationship between individuals' zhongyong belief/value and level of self-inconsistency. Study 2 adopted a computer task to examine individuals' degree of awareness of the conflict caused by exposing to contradictory self-knowledge. The purpose of this study was to explore the relationship between the conflict awareness of self-inconsistency and the level of zhongyong thinking. In addition, we investigated the effect of individuals' integrative complexity on the above-said relationship. Participants were divided into four groups based on their self-assessment styles: group giving both positive and negative self-assessments, group giving neutral self-assessments, group giving only positive assessments, group giving only negative assessments. It was found that (1) The level of zhongyong thinking and self-consistency among four self-assessment groups differed significantly; (2) compared to other groups, the group giving both positive and negative self-assessment had the highest level of zhongyong thinking; (3) participants with higher zhongyong thinking showed lower awareness of self-inconsistent conflict; (4) participants with higher zhongyong thinking showed higher level of integrative complexity; (5) integrative complexity mediated the effect of zhongyong thinking and the conflict awareness of self-inconsistency.

Keywords: Zhongyong Thinking, Self-Consistency, Conflict Awareness of Self-Inconsistency, Integrative Complexity

中庸思维对家庭功能之影响：初探

阳中华

深圳市儿童医院儿童保健科

杨中芳

中国社会科学院社会学研究所社会心理学研究中心

摘　要：本文报告了一项问卷调查研究的三个分析结果。本研究旨在初步探研家庭成员之中庸信念及实践对其家庭功能自评的影响。样本是湖南三所重点中学的高中生家长，共856人，其中有400对为夫妻，亦即高中生的父与母，其余为高中生的父或母。问卷包括黄金兰、林以正、杨中芳（2012）修编的"中庸信念/价值量表"，杨中芳自编的"中庸实践自评量表总汇"，西方学者编制的"家庭功能量表"（FAD）、"临床症状量表"（SCL-90）及"生活满意度量表"。研究试图回答两个问题：①中庸信念及实践变量对家庭功能自评是否有影响；②它们在家庭功能变量与心理健康指标（临床症状及生活满意度）之间起什么样的作用。相关及回归分析之结果显示，中庸信念及实践变量对家庭功能、临床症状及生活满意度都有综合预测力，其中中庸实践变量的预测力高于中庸信念变量。而在剔除了中庸思维变量的影响后，家庭功能变量与两个心理健康指标的相关不复存在，显示中庸信念及实践变量在家庭功能变量及心理健康指标之间起的是关键的共变作用。

关键词：中庸实践思维体系　中庸信念及实践　家庭功能　临床症状　生活满意度

家庭环境与活动，在现代人类的生活中，和工作环境与活动同为最重要的部分。"中庸实践思维体系"（简称"中庸思维"）是杨中芳（2010）经过多年探研发展出来的一套有关传统中庸概念如何影响现代华人生活的构想。那么，我们很自然地要问，"中庸思维"是否以及如何对现代人生活中最重要的部分之一——家庭生活产生影响。本研究就是在这个问题驱动下的一次初探。

我们要问的是：中庸思维对家庭生活到底是有利还是有害？我们选用了在家庭研究与治疗领域使用最广的一个研究工具——"家庭功能量表"，来帮助我们探研。除了因为这一工具是目前家庭功能研究者使用最多的测量工具之外，另一个重要的原因是该量表编制背后的理论基础与中庸思维的运作领域很接近。该量表是以家庭这一社会组织的结构本身的系统特性，以及家庭成员间的互动特点，作为评定家庭是否运作正常的依据，并认为它们是影响个人行为的重要因素。如果我们观察中庸思维的主要运作领域——人们日常生活中的待人接物，亦即在特定场合的人际互动，那么家庭成员的各种互动应该属于这一领域。家庭功能的好坏应该与中庸思维的运作情况息息相关。这就是本研究的基本假设。我们希望通过初步探讨，让大家更深入地理解中庸思维在家庭生活中所起的作用。

一　测量工具

（一）家庭功能的构念与测量

在本研究中，我们使用 Epstein、Baldwin 和 Bishop（1983）所编制的"家庭评鉴工具"（McMaster Family Assessment Device，简称 FAD）测量家庭功能变量（在本文中，简称"家庭功能量表"）。这一量表是根据 McMaster 所提出的家庭功能理论模型来编写测题。McMaster 认为一个家庭能否正常运作，主要与该家庭作为一个系统之系统特性，及该家庭成员的相互交往情况有关。依据这一理论，他将家庭功能的特性分为以下 7 个维度。

问题解决：指解决危害到整体家庭有效运作的问题（例如，威胁到家庭完整和功能发挥之问题）之能力。

沟通明确：指家庭成员相互交流的质与量。重点在于相互传递的内容是否清楚，传递的方式是否直接，有没有回避沟通。

角色分配：指家庭是否建立了一套维系家庭正常运作的职责分配模式（例如，由谁来负责提供生活来源，具体照顾其他家庭成员的衣食住行，支持家庭成员个人发展，管理家庭事务，等等）。此外，还包括任务分工是否明确、公平，以及家庭成员是否都认真地完成了任务。

情感表达：指家庭成员彼此相互表达自己情感的程度。

情感投入：指家庭成员相互之间对彼此的活动和事务关心与重视的程度。

行为控制：指家庭成员共同应对生活事件的模式——对什么情况下要做什么行为有明确的规定及管控能力。

整体功能：指从整体上来看，家庭运作的效能。

根据以上 7 个维度，Epstein 等编制了一个 60 题的量表，测题为描述家庭互动状况的正、负向陈述句。受测者在一 4 点量尺上，表达自己家庭与这些正、负向陈述句的描述相符的程度，经过反向计分之后，在该量表上得分越低，表示家庭功能越好；得分越高，表示家庭功能越失调。有关原量表的信、效度资料请参阅 Miller、Epstein、Bishop 和 Keitner（1985）。有关它的跨文化施用信、效度也请参阅相关研究资料（例如，Keitner, Ryan, Fodor, Miller, Epstein, & Bishop, 1990；Kazarian, 2010）。该量表与社会赞许得分之相关比较低（苏银花、段功香，2008）。

由于这一量表的 7 个子量表之间的相关很高，因此也有学者对之进行验证性因素分析检验，指出子量表之间的重叠性很高，并认为只用其中一个子量表——整体功能，即已足够（Ridenour, Daley, & Reich, 1999；Shek, 2001）。但在本研究中，我们还是将 7 个子量表得分都进行了分析，主要考虑到本研究是一初探，多放入一些子量表，多得到一些信息，或许可以为将来做深入探研提供依据与灵感。不过，我们仍然把重点放在对整体功能的分析上。

"家庭功能量表"在中国台湾、香港及大陆都有许多人使用，也都曾被翻译成不同的中文版本，甚至有编制给中国青少年用的修订版（Shek, 2002；Shek & Ma, 2010）。至于本研究用的中文翻译版则是由大陆学者翻译，阳中华（2012）曾用 25 名已婚者做信度检验（间隔 10 天），除问题解决子量表的相关系数稍低（$r = 0.32$）外，其余 6 个子量表有的相关系数在 0.5 以上（0.54 ~ 0.77），显示这一量表有较好的信度。

大多数与家庭功能相关的研究，都是在社会工作及临床心理学领域进行的。前者多半用于对青少年问题行为的研究（例如，方晓霞、徐洁、孙莉、张锦涛，2004；叶苑、邹泓、李彩娜、柯锐，2006；夏强、胡明、胡国清、虞仁和、孙振球，2007）；后者则多半用于对成人偏差行为或临床症状（抑郁症、精神分裂症、酒精依赖等）的研究（例如，苏银花、段功香，2008；李宛津等，2009）。在这些研究中，家庭功能评定都是作为预测变量，将之作为受影响的因变量来研究的论文并不多见（例如，Shek，1999）。故本文以中庸思维为预测变量、以家庭功能为因变量进行研究，也算是开辟了一条新的研究思路。

（二）中庸实践思维体系的构念及测量

"中庸实践思维体系"最早是由杨中芳及赵志裕（1997）提出的，他们对中国文化传统概念——"中庸"——进行了心理学研究的构念化，将"中庸"建构成一套具有"元认知"特色的"实践思维体系"。"实践思维体系"是指人们在处理日常生活事件（亦即"用"）时，借以引导要如何理解及思考事件的性质及涉及面（虑），要采用什么适当的策略或行动（略），要如何执行行动（术），以及事后要如何反思/修正，以便将来做得更好的一套思考模式。这一模式是一"体系"，是因为在运用"中庸"的生活实践中，个体还以一套集体文化思维所延续下来的生活哲学（包括世界观、人生目标及信念/价值）为支撑及基础。

杨中芳（2008）在以上构念化的基础上，进一步建构了一个"中庸实践思维体系构念图"（简称"中庸构念图"，见本辑**附录一**），这一体系中有四大心理层次：生活哲学、具体事件处理、事后反思/修正及心理健康。每一个层次均包括若干个研究板块，每个板块内又包括若干个彼此相关联的构念。在本研究中，我们在每个层面只选择了一两个关键构念（总共6个），做初步探研的预测变量。它们由两个中庸量表测量得来。

1. 中庸信念/价值量表

中庸信念/价值量表是目前被广泛使用的中庸量表之一。由黄金兰、林以正、杨中芳（2012）根据杨中芳、赵志裕（1997）早年编制的"中庸实践思维量表"修订而成，其中特别处理了社会赞许的问题。量表采用"迫选形式"，亦即每一题包括两个陈述句：一句是与中庸思维相符合的（简称"中庸句"）；另一句则是与中庸思维不相符合的（简称"非中庸句"）。作答方式是让受测者在每一个测题的两个陈述句中，先选出一个"自己比较同意"的句子，然后再用1~7的数字来表达自己对所选出之陈述句的同意程度。量表共有9题，故该量表亦称"中庸9题量表"。它是测量"中庸构念图"中在"生活哲学"之处世原则板块的一些信念/价值的。

在本辑《"中庸信念/价值量表"到底在测什么?》一文中，杨中芳、林升栋曾建议在使用这一量表时，可以将之细分为两个题组，命名为"拔高视野"及"自我收敛"。前者是指在看问题时能从大局着眼，并注意每件事的两个对立面；后者指遇事要沉住气，待人要以忍让为主。在本研究中，即采用了这一细分方法，其内部一致性系数分别为：拔高视野（第4、5、7、8、9题），0.679；自我收敛（第1、2、3、6题），0.641。两个因子共解释了54.6%的变异，两因子分的相关为0.263。它们两个被简称为"中庸信念"变量。

2. 中庸实践自评量表总汇（见附录二）

中庸实践自评是指人们对自己在日常生活中，实际运用中庸思维的做法（行动）及经验的评定。该量表由杨中芳编制，包括4个相对独立的子量表。其中"多方慎思"及"沉着克制"，是用来测量人们将中庸处世哲学（包括全局感知方式、和谐的生活目标及退、忍、让信念/价值）应用于处理具体日常生活事件时的应对行动（不发火、看清形势、审时度势、考虑周全）。另一个子量表测量了事后反思/修正层面的"事后反省"行动。三者合称为中庸行动变量。第四个子量表是测量在实践中庸时，因为认识及经验不足或失误，引发心理上的负面感受及情绪——"迷惘委曲"。这一个子量表又称"中庸负面经验"变量。在分析时，这4个变量有时被统称为中庸实践变量。

这一"量表总汇"的测题都是由以"我"开头的行为描述句组成，受测者在一6点量尺上给出自己的情况与该描述句相符合的程度。分数越高，符合程度越高。沉着克制子量表为3题，多方慎思子量表为5题，事后反省子量表为4题，迷惘委曲子量表为7题。这4个子量表之19个测题虽然是混杂在一起施测的，但因为它们分别测量"中庸构念图"中不同层面的子构念，故编者不建议计算总分或总平均分。也由于这4个子量表是单独计分，又被单独使用，故称"量表总汇"。

本研究所用的成人样本曾参与这一量表的信、效度数据的建设工作，有关这方面的数据，请参阅本辑《"中庸构念图"之建构效度再检验》一文。四个子量表的内部一致性系数分别为：沉着克制子量表，0.601；多方慎思子量表，0.802；事后反省子量表，0.794；迷惘委曲子量表，0.849。沉着克制子量表的系数较低，不过，在另一个用307个企业员工为样本的研究中，它的系数为0.714（见本辑《"中庸构念图"之建构效度再检验》一文），故认为这一低系数有可能并非常态。

四个子量表的相关显示，**沉着克制**与**多方慎思**呈低度显著正相关（0.080），与**事后反省**没有相关，与**迷惘委曲**则呈高度负相关（-0.592）。**多方慎思**与**事后反省**呈高度正相关（0.707），与**迷惘委曲**呈低度正相关

（0.091）。**事后反省**与**迷惘委曲**呈显著但较低的正相关（0.176）。从这些结果我们似乎可以看到一种形态，那就是中庸实践自评量表总汇基本上测量了两组不同性质的子构念：**多方慎思**与**事后反省**和冷静思考相关；而**沉着克制**和**迷惘委曲**则与负面情绪的控制及产生有关。**多方慎思**与**事后反省**这两个子量表之相关虽然很高，但由于它们与效标变量的相关形态并不完全相同，故在本研究中并没有将它们合并。

在这里要说明的是，这一中庸实践自评量表总汇测量的是受测者对自己实际行动状况的评价及感受，与前面所述"中庸信念/价值量表"测量的信念/价值是不一样的。它的测题由以"我"开头的行为描述句组成，受测者作答的是自己在真实生活中的情况与该句之描述相符合的程度。而中庸信念/价值量表测量的是人们是否认同一些中庸信念/价值陈述句。

两者的差异在于：人们可以认同中庸的信念及价值，但在日常生活中不一定会遵行，并且即使照着去做了，也不一定立刻会做得好，有好效果。中庸实践必须经过反复练习，才能运用自如。所以，我们使用两组子量表：一组测量中庸信念/价值；另一组测量行动及心理感受经验。两者有可能都会影响人们在生活中的行动，而且它们两者的差异也可能造成不同的心理反应。

（三）效标测量工具

前面说过，大部分与家庭功能相关的研究都是以家庭功能评定为预测变量，因变量多为青少年或成人的偏差行为、社会适应及心理健康指标。故在探讨中庸思维与家庭功能的关系时，我们加入了两个与心理健康相关的量表，求得两个效标变量，借以确保本研究结果与上述以家庭功能为预测变量之研究结果的关联性。

1. 临床症状量表

临床症状量表译自 Derogatis 所编的"自觉临床症状勾选单"（Sympton Check List）的修订版（Derogatis & Savitz，2000），简称 SCL - 90，全量表共 90 题，测量 9 大临床症状：躯体化、强迫症、人际关系敏感、抑郁症、焦虑症、敌对、恐怖、偏执、精神病性（Derogatis & Cleary，1977）。它于 30 年前被引入中国大陆（王征宇，1984），并建立正常人常模（金华、吴文源、张明园，1986），开始对正常人施测，成为被精神科医生及临床心理师广泛使用的鉴别工具（陈其昌，1999；唐秋萍等，1999）。

这一量表由受测者在一个有 90 个症状的描述清单上，就每一项描述给出自己具有该症状的严重程度，由"没有"到"严重"，共 5 等，得分越高表示症状越严重。由于测量这 9 大症状之子量表的相关非常高（在本研究中，在 0.633～0.848 之间），故在本研究中仅用各子量表得分之总平均分为效标变量，称为"临床症状"，分数越高，表示症状越严重。

2. 生活满意度量表

生活满意度量表（the Satifaction with Life Scale）译自 Diener、Emmons、Larsen 和 Griffin（1985）所编的一个 5 题量表。因其测题都专注于感觉，所以受到语言及文化影响的程度比较低，目前是测量"心理健康"最常用的工具。该量表得分越高表示受测者对其现在的生活感到越满意。在本研究中，其内部一致性系数为 0.851。

二　样本

本研究的样本取自湖南省 3 所重点中学，其中，2 所在长沙市，1 所在县城。由该 3 所学校重点班之高中学生自行填写一份问卷，并让他们带两份回去给他们的父母各填一份（如为单亲，则只填一份），问卷回收率很高，达 98%。

本研究的分析采用了由学生家长组成的成人样本，共 856 人，其中男 420 人，女 436 人。平均年龄为 43.01 岁，标准差为 3.53，大部分人年龄在 30～35 岁之间。受教育程度：初中 336 人，占样本的 39.3%；高中 246 人，占 28.7%；大专或以上 197 人，占 23.0%。职业种类：行政单位 154 人，占 18.0%；企业单位 180 人，占 21.0%；个体工商户 164 人，占 19.2%；无固定职业或无职业 306 人，占 35.7%。在此两项上，均有少数人未填报相关信息。

三　中庸思维与家庭功能的相关分析

（一）研究假设

本研究性质为初探，我们对中庸信念或中庸实践会如何影响家庭功能的正常运作或导致其失调，暂提出以下相当粗略的假设。

（1）中庸信念之两个因子变量都与家庭功能失调有负相关，亦即具高中庸信念的家庭成员，在遇到与家庭相关的事件时，会将问题做拔高视野考虑，并且以退、忍、让作为维系人际（包括家庭成员之间及与家庭成员相交往的他人）和谐的行事作风，故此家庭功能会运作较好。

（2）拔高视野可能会与家庭功能中的问题解决、明确沟通、角色分配、行为控制等和实际家庭事务及活动的操作相关的指标比较有关联；而自我收敛则与相互情感表达及投入等和人际关系相关的指标的关联比较大。

（3）在中庸实践方面，**多方慎思、沉着克制及事后反省**应该与妥善地解决家庭出现的问题有关，故与家庭功能中问题解决、角色分配、行为控制等之失调有负相关，而由中庸执行不当所引起的负面心理效应——**迷惘委曲**，应该会是家庭功能不好的一个原因或是一种反映，故预期两者间有正相关。

（4）中庸信念及实践两组变量都会影响家庭功能的运作。

（二）结果与讨论

1.7 个家庭功能子量表之内部一致性

表1给出的是"家庭功能量表"之7个子量表的内部一致性系数，以及它们得分之间的相关。数据显示，7个子量表之内部一致性系数在0.481～0.716之间。除了情感表达子量表最低（0.481）之外，其余子量表皆在0.60以上，说明其整体信度尚可。情感表达子量表的信度之所以偏低，可能与中国人不轻易、不习惯表达自己的情感，尤其是用直接而明确的方式来表达有关。故被试对这一子量表的测题可能理解不深或有些陌生，将来需针对这一子量表进行本土化测量。

2. 家庭功能变量之间的相关

表1中，7个子量表的两两相关数据显示，它们之间差异很大，在0.186～0.660之间。其中以整体功能与其他变量之间的相关最高且最稳定，均在0.439以上。整体功能与3个子量表的相关在0.60以上：情感相互涉入程度（情感投入）、情感相互表达程度（情感表达），及沟通是否直接清晰（沟通明确）。这3个变量都与成员彼此进行情感的交流、表达及关心有关，与过去其他研究的结果相似（Ridenour, Daley, & Reich, 1999；Shek, 2001）。而问题解决则除了与整体功能及沟通明确的相关较高（在0.400以上）外，与其他各子量表之间的相关都比较低，尤其是与角色分配的相关最低（0.186）。

表1　家庭功能子量表之内部一致性系数和彼此之间的相关以及与量表总
平均分、临床症状总平均分及生活满意度平均分之相关

	问题解决	沟通明确	角色分配	情感表达	情感投入	行为控制	整体功能
内部一致性系数	.677	.601	.708	.481	.659	.669	.716
行为控制							.439**
情感投入						.331**	.613**
情感表达					.463**	.367**	.605**
角色分配				.347**	.392**	.339**	.466**
沟通明确			.380**	.545**	.539**	.302**	.660**
问题解决		.469**	.186**	.310**	.233**	.250**	.489**
量表总平均分	.598**	.794**	.603**	.752**	.736**	.589**	.866**
临床症状总平均分	.176**	.221**	.299**	.218**	.233**	.197**	.313**
生活满意度-	-.186**	-.254**	-.351**	-.277**	-.237**	-.204**	-.335**

注：F 检验，** $p < 0.01$。

表1还给出了各子量表与量表总平均分之相关。这些相关显示，整体功能与之相关最高（0.866）。这一结果促使我们在后面的分析中，不再罗列量表总平均分，而是用整体功能子量表得分作为受测者对其家庭功能之总评价得分。原因是：其内部一致性系数很高，表明信度较好；其与其他各子量表的相关较高，可以作为总代表；更重要的是，它是受测者对自己家庭功能的整体评价，而不是如总平均分为各子量表得分的平均数，感觉上它更直接地测量了受测者对家庭功能的感受。

表1之最后两行给出了7个子量表的得分与两个心理健康指标之相关。结果显示，7个家庭功能子量表的得分与临床症状总平均分及生活满意度平均分都显著相关，只不过与临床症状总平均分之相关为正相关，与生活满意度平均分之相关为负相关。其中整体功能及角色分配子量表得分与临床症状总平均分及生活满意度平均分之相关最高；问题解决及行为控制等与应对灵活性评价有关的变量与它们的相关较低。这些结果似乎说明，令临床症状少及生活满意度高的因素主要是与成员之间的情感交流及沟通最有关系的整体功能，及与家庭中成员角色的分配等实际操作的情况有关联，反而与对问题解决的评定关联较小。

3. 中庸信念及实践变量与家庭功能变量之相关分析

表2给出了中庸信念二变量——**拔高视野**与**自我收敛**，以及中庸实践4变量——**沉着克制、多方慎思、事后反省**及**迷惘委曲**与家庭功能7个变

量之间的相关，同时也给出了它们与效标变量——临床症状及生活满意度——的相关。

表2　中庸信念及实践变量与家庭功能变量之相关系数

	拔高视野	自我收敛	沉着克制	多方慎思	事后反省	迷惘委曲
问题解决	-.169**	-.171**	-.167**	-.225**	-.200**	.172**
沟通明确	-.121**	-.157**	-.210**	-.285**	-.233**	.261**
角色分配	-.178**	-.176**	-.207**	-.191**	-.148**	.254**
情感表达	-.192**	-.206**	-.196**	-.255**	-.180**	.209**
情感投入	-.218**	-.228**	-.211**	-.254**	-.236**	.216**
行为控制	-.248**	-.206**	-.187**	-.310**	-.230**	.197**
整体功能	-.270**	-.243**	-.296**	-.327**	-.278**	.308**
临床症状总平均分	-.140**	-.186**	-.382**	-.064	.042	.490**
生活满意度平均分	.168**	.168**	.169**	.132**	.124**	-.230**

注：F 检验，$**p < 0.01$。

结果表明，2个中庸信念变量，在本研究中与家庭功能失调都有负相关，而且两者与家庭功能变量之相关形态也很接近，与**情感表达、情感投入、行为控制**及**整体功能**的相关都较高。这一结果与我们原先的预期略有不同。将表2的第一及第二列之相关做比较时，发现**拔高视野**与**整体功能**及**行为控制**的相关高于**自我收敛**与它们的相关；而**自我收敛**与**沟通明确**及临床症状总平均分之相关高于**拔高视野**与它们的相关。后一结果，与高瞻、李炳洁的研究结果相似（见本辑《中庸信念/价值与自评抑郁症状之关系的深入探讨》一文）。

中庸实践的4个变量与整体功能有较高的显著相关：**沉着克制、多方慎思**及**事后反省**与之有负相关，**迷惘委曲**与之有正相关。其中，**多方慎思**与家庭功能各变量的相关（角色分配除外）又比较高一些，显示在家庭中多用一点多方慎思，对彼此情感之表达、投入及沟通等影响整体功能的各变量都有正向的影响。

中庸信念二变量与临床症状总平均分及生活满意度平均分均呈低度的显著相关，前者为负，后者为正。而中庸实践4变量中，**沉着克制**与**迷惘委曲**这两个与情绪控制有关的变量与临床症状总平均分之相关较高，一如预期。而**事后反省**及**多方慎思**则与临床症状总平均分没有相关。这一点可能表明想多一点可能既有好处，也有坏处（想太多，不管是**多方慎思**还是事后反省，都可能带来不小的心理负担），从而令相关不显著。

这4个中庸实践变量与生活满意度平均分之相关形态有些不同。**沉着克制**、**事后反省**及**多方慎思**与之呈显著正相关，**迷惘委曲**则与之呈较高的负相关。这一结果显示，中庸行动之负面效果可能对生活满意度平均分的影响比正向的大。这可能是因为中庸行动的正面效果是在生活上求平静及安适，并不在于满意及满足，所以如果在未来的研究中加入对中庸生活安适感的测量，也许两者的关联会高一些。

4. 小结

从分析一（相关分析）的结果与讨论中我们看到，中庸思维中的2个信念变量及4个实践变量均与受测者对自身家庭功能的评定有不同程度的关联，关联的方向也与预期及过去研究的结果一致。下面我们要进一步查看这两组变量是如何预测人们对家庭功能的评定的。

四　中庸思维影响家庭功能的回归分析

在分析一中，我们得到6个中庸思维变量与7个家庭功能变量确实有关联的结果之后，在回归分析（分析二）中，我们尝试通过线性回归分析，看看中庸信念及中庸实践是如何影响被试对家庭功能以及对心理健康变量的评定的。具体地说，我们想看看与中庸思维相关的6个变量，各自对家庭功能变量有什么样的预测力，以及中庸信念与中庸实践，作为不同层次的中庸子构念（见本辑《中庸社会心理学研究的构念化：兼本辑导读》一文），各自作为一个群组，对家庭功能有什么样的个别预测能力。也就是说，究竟中庸思维是在信念/价值层面，还是在实际行动层面，对家庭功能的影响比较大。

在这一系列的回归分析中，6个中庸思维变量中的5个（2个信念变量及3个行动变量）为预测变量，7个家庭功能变量为主要因变量。中庸负面经验变量，则因为与家庭功能变量同属于实践中庸的负面效果变量，故在此也将其作为一个因变量来做个别分析，以免它对中庸变量与家庭功能变量之回归分析造成干扰。最后，我们也对中庸信念及行动等变量与2个心理健康指标进行了回归分析，来了解效标变量的预测力。

（一）研究假设

我们初步的推测是，中庸信念变量对家庭功能的影响应该不及中庸行动自评，因为前者毕竟是比较抽象的理念，而后者则涉及受测者在生活中运用中庸思维的实际经验及效果。既然家庭生活也是中庸实践的一种场域，两者之间应有较紧密的关系，从而令中庸行动变量有较高的预测力。

（二）结果与讨论

1. 5 个中庸思维变量各自的预测力

表 3 之 A 部分，左边 7 列数据给出了以 7 个家庭功能变量为因变量、5 个中庸思维变量为预测变量所做的线性回归分析之标准化 beta 值及调整后 R^2 值。结果显示，5 个中庸思维变量，在去除了其他 4 个变量的影响后，对 7 个家庭功能变量均具显著的单独预测力，beta 值均为负向。中庸信念二变量对**情感投入**、**情感表达**、**行为控制**及**整体功能**，有一致的显著负向 beta 值，对其他家庭功能变量的 beta 值较小。7 个家庭功能变量中，5 个中庸思维变量合并对整体功能的调整后 R^2 为最大（0.222）。

3 个中庸行动变量的预测力则差异比较大。**多方慎思**对所有家庭功能变量都有显著预测力。**沉着克制**除了对整体功能有显著贡献之外，对其他变量则没有预测力。**事后反省**则对部分家庭功能变量有显著预测力；它对**问题解决**、**沟通明确**、**情感投入**及**整体功能**有预测力，但对另外 3 个变量（**情感表达**、**角色分配**及**行为控制**）则没有预测力。正如我们所推测的，中庸信念二变量之预测力不及中庸行动变量中的**多方慎思**及**事后反省**，但与**沉着克制**的预测力持平。

2. 中庸两层变量的二阶层回归分析

除了对 5 个中庸思维变量进行整体分析外，我们还将中庸信念变量与中庸行动变量分开来进行分析，用二阶回归分析分别将这两组变量之一组放在第一阶段做回归分析，然后再将另一组放在第二阶段来看其对因变量的剩余影响力。表 3 之 B、C 部分是这两项二阶分析的结果。B 部分是将 2 个中庸信念变量先放入后再放入 3 个中庸行动变量的调整后 R^2 改变值；C 部分则是把 3 个中庸行动变量先放入后，再放入 2 个中庸信念变量之调整后 R^2 改变值。从 B、C 两组分析表，我们可以横观两个不同层次的中庸思维变量各自所解释因变量之变异量。正如我们所预测的，2 个中庸信念变量的影响力比 3 个中庸行动变量弱很多。B 表显示，相比于其他家庭功能变量，3 个中庸行动变量对**沟通明确**、**行为控制**及**整体功能**的预测力较大，特别是对整体功能的预测力。然而，C 表显示，2 个中庸信念变量，各自在剔除了 3 个中庸行动变量的影响之后，虽然仍对家庭功能变量有显著的预测力，但却减弱很多。除了对**沟通明确**有显著预测力外，2 个中庸信念变量对其他家庭功能变量均没有显著预测力。

表3　以家庭功能变量、中庸负面经验、临床症状及生活满意度为因变量之线性回归分析

A：5个中庸思维变量同时为预测变量之线性回归分析的标准化 beta 值

	问题解决	沟通明确	角色分配	情感表达	情感投入	行为控制	整体功能	迷惘委曲	临床症状	生活满意度
拔高视野	-.081*	-.014	-.088*	-.094**	-.109**	-.149**	-.137**	-.089**	.037	.102**
自我收敛	-.081*	-.056	-.091*	-.108**	-.117**	-.083*	-.097**	.018	-.128**	.100**
多方慎思	-.086	-.171**	-.099*	-.178**	-.096*	-.227**	-.160**	.081*	-.068	-.021
沉着克制	-.138**	-.193**	-.168**	-.150**	-.167**	-.121**	-.251**	-.579**	-.341**	-.117**
事后反省	-.111**	-.106*	-.052	-.020	-.149**	-.036	-.139**	.102**	-.112*	.108**
调整后 R^2	.085**	.118**	.086**	.112**	.143**	.149**	.222**	.382**	.163**	.056**

B：2个中庸信念变量先入之二阶回归的 R^2 改变值

	问题解决	沟通明确	角色分配	情感表达	情感投入	行为控制	整体功能	迷惘委曲	临床症状	生活满意度
第一阶 R^2	.042**	.029**	.046**	.060**	.076**	.079**	.101**	.031**	.042**	.041**
第二阶 R^2 改变	.043**	.089**	.040**	.052**	.067**	.070**	.121**	.351**	.121**	.015**

C：3个中庸行动变量先入之二阶回归的 R^2 改变值

	问题解决	沟通明确	角色分配	情感表达	情感投入	行为控制	整体功能	迷惘委曲	临床症状	生活满意度
第一阶 R^2	.073**	.117**	.070**	.092**	.117**	.120**	.193**	.376**	.147**	.036**
第二阶 R^2 改变	.012**	.001	.016*	.020**	.026**	.029**	.029**	.006*	.016**	.020**

注：A 表：t 检验，$*p<0.05$，$**p<0.01$；B 及 C 表：F 检验，$*p<0.05$，$**p<0.01$。

至于 5 个中庸思维变量对中庸负面经验变量——**迷惘委曲**——的预测力，比对 7 个**家庭功能**变量的预测力要强（调整后的 R^2 值最大——0.382）。其中**拔高视野**、**多方慎思**及**事后反省**对**迷惘委曲**的预测力显著，但较弱；**沉着克制**对其则有很高的显著预测力。

3. 中庸信念与中庸实践变量的交互作用分析

最后，我们也试探将中庸信念与中庸实践两组变量做交互作用分析，采用的是三阶回归分析。在第一阶段，先把 2 个中庸信念变量中的一个（例如，**拔高视野**）的预测力给隔离出来；在第二阶段，将另一中庸信念变量（例如，**自我收敛**）与 4 个中庸实践变量中的一个（例如，**多方慎思**）放入回归方程，将两者之主效应隔离；然后在第三阶段将两个变量的乘积放入方程中，以得到交互作用的预测力——包括能解释因变量的变异量。针对 7 个家庭功能变量，像上述的三阶回归分析共做了 8 次，将 2 个中庸信念变量与 4 个中庸实践变量所有的交互作用都进行分析，共得到 56 个结果。表 4 - A 左面 7 列，给出以 7 个家庭功能变量为因变量所做的三阶回归分析结果中，**拔高视野**与 4 个中庸实践变量的交互作用结果。表 4 - B 左面 7 列，则给出**自我收敛**与 4 个中庸实践变量的交互作用结果。在第三阶结果中，我们也给出有显著作用的标准化 beta 值及其 t 检验之结果。

由表 4 第二阶所展现的调整后 R^2 之改变数据，我们可以看到，两组中庸思维变量对家庭功能变量有非常普遍的显著综合主效应，但却少有显著交互作用。即使有，显著水平也较低（小于 0.05）。在这些分析中，相较于中庸思维变量主效应的强势预测力，我们没有再进一步去分析这些交互作用的形态。不过，细观这些显著交互作用，还是可以看出一些端倪。

第一，在以**整体功能**为因变量的交互作用分析中，两组中庸思维变量之 8 个可能的交互作用结果都不显著，显示交互作用对**整体功能**之评定无预测力。第二，**自我收敛**与中庸实践变量的显著交互作用略大于**拔高视野**，表明**自我收敛**中的人际退让在实践行动中的效果是比较复杂的。第三，**拔高视野**与**自我收敛**各在不同的**家庭功能**变量上与中庸实践变量有交互作用：**拔高视野**在角色分配上，与**沉着克制**及**迷惘委曲**有交互作用；而**自我收敛**则在**明确沟通**、**情感投入**及**行为控制**上与中庸实践变量有较多交互作用。第四，2 个中庸信念变量与**迷惘委曲**的交互作用并不如我们预期的那样显著。第五，在以**行为控制**为因变量的分析中，有三种显著的交互作用：**拔高视野 × 事后反省**、**自我收敛 × 多方慎思**、**自我收敛 × 事后反省**，而且后两者的交互作用均达较高的显著水平（小于 0.01）。

表 4 - A　中庸信念变量 × 中庸实践变量三阶交互作用分析之调整后 R^2 值表

拔高视野 × 中庸实践变量之结果

	问题解决	沟通明确	情感投入	情感表达	角色分配	行为控制	整体功能	临床症状	生活满意度
第一阶　调整后 R^2									
自我收敛	.028**	.023**	.051**	.041**	.030**	.041**	.058**	.034**	.026**
第二阶　调整后 R^2 改变									
拔高视野/多方慎思	.041**	.061**	.062**	.053**	.032**	.097**	.104**	.005**	.017**
拔高视野/沉着克制	.028**	.036**	.046**	.040**	.040**	.050**	.096**	.125**	.024**
拔高视野/事后反省	.036**	.043**	.061**	.033**	.024**	.067**	.088**	.017**	.020**
拔高视野/迷惘委曲	.035**	.066**	.052**	.046**	.064**	.059**	.113**	.232**	.047**
第三阶　调整后 R^2 改变（括号内为标准化 beta 值）									
拔高视野 × 多方慎思	.000	-.001	-.001	-.001	.000**	.001**	.000**	-.001**	.010** (.108**)
拔高视野 × 沉着克制	-.001	-.001	-.001	-.001	.005* (.079**)	-.001 –	.001	.000	-.001
拔高视野 × 事后反省	-.001	.001	-.001	-.001	.000	.004* (.076**)	.002	-.002	.010** (.107**)
拔高视野 × 迷惘委曲	-.001	.000	-.001	.000	.005* (-.079**)	-.001	.000	-.001	.001*

注：F 检验，* $p < 0.05$，** $p < 0.01$，括号内为 t 检验，* $p < 0.05$，*** $p < 0.01$。

表 4 - B 中庸信念 × 中庸实践三阶交互作用分析之调整后 R^2 值表

自我收敛 × 中庸实践变量之结果

	问题解决	沟通明确	情感投入	情感表达	角色分配	行为控制	整体功能	临床症状	生活满意度
第一阶 调整后 R^2									
拔高视野	.026**	.013**	.046**	.035**	.029**	.058**	.070**	.019**	.027**
第二阶 调整后 R^2 改变									
自我收敛/多方慎思	.040**	.071**	.067**	.059**	.033**	.080**	.092**	.022**	.018**
自我收敛/沉着克制	.030**	.046**	.051**	.045**	.041**	.033**	.084**	.140**	.023**
自我收敛/事后反省	.038**	.053**	.066**	.039**	.025**	.050**	.076**	.032**	.019**
自我收敛/迷惘委曲	.037**	.076**	.057**	.052**	.065**	.042**	.101**	.247**	.046**
第三阶 调整后 R^2 改变（括号内为标准化 beta 值）									
自我收敛×多方慎思	.007* (-.087*)	.000	.005* (.083*)	.000	.000	.007** (.095**)	.000	.000	.001
自我收敛×沉着克制	.001	.005* (-.082*)	-.001	-.001	-.001	.002	-.001	.083** (.068**)	-.001
自我收敛×事后反省	.001	-.001	.003* (.068*)	-.001	.000	.007** (.092**)	.000	.001	.005* (.075*)
自我收敛×迷惘委曲	-.001	.006* (.083*)	.002	.001	-.001	.000	-.001	.011** (-.108**)	-.001*

注：F 检验，* $p < 0.05$，** $p < 0.01$，括号内为 t 检验，* $p < 0.05$，** $p < 0.01$。

　　细观这三种显著交互作用，也可看出一点线索，提供未来做研究用。2 个中庸信念变量与**事后反省**的交互作用都对家庭成员如何应对家庭事件的模式及其灵活性有预测力。而**事后反省**这一变量在许多分析中都与正向效标变量呈零相关，或负相关，与负向效标变量却呈正相关（见下一小节的分析）。这让我们怀疑：**事后反省**是一把双刃剑，与**多方慎思**一起，可以起到正向作用；但如果**事后反省**太多，带来自责，则可能起到与**迷惘委曲**相似的负向作用（详见本辑《"中庸构念图"之建构效度再检验》一文）。现在在这一分析中发现了显著交互作用，值得我们在未来的研究中，深入探研它与中庸信念之间存在的更深层关系。

4. 小结

　　分析二的结果显示，对家庭功能的预测力主要来自中庸信念及中庸实践变量的综合主效应，两者交互作用的预测力则不大。其中，中庸实践变量的预测力大于中庸信念变量。以对整体功能的评价为例，2 个中庸信念变量——**拔高视野**及**自我收敛**具有同等的预测力，而在交互作用的分析中，2 个中庸信念变量分别与 3 个中庸行动变量的综合预测力相差不大。这些结果表明，家庭功能评定需要同时考虑中庸信念与实践两个方面。

五　中庸思维变量对家庭功能变量与心理健康指标之关系的作用

　　既然在分析二中我们得到中庸信念及实践这两个层面的变量对家庭功能都有预测力，在本分析（分析三）中，我们想要探讨的是，中庸思维变量会给家庭功能变量与心理健康指标之间的关系带来什么样的影响。

（一）研究假设

　　由于笔者构想中庸信念与实践变量既对家庭功能运作有预测力，也对心理健康指标有预测力，特别是中庸负面经验变量，因为它是中庸实践后的感受及情绪反应。所以在分析三中，我们将集中注意力探看中庸思维变量是否起到共变的作用，亦即它们是家庭功能变量与心理健康指标相关的主要来源。

（二）结果与讨论

　　我们首先要分析的是，中庸思维变量是否对心理健康的两个指标具有预测力；然后看在剔除中庸思维变量的作用后，家庭功能变量与心理健康指标之间原有的关联是否仍然存在。

1. 中庸思维变量对临床症状及生活满意度的预测力

在表3之最右边两列，给出了以临床症状及生活满意度为因变量所做的与分析二相同之二阶回归分析的结果，从中可以看到中庸思维变量对这两个效标变量的预测力。数据显示，2个中庸信念变量中，**拔高视野**对临床症状没有显著预测力，**自我收敛**则有显著负向预测力。对生活满意度而言，两者均有显著但较低的正向预测力。3个中庸行动变量对临床症状的影响参差不齐：**沉着克制**及**事后反省**均有显著的负向预测力，但前者力度很大，后者力度较小；**多方慎思**的影响则不显著。5个中庸思维变量解释了临床症状变异量的16.3%。3个中庸行动变量对生活满意度的影响也是参差不齐，形态也不同。**沉着克制**与**事后反省**均有显著的预测力，预测方向前者为负，后者为正，而**多方慎思**则没有显著的预测力。5个中庸思维变量只解释了生活满意度5.6%的变异量。这一结果显示，与临床症状相比，中庸思维变量对生活满意度的直接预测力低很多。

以临床症状为因变量，在2个中庸信念变量先入的二阶回归分析中，3个中庸行动变量之标准化beta值，除**多方慎思**外，其他均显著，**沉着克制**为负向，**事后反省**为正向。以生活满意度为因变量的同样的分析，结果大致相似，只是方向相反。**沉着克制**及**事后反省**之标准化beta值为一正一负，**多方慎思**则不显著。在这里我们看到，前面讨论过的有关**事后反省**这一变量的特殊现象：它与效标变量的关联有时为正向，有时为负向，其意义为何，是值得将来进一步研究的课题。

从2个中庸信念变量先入的二阶回归分析所解释因变量之变异量我们可以看到，对临床症状而言，3个中庸行动变量之贡献（12.1%）远比2个中庸信念变量（4.2%）大。对生活满意度而言，两组变量之贡献正相反，不过两者都不大（1.5%及4.1%）。

在3个中庸行动变量先入的二阶回归分析中，对临床症状而言，3个中庸行动变量所解释的变异量（14.7%）比2个中庸信念变量（1.6%）大。生活满意度亦然（3.6%及2.0%），但差异较小。

表4最右边的两列数据是分析二的交互作用分析结果。我们可以看到，显著交互作用既不多，也不大。由于中庸思维变量对心理健康指标的预测力并非本文之重点，故在本研究中未做进一步分析。在此仅指出，对临床症状而言，显著交互作用出现在**自我收敛**与**沉着克制**及**迷惘委曲**两个与情绪相关的变量上（但beta值，一为正，一为负），

与许多研究的结果相似（见本辑《中庸信念/价值与自评抑郁症状之关系的深入探讨》一文）；而对生活满意度而言，显著交互作用则出现在**拔高视野×多方慎思**及**拔高视野×事后反省**上。这一结果显示，将中庸信念细分为两个变量，在这一研究中是有意义的，**拔高视野**与在具体事件处理时的思前顾后变量似乎对正向效标变量有正向交互作用，**自我收敛**这一与情绪相关变量，则对负向效标变量有负向交互作用。这些结果还有待将来对中庸思维变量与心理健康指标做专题研究时，再进一步进行重验及确认。

2. 中庸思维变量对家庭功能变量与心理健康指标之关系的作用

前面在审视表 1 时，我们已经分析过家庭功能变量与心理健康指标之间的相关，知道两组变量的相关均为显著，而且与预期的方向相符。现欲知中庸思维变量对家庭功能变量与心理健康指标之关系的影响，我们必须看看，在剔除 5 个中庸思维变量的作用之后，家庭功能变量对临床症状及生活满意度之直接影响是否还存在。我们选择的分析方法是，以临床症状及生活满意度为因变量，用 5 个中庸信念及行动变量先入的二阶回归分析法，考察在第二阶段家庭功能变量以及与它们同属负面经验变量的**迷惘委曲**，对心理健康指标的剩余贡献。表 5 为分析结果。

表 5　中庸负面经验变量及家庭功能变量对心理健康指标之
二阶回归分析的标准化 beta 值表

因变量	临床症状	生活满意度
第一阶　中庸信念及行动变量先入		
第一阶　调整后 R^2	.281**	.085**
第二阶　加入迷惘委曲及家庭功能变量		
迷惘委曲	.376**	-.119**
问题解决	.033	-.017
沟通明确	-.064	.007
角色分配	.128**	-.227**
情感表达	.018	-.085*
情感投入	.043	.009
行为控制	-.006	.007
整体功能	.080	-.136*
第二阶　调整后 R^2 改变	.236**	.117**

注：t 检验，*$p<0.05$，**$p<0.01$。

与表 1 的相关数据（最后两行数据）做比较，结果显示，在第一阶剔除了 5 个中庸信念及行动变量的影响之后，**家庭功能**变量及**迷惘委曲**在第二阶解释因变量之变异量增加不少，但是详查这些变量各自对因变量的预测力，我们发现仅有 2 个变量对临床症状有贡献——**迷惘委曲**及**角色分配**；4 个变量对生活满意度有贡献——**迷惘委曲**、**角色分配**、**情感表达**及**整体功能**，后 2 个变量的贡献仅达小于 0.05 的显著水平。

以上这些结果显示，临床症状受中庸负面经验变量——**迷惘委曲**的影响之大，令家庭功能变量之预测力几近全失。而生活满意度则受**迷惘委曲**的影响较小，但整体而言，它受到中庸思维变量及家庭功能变量的影响本来就不算大。

3. 小结

总结以上线性回归分析及二阶回归分析的结果我们可以发现，5 个中庸信念及行动变量（中庸思维变量）对家庭功能、临床症状及生活满意度都有综合预测力，并与预期影响方向相符。其中，中庸思维变量对临床症状的预测力最强（16.3%），从家庭整体功能来看，中庸思维变量的预测力仅低于临床症状（12.1%），其对生活满意度的预测力最低（5.6%）。然而中庸思维变量对中庸负向经验变量——**迷惘委曲**——之预测力为最高（38.2%）。就中庸信念与行动变量各自的预测力而言，3 个中庸行动变量的预测力较大。二阶回归分析结果显示，中庸信念及行动两层面之变量，在剔除对方的影响之后，两者的剩余预测力大部分仍然存在。

反而是在以临床症状及生活满意度为因变量、以中庸思维变量及家庭功能变量为自变量所做的二阶回归分析中，家庭功能变量对临床症状及生活满意度的预测力，在剔除 5 个中庸信念及行动变量的影响之后，除了角色分配之外，大部分不复存在，表明中庸思维变量在家庭功能变量与心理健康指标之间起了共变的作用，亦即后两者之关系是因为共同受到前者的影响所致。

但是为什么角色分配会这么严重地影响对临床症状及生活满意度的预测力呢？我们的推测是，角色分配主要是针对维系家庭正常运作的职责分配模式（例如，由谁来负责提供生活来源、具体照顾其他家庭成员的衣食住行、支持成员个人发展、管理家庭事务等）的评定，以及针对分配是否明确、公平，家庭成员是否都认真地完成任务之评定。显然，这是家庭功能的 7 个变量中，与家庭的实际操作，即与实践最相关的评定，而正是它最少受中庸思维的影响，直接与临床症状及生活满意度有挥之不去的关联。如果这一结果能在未来的研究中得以重复出现，它将可间接地帮助我们更进一步认识到家庭功能的哪些方面可以通过中庸思维与心理健康挂钩，哪些方面则不行。

六　总体讨论

本研究首次将中庸思维带入对家庭功能运作之成效的研究中。所做的三项分析初步支持了中庸思维对家庭功能有影响及作用的假设。同时我们发现，中庸思维在信念/价值层面的作用不及在实践行动层面大。而且在实践中庸之道时，可能引起的负面经验效果，对家庭功能失调及两个心理健康指标的共同影响最大。在探讨中庸思维变量对家庭功能变量的作用时，发现它在家庭功能变量及心理健康指标之间起了同时影响两者的共变作用。

从以上这些结果中，可以找到不少未来研究工作的切入点。首先，在本研究中，没有发现 2 个中庸信念变量：**拔高视野**与**自我收敛**对家庭功能各变量有分化的预测力，这一结果值得进一步研究。其次，本研究发现中庸实践的负向经验变量**迷惘委曲**与家庭功能变量的关联强度比正向指标与其的关联强度大，其原因需要再去探研。其他还有许多较具体的问题。例如，中庸思维如何对家庭成员通过情感投入、情感表达、沟通明确等途径，提高家庭的整体功能；重复再验家庭功能中的角色分配对心理健康的影响；进一步分析中庸信念与行动变量对家庭功能变量中的行为控制变量——对成员行动的规范及管制能力——所起的交互作用；对事后反省这一中庸行动变量对家庭功能变量及对心理健康指标之间关系的重新审视；等等；这些都是值得作为将来深入研究中庸思维与家庭功能之联系的课题。

本研究所用的样本，虽然有 856 个成人，但其中有 400 对夫妻的数据。他们大多是来自长沙市区及近郊、有一定社会地位的中年人。这些因素有可能会影响研究推论，以及分析的结果。这也是为什么在本研究的分析中，我们没有试着去排除社会经济变量之影响的原因。但为了进一步推演本研究的结果，本文在最后建议，将来研究的样本要更为多元化。

参考文献

陈其昌，1999，《症状自评量表（Symptom Checklist 90，SCL - 90）》，载汪向东、王希林、马弘编著《心理卫生评定量表手册》，《中国心理卫生杂志（增刊）》，第 31 ~

35 页。

方晓霞、徐洁、孙莉、张锦涛，2004，《家庭功能：理论、影响因素及与青少年社会适应的关系》，《心理科学进展》第 4 期，第 544～553 页。

黄金兰、林以正、杨中芳，2012，《中庸处世信念/价值量表的修订》，（台北）《本土心理学研究》第 38 期，第 3～14 页。

金华、吴文源、张明园，1986，《中国正常人 SCL－90 评定结果的初步分析》，《中国神经精神疾病杂志》第 5 期，第 260～263 页。

李宛津、黄恒奖、林慧丽、沈胜昂、刘同雪，2009，《探讨大学生家庭功能、社会讯息处理与忧郁之关系》，（台北）《辅仁医学期刊》第 3 期，第 113～130 页。

苏银花、段功香，2008，《家庭功能评定量表及临床应用进展》，《护理研究》第 20 期，第 1794～1796 页。

唐秋萍、程灶火、袁爱华、邓云龙，1999，《SCL－90 在中国的应用及分析》，《中国临床心理学杂志》第 1 期，第 16～20 页。

王征宇，1984，《症状自评量表（SCL－90）》，《上海精神医学》第 2 期，第 68～79 页。

夏强、胡明、胡国清、虞仁和、孙振球，2007，《湖南省中学生家庭功能现况调查及影响因素分析》，《中国行为医学科学》第 4 期，第 359～362 页。

阳中华，2012，《中庸实践思维与家庭功能和心理健康关系研究》，中南大学湘雅三医院临床心理科博士学位论文。

杨中芳，2008，《中庸实践思维研究——迈向建构一套本土心理学知识体系》，载杨中芳主编《本土心理研究取径论丛》，台北：远流出版公司，第 435～478 页。

杨中芳，2010，《中庸实践思维体系探研的初步进展》，（台北）《本土心理学研究》第 34 期，第 3～96 页。

杨中芳、林升栋，2012，《中庸实践思维体系构念图的建构效度研究》，《社会学研究》第 4 期，第 167～186 页。

杨中芳、赵志裕，1997，《中庸实践思维初探》，第四届华人心理与行为科际学术研讨会，台北，5 月 29～31 日。

叶苑、邹泓、李彩娜、柯锐，2006，《青少年家庭功能的发展特性及其与心理健康的关系》，《中国心理卫生杂志》第 6 期，第 385～387 页。

Derogatis, L. R., & Cleary, P. A. (1977). Confirmation of the dimensional structure of the SCL－90: A study in construct validation. *Journal of Clinical Psychology*, *33* (4), 981－989.

Derogatis, L. R., & Savitz, K. L. (2000). The SCL－90－R and Brief Symptom Inventory (BSI) in Primary Care. In M. E. Maruish (Ed.), *Handbook of psychological assessment in primary care settings* (pp. 297－334). Mahwah, NJ: Lawrence Erlbaum Associates, pp. 297－334.

Diener, E., Emmons R. A., Larsen, R. J., & Griffin, S. (1985). The Satisfaction with Life Scale. *Journal of Personality Assessment*, *49* (1), 71－75.

Epstein, N. B., Baldwin, L. M., & Bishop, D. S. (1983). The McMaster Family Assessment Device. *Journal of Marital and Family Therapy*, *9* (2), 171－180.

Kazarian, S. S. (2010). Cultural appropriateness of the Family Assessment Device (FAD) in the case of ethnic Armenian adolescents in Lebanon. *International Journal of Social Psychiatry*, *56* (*3*), 230 – 238.

Keitner, G. I., Miller, I. W., Epstein, N. B., Bishop, D. S., & Fruzzitte, A. E. (1987). Family functioning and course of major depression. *Comprehens Psychiatry*, *28*, 54 – 64.

Keitner, G. I., Ryan, C. E., Fodor, J., Miller, I. W., Epstein, N. B., & Bishop, D. S. (1990). A cross-cultural study of family functioning. *Contemporary Family Therapy*, *12* (*5*), 439 – 454.

Miller, I. W., Epstein, N. B., Bishop, D. S., & Keitner, G. I. (1985). The McMaster Family Assessment Device: Reliability and validity. *Journal of Marital and Family Therapy*, *11* (*4*), 345 – 356.

Ridenour, T. A., Daley, J., & Reich, W. (1999). Factor analysis of the Family Assessment Device. *Family Process*, *38* (*4*), 497 – 510.

Shek, D. T. L. (1999). Individual and dyadic predictors' family functioning in a Chinese context. *Journal of Family Therapy*, *27* (*1*), 49 – 61.

Shek, D. T. L. (2001). The General Functioning Scale of the Family Assessment Device: Does it work with Chinese adolescents? *Journal of Clinical Psychology*, *57* (*12*), 1503 – 1516.

Shek, D. T. L. (2002). Assessment of family functioning in Chinese adolescents: The Chinese version of the Family Assessment Device. *Research on Social Work Practice*, *12* (*4*), 502 – 524.

Shek, D. T. L., & Ma, C. M. S. (2010). The Chinese Family Assessment Instrument (C – FAI): Hierarchical confirmatory factor analyses and factorial invariance. *Research on Social Work Practice*, *20* (*1*), 112 – 123.

A Preliminary Study on the Effects of Zhongyong Beliefs and Actions on Family Functioning Ratings

Yang Zhonghua

Child Healthcare Department, Shenzhen Children's Hospital

Yang Chungfang

Center for Social Psychology Studies, Institute of

Sociology, Chinese Academy of Social Sciences

Abstract: This paper reports a survey research aiming at exploring the relationships between people's zhongyong beliefs and actions and their family functioning ratings. 856 adults who were parents of students from three high schools in Hunan Province, were asked to fill out the Zhongyong Belief/Value Scale, the Zhongyong Action Seif-Report Inventory, the McMaster Family Assessment Device, the Symptom Check List 90, and the Life Satisfaction Scale. Regression as well as correlation analyses were conducted and the results indicated that zhongyong actions and, to a lesser degree, beliefs both had predictive powers on participants' self-ratings of their family functioning, clinical symptom self-awareness and level of life satisfaction. Furthermore, the correlations between family functioning and clinical symptom ratings, and between family functioning and life satisfaction ratings mostly disappeared after taking away the influences of zhongyong beliefs and actions, suggesting the latter serve as intervening variables.

Keywords: Zhongyong Action-Deliberation System, Zhongyong Beliefs and Actions, Family Functioning, Clinical Symptoms, Life Satisfaction

工作压力因素对工作－家庭平衡的影响：中庸的调节作用

李　原

中国社会科学院社会学研究所

摘　要： 本研究探讨工作压力因素对工作－家庭平衡的影响，以及中庸在其中所起的调节作用。研究样本为全职员工，以结构性问卷施测，共回收 219 份有效问卷。研究的主要发现如下：①工作－家庭冲突和工作－家庭促进是两个独立维度而非一个维度的两极。②在工作压力因素中，工作时间、工作过荷显著预测工作－家庭冲突；工作过荷、工作承诺显著预测工作－家庭促进。③中庸在二者关系中起到一定的调节作用。在工作过荷与工作－家庭冲突的关系上，中庸起到缓冲作用；在工作承诺与工作－家庭促进的关系上，中庸起到增益作用。

工作和家庭是人生的两大重要舞台，只有二者和谐发展，才能提高个体的工作与生活质量和总体幸福感。但现实生活中似乎总有不和谐之音出现。人们也普遍认为，同时兼顾工作与家庭的双重角色给个人带来了较大困难。因此，近30年来，西方对工作－家庭冲突的研究十分流行。目前，我国处于经济与社会剧变时期，再加上人口老龄化、工作节奏加快、就业压力增加等原因，促使近年来工作压力和家庭压力均有增大趋势，工作与家庭之间的矛盾和冲突日益加剧。因此，对这一问题的探讨引起不少学者的重视。然而，总是把工作和家庭看作对立和矛盾的研究视角未免有失偏颇。本研究试图从平衡的视角，探讨在工作压力下形成的工作与家庭之间的积极和消极关系。同时，我们在研究中加入"中庸"这一认知思维变量，试图了解在压力和冲突情境下，持中庸思维方式的人是否会有不同的调控与应对策略。

关键词： 工作时间　工作过荷　工作 - 家庭冲突　工作 - 家庭平衡　中庸思维

一　文献回顾

（一）工作 - 家庭平衡

有关工作 - 家庭平衡的研究主要基于角色理论的框架。关于个体同时参与多个角色时，存在两种相互对立的观点：资源稀缺观点（scarcity perspective）和促进扩展观点（expansion-enhancement perspective）。

资源稀缺观点主要基于角色间冲突（inter-role conflict）的理论发展而来，它假设每个人在承担角色的过程中拥有的心理资源和生理资源是有限的，因此，当个体承担多个角色时将会消耗他的资源并削弱所承担的每个角色的效果（Edwards & Rothbard，2000）。正因为资源有限，所以个体会在不同角色之间做出权衡和选择以减轻角色压力。在 Kahn 等（1964）角色冲突概念的基础上，Greenhause 和 Beutell（1985）把工作与家庭的冲突（work-family conflict）定义为"一种角色间的冲突类型，它由于工作和家庭领域的角色压力在某种程度上产生了相互不一致而造成"。也就是说，个体在工作与家庭中扮演的角色不同，这两个角色之间相互竞争时间、精力以及其他心理资源，一方的成功会以另一方的牺牲为代价（Eby et al.，2005）。

迄今为止，西方关于工作 - 家庭冲突的研究已有 30 多年的历史，累积了丰富的资料。大多数研究指出工作与家庭之间的冲突会带来各种不利影响，例如，工作 - 家庭冲突与消极的工作态度（如工作满意感低、工作投入少）、不利的工作结果（如工作绩效差、职业不成功）、不良的家庭关系（如家庭满意感低、婚姻满意感低）、更多的心理困扰（如焦虑、情绪失调）、躯体健康问题的更高风险（如各种身体症状、酒精滥用）皆有较高相关（李原，2012）。

然而，随着研究数量的增多，一些研究者逐渐意识到，仅仅把工作与家庭的关系理解为相互冲突的观点并不全面，因为人们在同时承担工作责任和家庭责任时，除了会产生冲突和压力之外，也可以带来心理和行为等方面的诸多好处。一种与冲突观相平行的理论逐渐发展起来。这种观点被称为促进扩展观点，它主要关注由于多重角色的卷入而产生的积极效果，认为个体可以从多重角色中获益（Barnett & Hyde，2000；Hanson，Hammer，& Colton，2006；Voydanoff，2004）。具体而言，工作与家庭的促进（work-family facilitation）被界定为：从一个领域中获得的积极情感、技能、行为、价值观可以迁移到另一个领域中，并因而使另一个领域获益（Edwards & Rothbard，2000）。

虽然促进扩展观点认为多重角色由于互补作用会带来优势，但不可否认过度的多重角色会产生角色超负荷和角色冲突，并带来消极影响。Graywacz 和 Marks（2000）从工作－家庭平衡的视角出发，提出对工作－家庭关系的全面理解应该包括冲突〔或称消极溢出（negative spillover）〕与促进〔或称积极溢出（positive spillover）〕两个方面。两者不是一个数轴的两个极端，而是两个独立的维度。它们在某种情境中会同时存在，例如，从事某项工作会因长工作时间和高工作负荷而带来冲突，但同时，也可能会因为带来了家庭财政的安全和个体成长的机会而在工作与家庭之间起到促进作用。工作－家庭平衡的理论框架出现后，引起不少研究者的关注，但该领域实证研究相对欠缺，对于工作－家庭促进的研究更是少之又少，值得进一步深入探讨。

（二）工作压力因素与工作－家庭平衡

相关研究中，来自工作场所的压力因素常常被认为是影响工作－家庭关系的主要前因变量（Frone et al.，1992；Butler et al.，2005）。而对于工作压力源与工作－家庭平衡关系的探讨，有助于我们了解工作与家庭的互动规律，为进一步探索应对策略促进平衡提供依据。在本项研究中，我们主要考察较受关注的三个工作压力因素（工作时间、工作过荷、工作承诺）。其中，工作时间的长短可以说是客观的压力指标，它的存在常常不以个人的意志为转移。工作过荷是对环境压力的主观判断，它通过个体的自身体验进行衡量。工作承诺则是存在一些争论的变量，文献中有关它的影响说法不一。

1. 工作时间

显然，当工作占用大量时间时，个体会分身无术，难以履行与家庭有关的角色和职责。已有研究发现，每周工作的小时数与工作－家庭冲突呈正相关（例如，Burke，Weir，& Duwors，1980；李晔，2003）。吴谅谅等（2003）对职业女性群体进行的研究也发现，"工作时间是否规律"是影响工作－家庭冲突的一个至关重要的因素。但工作时间与工作－家庭促进之间的关系，尚缺乏足够的实证证据。

2. 工作过荷

工作过荷（work overload）是指个体感受到工作中有太多的事情要做却没有足够的时间完成（Aryee et al. , 2005），这些未完成的任务会形成心理预占（psychological precoccupation），使得个体难以积极回应其他角色的要求（Greenhause & Beutell, 1985）。已有研究发现，工作过荷与工作－家庭冲突有关（Aryee et al. , 1999；Aryee et al. , 2005；Frone, Yardley, & Markel, 1997；吴谅谅等，2003）。为数不多的研究探讨了工作过荷对工作－家庭促进的影响（Aryee et al. , 2005），其研究结果尚待进一步检验。但总体来说，我们可以预测，工作过荷会使个体对工作产生疲惫感和倦怠感，使个体缺乏足够动力去完成其他领域的工作，从而阻碍了个体在扮演工作和家庭角色时获得积极感受。

3. 工作承诺

工作承诺（work commitment）是在角色承诺基础上发展起来的概念。角色承诺（role commitment）指的是"某一种角色对自我的重要程度，相对于其他活动的重要性，以及在此角色上取得良好表现的期望"（王丛桂，1999）。如果工作对个人来说越重要，他对工作承诺的程度就会越高，为此所付出的时间与精力也会越大，这必然在一定程度上牺牲了用于家庭领域的时间与精力，从而引发个人扮演的工作角色与家庭角色的冲突（Adams, King, & King, 1996；Frone et al. , 1992；李晔，2003）。

尽管工作承诺会增加工作－家庭冲突的可能性，但它也可能潜在地促进个体整合工作和家庭的关系。Greenhause 和 Parasuraman（1999，见 Aryee et al. , 2005）指出，个体积极的角色参与使他有机会把从该角色中获得的知识应用到其他领域。另外，个体参与一个角色（例如工作）时，可能使他从该角色群体的其他人那里获得必要的支持，这可以促进该角色与其他角色（例如家庭）的整合。综上所述，我们预测工作承诺应该会引起工作－家庭冲突，但同时对工作－家庭促进也会产生正向影响。

（三）中庸思维与工作－家庭平衡

有关中庸的社会心理学构念，已在本辑《中庸社会心理学研究的构念化：兼本辑导读》一文中得到了详细论述，在此不再赘述。在中庸思维与工作－家庭平衡之间的关系方面，尚无实证研究进行探讨。但由于中庸思维可以说是一套"元认知"的实践思维体系，是人们在处理日常生活事件时，用以决定要如何选择、执行、修正具体行动方案的指导方针（杨中芳，2009），我们由此推测，当个体处于工作－家庭的冲突与矛盾当中时，"执两端而允中"的核心思想最能体现出它的价值。因为在对立性较强的冲突和压力情境中，重要的是通过调控手段，以和谐方式来化解冲突，维持自身与环境的动态平衡。拥有高中庸思维的个体应该在充满压力和冲突的现实世界中有较好的适应性。我们推测，面对无力改变的客观条件（例如工作时间），拥有高中庸思维的个体会更为心平气和地看待问题，接受无法改变的事实。对于工作压力的主观感受（例如工作过荷），中庸思维方式会起到缓冲作用。

二　研究方法

（一）抽样及程序

本研究以全职员工作为样本，进行结构性问卷施测。大部分样本为来自三所高校商学院 MBA 班的学员，少部分样本为来自一所科研机构的研究人员和一所医院的医生与护士群体。样本中本科及以上受教育程度的人占大多数（69%），样本的行业分布广泛，并未特别集中在某一具体行业上。

共发放问卷 260 份，回收有效问卷 219 份，回收率为 84.2%。样本中 36.1% 的人是女性，平均年龄为 32.7 岁。样本中已婚被试占 74.3%。其中，51.6% 的被试月收入低于 4000 元，61.7% 的被试为专业技术人员或管理人员。在工作时间方面，每周工作时间为 40 小时和少于 40 小时的被试占 18.7%，40~50 小时的被试占 53.4%，50 小时及以上的被试占 27.8%。

（二）研究工具

1. 工作－家庭平衡（冲突与促进）

我们使用 Graywacz 和 Marks（2000）编制的工作－家庭平衡问卷测量工作－家庭的冲突与促进。由于本研究主要关注工作场所压力因素带来的影响，因此我们只选取了该问卷中两个维度即工作家庭－冲突量表、工作家庭－促进量表进行调查。题目以自陈方式呈现，采用李克特 6 点量尺计分。题目如"我的工作状况让我没法为家里做更多的事情"、"工作中的压力常使我回到家里心情烦躁"、"工作当中的各种经历和故事，使我在家里成为一个风趣的、受欢迎的人"、"工作当中运用的技能和技巧，在处理家事上也很有用"等。在本研究的样本中，两个分量表的 Cronbach'α 系数分别为 0.89 与 0.69。

2. 工作过荷

我们使用一个包含 3 道题的量表，其中两个题在 Aryee 等（1999）的研究中使用过，另外一题为自编题。题目如"在工作当中，我好像每件事都没有足够的时间去做"、"我觉得我的工作内容应该缩减"。在本研究的样本中，Cronbach'α 系数为 0.76。

3. 工作承诺

我们采用 Lodahl 和 Kejner（1965）的工作承诺量表。量表包括 6 题，题目如"人们投入时间最多的事情应该是工作"、"我的快乐大多是从工作中获得的"。在本研究的样本中，Cronbach'α 系数为 0.78。

4. 中庸思维量表

我们采用赵志裕编的 14 题量表（赵志裕，2000）。赵志裕的研究指出，该量表的内部一致性系数平均达到 0.71。在我们的样本中，该量表的 Cronbach'α 系数为 0.72，表现出相对稳定和可接受的信度水平。

（三）研究假设

假设 1：工作时间正向影响工作－家庭冲突，负向影响工作－家庭促进。
假设 2：工作过荷正向影响工作－家庭冲突，负向影响工作－家庭促进。
假设 3：工作承诺正向影响工作－家庭冲突，正向影响工作－家庭促进。
假设 4：中庸思维在工作压力与工作－家庭平衡的关系中起调节作用。

（四）统计分析

本研究采用 SPSS 21.0 对数据进行统计分析，分析包括两个步骤。

第一步，使用多元回归分析检验工作压力因素对工作－家庭平衡的影响。我们把控制变量放入回归方程，然后放入工作压力变量考察它们的主效应。

第二步，放入交互作用变量，来考察中庸思维作为调节变量的影响。为了避免共线性问题，在交互作用分析时首先对变量进行中心化（centering），使用中心化的数据进行计算。

三　研究结果

（一）工作压力与工作－家庭平衡的关系

各变量的描述统计结果及相关矩阵见表 1。从表 1 可以看到，工作－家庭冲突与工作－家庭促进之间存在负相关，达到 -0.21 的水平。这一相关显著但程度并不高，表明二者之间有较弱的关系，由此推断两个变量是相对独立的，而不是一个维度的两极。

表 1　各变量的描述统计及相关矩阵

		M	SD	1	2	3	4
1	性别	0.65	0.48	1.00			
2	婚姻	0.69	0.46	0.26**	1.00		
3	受教育年限	15.79	1.61	0.04	− 0.05	1.00	
4	工作时间	44.72	8.03	− 0.05	− 0.07	0.03	1.00
5	工作过荷	3.39	1.01	− 0.02	0.08	0.02	0.23**
6	工作承诺	4.14	0.78	0.11	− 0.03	0.00	− 0.02
7	中庸思维	3.67	0.51	− 0.05	0.04	0.04	− 0.01
8	WFC	3.51	1.02	− 0.11	0.19**	− 0.02	0.27**
9	WFF	3.84	0.82	0.02	− 0.01	0.03	− 0.15**
10	工作满意	3.73	1.02	− 0.06	0.02	0.12	− 0.15**
11	家庭满意	4.06	1.03	0.01	0.21**	− 0.01	− 0.05

		5	6	7	8	9	10
1	性别						
2	婚姻						
3	受教育年限						
4	工作时间						
5	工作过荷	1.00					
6	工作承诺	− 0.17*	1.00				
7	中庸思维	− 0.01	− 0.15*	1.00			
8	WFC	0.54**	− 0.13	0.06	1.00		
9	WFF	− 0.23	0.30**	− 0.01	− 0.21**	1.00	
10	工作满意	0.03	0.39**	0.05	− 0.15*	0.23**	1.00
11	家庭满意	− 0.02	0.09	0.13	− 0.09	0.19**	0.40**

$* p < 0.05$，$** p < 0.01$。

从表 2 中可以看出，工作时间较长时，个体显著地感受到更高的工作－家庭冲突（$\beta = 0.19$，$p < 0.05$），但工作时间对工作－家庭促进的影响并不显著。假设 1 得到了部分证实。

表 2　工作压力因素对工作－家庭平衡的影响

预测变量	工作－家庭冲突		工作－家庭促进	
	S1	S2	S1	S2
控制变量				
性别	− 0.10	− 0.11*	0.00	0.04
婚姻	0.18*	0.18*	0.03	0.02
受教育年限	− 0.04	− 0.05	0.01	0.01

预测变量	工作－家庭冲突		工作－家庭促进	
	S1	S2	S1	S2
主效应				
工作时间	0.19*	0.19**	-0.04	0.00
工作过荷	0.47**	0.48**	-0.22**	-0.21**
工作承诺	-0.02	0.01	0.26**	0.21**
中庸思维	0.06	0.04	0.02	0.00
交互作用				
工作时间×中庸思维		0.14*		0.05
工作过荷×中庸思维		0.04		0.20**
工作承诺×中庸思维		-0.02		0.14**
Adj R^2	0.36	0.38	0.14	0.19
F	15.75**	11.92**	4.46**	4.63
ΔR^2		0.02		0.05

*$p < 0.05$，**$p < 0.01$。

工作负荷较大时，个体感受到更高的工作－家庭冲突（$\beta = 0.47$，$p < 0.01$），对于工作－家庭促进也有显著的负向影响（$\beta = -0.22$，$p < 0.01$）。假设2得到了证实。

工作承诺较高时，会显著地正向影响工作－家庭促进（$\beta = 0.26$，$p < 0.01$），但并未明显影响工作－家庭冲突。假设3仅得到部分证实。

（二）中庸思维在二者关系中的调节作用

从表2中还可以看出，在工作压力与工作－家庭平衡的关系上，中庸思维起到一定的调节作用。具体来说，中庸思维在工作时间与工作－家庭冲突的关系中起到了明显的调节作用（$\beta = 0.14$，$p < 0.05$），在工作过荷与工作－家庭冲突、工作承诺与工作－家庭冲突的关系中所起的调节作用不显著；中庸思维在工作时间与工作－家庭促进的关系中所起的调节作用不显著，但在工作过荷与工作－家庭促进（$\beta = 0.20$，$p < 0.01$）、工作承诺与工作－家庭促进的关系中（$\beta = 0.14$，$p < 0.01$）起到了有效的调节作用。图1至图3是根据显著的交互作用结果绘制的交互作用图。

图1表明，对于拥有低中庸思维的个体，工作时间的长短对工作－家庭冲突的影响未达到显著水平。对于拥有高中庸思维的个体，工作时间的长短对工作－家庭冲突的影响较大。工作时间越长，个体感受到的工作－家庭冲突程度越高。

　　图2表明，对于拥有低中庸思维的个体，工作过荷程度的高低对工作－家庭促进有着显著影响。随着工作负荷的加大，个体对工作－家庭促进的感知显著降低。但对拥有高中庸思维的个体，工作过荷程度的高低对工作－家庭促进的影响不大。随着工作负荷的加大，个体对工作－家庭促进的感知虽有所下降，但并不显著。

　　图3表明，对于拥有低中庸思维的个体，工作承诺程度的高低对工作－家庭促进的影响不大。对于拥有高中庸思维的个体，工作承诺程度的高低对工作－家庭促进的影响显著。工作承诺的程度较高时，个体对工作－家庭促进的感知显著增强。

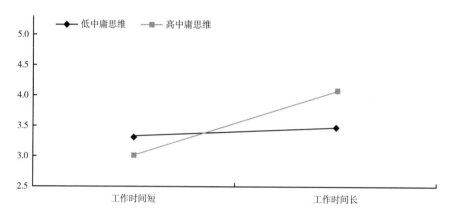

图1　中庸思维在工作时间与工作－家庭冲突关系中的调节作用

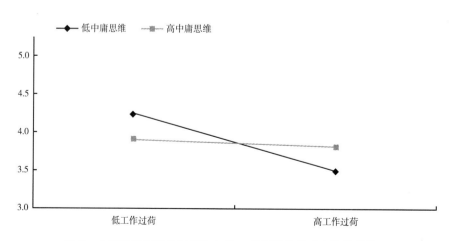

图2　中庸思维在工作过荷与工作－家庭促进关系中的调节作用

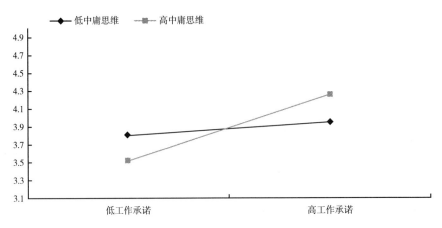

图3　中庸思维在工作承诺与工作－家庭促进关系中的调节作用

四　讨论

（一）工作－家庭平衡

本研究发现，工作－家庭的冲突与促进之间存在 -0.21 水平的负相关，由此可以推断两个变量是相对独立的，而不是一个维度的两极。另外，从数据中还可以看到，冲突和促进两个变量有着不同的预测变量，这进一步支持了二者为独立维度的结论。其中工作时间与工作过荷显著预测工作－家庭冲突；工作过荷与工作承诺显著预测工作－家庭促进。我们的研究为 Grayracz 和 Marks（2000）的工作－家庭平衡框架提供了一定的数据支持。

研究结果还显示，在预测工作家庭冲突方面，工作过荷则是一个更显著和有力的因素，其影响程度显著超过工作时间。工作时间是工作压力水平的一个客观指标，它对工作－家庭冲突的影响有着必然性。不过，只有当个体主观感受到工作带来的负荷严重时，才会更大限度地影响到工作－家庭冲突。从表1的相关矩阵可见，工作压力与工作过荷之间仅有 0.23 的相关水平。可见，面对同样的长工作时间，不同的人有着不同的工作过荷感受，这受到个体的个性和认知等特点的影响。陆洛等的研究（2005）也证实，主观感受到的工作过荷对工作－家庭冲突的影响更为显著。

在工作承诺方面，与我们的假设一致的是，工作承诺会正向影响工作－家庭促进，而且效果显著。这可能是因为角色承诺会使个体主动地在相应领域投注更多时间和精力，在该领域中的绩效表现会更好，并因而会使个体产生积极的情绪，这种积极情绪又会正向迁移到其他领域，从而带来工作与家庭的相互促进效果。

与我们的假设不一致的是，工作承诺与工作－家庭冲突之间并无显著相关。这可能是因为既然个体主动选择了这种角色分配方式，把工作视为生活中的首要任务，在工作上分配更多的时间与精力系心甘情愿，没有太多抱怨和不满。Wayne 等（2006）的研究发现，当个体把工作视为自己的核心自我概念时，会更多地报告工作对家庭的促进作用。另外，这一结果也可能与中国的传统文化有关。我们的传统观念认为，一个人勤奋工作是为了给家庭赚取更多的收入，是一种美德。因此，全身心地投入工作通常不会遭到家庭成员的反对，反而可能得到家庭成员的更多帮助，减轻其家务负担，在一定程度上表现出工作与家庭相互促进的特点。

（二）中庸思维的作用

从数据中可见，以中庸思想作为主效应进行检验时，对工作－家庭冲突和工作－家庭促进均无显著预测作用，但它与压力因素之间的交互作用较为明显。可见，中庸思维需要在特定环境下才能发挥作用，其作用可被分为以下两个方面。

1. 缓冲作用

中庸思维在工作过荷与工作－家庭促进的关系中起到缓冲的调节作用。对于拥有低中庸思维者，随着工作负荷的增加，会明显地降低他们对工作－家庭促进的感知。但对拥有高中庸思维者而言，随着工作负荷的增加，其对工作－家庭促进的感知虽有降低但效果并不显著。这可能是因为面对工作过荷的情况，拥有高中庸思维者更会从认知角度调整自己的感受，适应不利的环境，减少对工作、家庭之间的冲突评价，因此，中庸思维表现出对消极影响的缓冲作用。

中庸思维的"生活哲学"促使个体在看待问题时，会将时空拉长、拉大，更客观、更冷静地理解事理；在处理问题时，往往通过情绪调控来平复不满情绪，变通地采用不同的委婉手段处理冲突，以期收获长远利益。

2. 增益作用

中庸思维在工作承诺与工作－家庭促进的关系中起到增益的调节作用。对于拥有低中庸思维者，随着工作承诺的增加，其对工作－家庭促进的感知有所提高但并不显著。对拥有高中庸思维者而言，当工作承诺程度较高时，其对工作－家庭促进的感知显著增强。这可能是因为拥有高中庸思维者在看待问题时，更能看到问题的"一体两面"，认识到事物之间"你中有我、我中有你"的交融关系。具体在工作－家庭领域中，他们更擅长将从工作领域获得的积极情绪、技能、行为、价值观迁移到家庭领域，并从中获益。

另外，拥有高中庸思维者更可能认同中国的传统文化，认为对工作的全身心投入不仅仅体现为一种工作责任，更体现为一种家庭责任。由于加大了对工作的投入和承诺，因而更可能做出一定的工作成绩，而这又会积极强化这一循环过程。

3. 中庸思维可能的局限

中庸思维在工作时间与工作－家庭冲突关系中所起的调节作用，出乎我们的意料。由数据我们推测，中庸思维并不是万能的，当面对硬性的客观条件不可调整时，拥有高中庸思维的人也会无能为力。在工作时间过长的状况下，拥有高中庸思维者甚至比拥有低中庸思维者更多地感受到工作与家庭之间的冲突。当然，这一结果还有待进一步研究的检验。

参考文献

黄金兰、林以正、杨中芳，2012，《中庸信念/价值量表之修订》，（台北）《本土心理学研究》第 38 期，第 3~41 页。

李晔，2003，《工作－家庭冲突的影响因素研究》，《人类工效学》第 4 期，第 14~17 页。

李原，2012，《工作－家庭的冲突与应对》，《首都经贸大学学报》第 6 期，第 69~75 页。

陆洛、黄茂丁、高旭繁，2005，《工作与家庭的双向冲突：前因、后果及调节变项的探讨》，《应用心理研究》第 27 期，第 133~166 页。

佟丽君、周春淼，2009，《企业员工工作－家庭冲突对工作－家庭满意度的影响》，《心理科学》第 3 期，第 604~606 页。

王丛桂，1999，《性别角色信念、家庭承诺、工作承诺与工作价值之关系》，（台北）《本土心理学研究》第 11 期，第 59~89 页。

吴谅谅、冯颖、范巍，2003，《职业女性工作－家庭冲突的压力源研究》，《应用心理学》第 1 期，第 43~46 页。

杨中芳，2009，《传统文化与社会科学结合之实例：中庸的社会心理学研究》，《中国人民大学学报》第 3 期，第 53~60 页。

张伶，2007，《中国高校教师工作－家庭冲突研究》，北京：中国社会科学出版社。

赵志裕，2000，《中庸思维的测量：一项跨地区研究的初步结果》，《香港社会科学学报》第 18 期，第 33~55 页。

Adams, G. A. , King, L. A. , & King, D. W. (1996). Relationships of job and family involvement, family social support, and work-family conflict with job and life satisfaction. *Journal of Applied Psychology*, *81*, 411 – 420.

Allen, T. D. , Herst, D. E. L. , Bruck, C. S. , & Sutton, M. (2000). Consequences associated with work-to-family conflict: A review and agenda for future research. *Journal of Occupational Health Psychology*, *5*, 278 – 308.

Aryee, S. , Luk, V. , Leung, A. , & Lo, S. (1999). Role stressors, interrole conflict, and well-being: The moderating influence of spousal support and coping behaviors among employed parents in Hong Kong. *Journal of Vocational Behavior*, *54*, 259 – 278.

Aryee, S. , Srinivas, E. S. , & Tan, H. H. (2005). Rhythms of life: antecedents and outcomes of work-family balance in employed parents. *Journal of Applied Psychology*, *90* (*1*), 132 – 146.

Barnett, R. C. , & Hyde, J. S. (2000). Women, men, work, and family. *American Psychologist*, *56*, 781 – 796.

Burke, R. J. , Weir, T. , & Duwors, R. E. (1980). Work demands on administrators and spouse well-being. *Human Relations*, *33*, 253 – 278.

Butler, A. , Grzywacz, J. , Bass, B. , & Linney, K. (2005). Extending the demands-control model: A daily diary study of job characteristics, work-family conflict and work-family facilitation. *Journal of Occupational and Organizational Psychology*, *78* (*2*), 155 – 169.

Byron, K. (2005). A meta-analytic review of work-family conflict and its antecedents, *Journal of Vocational Behavior*, *67*, 169 – 198.

Eby, L. T. , Casper, W. J. , Lockwood, A. , Bordeaux, C. , & Brinley, A. (2005). Work and family research in IO/OB: Content analysis and review of the literature (1980 – 2002). *Journal of Vocational Behavior*, *66*, 127 – 197.

Edwards, J. R. , & Rothbard, N. P. (2000). Mechanisms linking work and family: Specifying the relationships between work and family constructs. *Academy of Management Review*, *25*, 178 – 199.

Frone, M. R. , Russell, M. , & Cooper, M. L. (1992). Antecedents and outcomes of work-family conflict: Testing a model of the work-family interface. *Journal of Applied Psychology*, *77*, 65 – 75.

Frone, M. R. , Yardley, J. K. , & Markel, K. S. (1997). Developing and testing an integrative model of the work-family interface. *Journal of Vocational Behavior*, *50* (*2*), 145 – 167

Graywacz, J. G. , & Marks, N. F. (2000). Reconceptualizing the work-family interface: An ecological perspective on the correlates of positive and negative spillover between work and family. *Journal of Occupational Health Psychology*, *5*, 111 – 126.

Greenhause, J. H. , & Beutell, N. J. (1985). Sources of conflict between work and family roles. *Academy of Management Review*, *10* (*1*), 76 – 88.

Hammer, L. B. , Cullen, J. C. , Neal, M. B. , Sinclair, R. R. , & Shafiro, M. (2005). The longitudinal effects of work-family conflict and positive spillover on depressive symptoms among dual-earner couples. *Journal of Ocuppational Health Psychology*, *10*, 138 – 154

Hanson, G. C. , Hammer, L. B. , & Colton, C. L. (2006). Development and validation of a multidimensional scale of perceived work-family positive spillover. *Journal of Ocupational Psychology*, *11* (*3*), 249 – 265.

Kahn, R. L. , Wolfe, D. M. , Quinn, R. P. , Snoek, J. D. , & Rosenthal, R. A. (1964). *Organizational stress: Studies in role conflict and ambiguity*. New York: Wiley.

Kossek, E. E. , & Ozeki, C. (1998). Work-family conflict policies and the job-life satisfaction relationship: A review and directions for future organizational behavior-human resources research. *Journal of Applied Psychology*, *83*, 139 – 149.

Lodahl, T. M. , & Kejner, M. (1965). The definition and measurement of Job Involvement. *Journal of Applied Psychology*, *49*, 24 – 33.

Parasuraman, S. , & Greenhaus, J. H. (2002). Toward reducing some critical gaps in work-family research. *Human Resource Management Review*, *12*, 299 – 312.

Stoeva, A. Z. , Chiu, R. K. , & Greenhuas, J. H. (2002). Negative affectivity, role stress, and work-family conflict. *Journal of Vocational Behavior*, *60* (*1*), 1 – 16

Voydanoff, P. (2004). The effects of work demands and resources on work-to-family conflict and facilitation. *Journal of Marriage and Family*, *66*, 398 – 412.

Wayne, J. H. , Grzywacz, J. G. , Carlson, D. S. , & Kacmar, K. M. (2007). Work-family facilitation: A theoretical explanation and model of primary antecedents and consequences. *Human Resource Management Review*, *17*, 63 – 76.

Wayne, J. H. , Musisca, N. , & Fleeson, W. (2004) . Considering the role of personality in the work-family experience: Relationships of the big five to work-family conflict and facilitation. *Journal of Vocational Behavior*, *64*, 108 – 130.

Wayne, J. H. , Randel, A. , & Stevens, J. (2006). The role of identity and work-family support in work-family enrichment and its work-related consequences. *Journal of Vocational Behavior*, *69*, 445 – 461.

The Influences of Job Stressors on Work-Family Balance: The Moderating Effect of Zhongyong Thinking

Li Yuan

Institute of Sociology, Chinese Academy of Social Sciences

Abstract: This study aimed at studying the influence of job stressors on the work-family balance, taking zhongyong thinking mode as a moderator. Two hundred and nineteen full-time working participants answered a set of structured questionnaires. The results showed: (1) The work-family conflict and the work-family facilitation were two separate concepts, rather than two aspects of work-family balance. (2) As to job stressors, work time and Work overload significantly predicted work-family conflict. Work overload and work commitment significantly predicted work-family facilitation. (3) Zhongyong moderated these relationships. On the one hand, it buffered the relation between work overload and work-family conflict; On the other hand, it enhanced the relation between work commitment and work-family facilitation.

Work and family are two significant stages in lives. Only harmonious development of them can enhances the quality of work, living and total happiness. However, discordance usually occurs in reality. It's common that paying attention to both work and family leads to exhaustion and unhappiness. For the past 30 years, studies on work-family conflict has been abundant among Western scholars. In China, studies in this area have began. However, taking a balance perspective, this author propose that work and family should not be conceptualized as opposing entities; i. e., one has to sacrifice one to succeed in the other. In this study, work and family were conceived as having both positive (balancing) and negative (conflicting) effects. In addition, in this study, it was hypothesized that an indigenous concept, zhongyong thinking, served as a moderating variable between job stressors and work-family conflict.

Keywords: Work Time, Work Overload, Work-Family Conflict, Work-Family Balance, Zhongyong Thinking

正常人与抑郁症病人在中庸
信念/价值上的比较

高　瞻

广东省珠海市慢性病防治中心

阳中华

深圳市儿童医院儿童保健科

李炳洁

华东师范大学心理与认知科学学院

摘　要： 本研究旨在探讨正常人与抑郁症病人在中庸信念/价值上的异同，选择 SCL - 90、中庸信念/价值量表对 66 例抑郁症病人和 66 名正常人进行测评比较，结果发现：①中庸信念/价值普遍存在于正常人与抑郁症病人中；②在"静观其变"、"大局为重"、"放人一马"三个中庸陈述句上，正常人的平均同意度显著高于抑郁症病人；③正常人的中庸信念/价值是一个更为整合的概念，而抑郁症病人的则倾向于更为细分的概念组合。本研究加深了对"中庸实践思维体系"的了解，并为抑郁症的诊疗提供了一种新的思路。

关键词： 中庸信念/价值　抑郁症病人　比较

一　引言

1997 年，杨中芳和赵志裕建构了一个"中庸实践思维体系"，这一体系是基于中华文化的世界观及价值体系，对人们如何"做人处世"具有指导作用的认知群组,是基于"中庸思想"发展出的一套关于在日常生活中如何"做人处世"的信念/价值系统,即中庸信念/价值体系。

杨中芳、林升栋对9个大型样本(有来自台湾的企业、学生样本,大陆的企业、学生、抑郁症病人样本)进行了分析,结果发现中庸信念/价值仍然是当今华人社会的人们普遍持有的"做人处世"之道。而抑郁症病人对中庸信念/价值量表中中庸陈述句的勾选率略低于正常成人样本,但勾选后同意程度的均值差异不大(见本辑《"中庸信念/价值量表"到底在测什么?》一文)。

然而,在杨中芳、林升栋的研究中,对于不同群体间的比较仅限于描述性的分析,并未进行显著性检验;而且,用于比较的抑郁症病人和正常人并未进行匹配,所得的结果有可能存在年龄、性别或其他人口统计学变量的干扰(见本辑《"中庸信念/价值量表"到底在测什么?》一文)。因此,本研究拟深入探索正常人与抑郁症病人在中庸信念/价值上的异同,并尝试对所得的结果进行解释。

二　方法

(一)　被试

正常人:780名湖南长沙两所重点高中高一学生的父母,从中选取与抑郁症病人在年龄和性别上匹配的66名成人作为对照组。

抑郁症病人:选取自2011年4月到2012年7月就诊于珠海市慢性病防治中心精神卫生科和江门市第三人民医院心理科的抑郁症病人,入组标准为符合《中国精神疾病诊断标准》(CCMD-3)的抑郁发作诊断标准,且贝克抑郁量表(BDI)评分大于等于5分。共得病人112例,本次分析主要选取在正常人对照组中可找到年龄和性别上匹配的入组病人66例,均为自愿参与测查,并签署了知情同意书。

正常人与抑郁症病人在人口统计学变量上的比较可见表1,独立样本 t 检验发现两者在年龄上并不存在显著差异 $[t(130)=1.578, p=0.117>0.05]$,卡方检验发现两者在性别分布上不存在显著差异 $[\chi^2(1)=2.318, p=0.128>0.05]$,但在受教育水平上存在显著差异 $[\chi^2(4)=5.41, p<0.05]$。对正常人和抑郁症病人分别进行分析,发现在以性别和年龄为控制变量的偏相关分析中,受教育水平与中庸信念/价值的相关不显著 $(rs. <0.211, ps. >0.05)$,因此,可以认为虽然正常人与抑郁症病人在受教育水平上存在差异，但这并不会对其中庸信念/价值造成影响。

表 1 正常人和抑郁症病人在人口统计学变量上的比较

		正常人	抑郁症病人
年龄		40.71 ± 6.78	38.62 ± 8.36
性别	男	25	19
	女	41	47
受教育水平	初中	30	4
	高中	24	21
	中专	0	6
	大专	0	10
	大学或以上	12	25
职业	行政、事业单位	8	—
	企业	7	—
	个体工商	27	—
	城镇无固定职业	24	—

注：抑郁症病人没有职业信息。

（二）材料

1. 中庸信念/价值量表

该量表原有 16 题（杨中芳、赵志裕，1997），操作定义为具中庸特色的 8 个信念/价值，每题包含两个陈述句，分别为符合中庸思维的陈述句和不符合中庸思维的陈述句，被试先选择较为同意的一个陈述句，然后再对该陈述句的同意程度进行评分（1 表示"非常不同意"，7 表示"非常同意"），分数越高表示所具有的中庸信念/价值越高。2012 年经黄金兰、林以正、杨中芳修订为 9 题。杨中芳、林升栋曾对修订后的黄、林、杨 9 题量表到底在测什么内容进行探讨，针对 7 个样本进行因素分析（包括本研究样本），结果发现将 9 题分为两个因子变量时，其背后代表的意义比较清楚（见本辑《"中庸信念/价值量表"到底在测什么？》一文）。因此本研究就依据这一结果，以中庸 9 题量表在采用因素分析分为两因子后的得分来比较正常组及抑郁组的差异。

因素分析采用主成分分析，斜交旋转后得到两个因子，其累积方差贡献率为 39.718%。根据题项分布，将因子 1 命名为"自我收敛"（1、2、3、6 题），将因子 2 命名为"拔高视野"（4、5、7、8、9 题）。"自我收敛"是指"为了和谐而忍、让和慎"，而"拔高视野"是指"对世事两面性之认识（合情/合理、机会/努力、眼前/事后）及大局思维"。验证性因素分析表明该量表的结构效度良好（$\chi^2/df = 0.873$，$GFI = 0.96$，$AGFI = 0.92$，$CFI = 1.00$，$RMSEA = 0$）。将因子1和因子2的因子载荷（factor loading）分别作为自我收敛和拔高视野的得分。

2. 症状自评量表（SCL-90）

该量表有90个项目，包括了精神病症状学的内容，涵盖了躯体化、强迫症状、人际关系敏感、抑郁、焦虑、敌对、恐怖、偏执和精神病性9个因子，另有7个反映睡眠及饮食状况的因子未被纳入，归为"其他"因子。量表采用1~5分计分方法，最后通过计算总均分、阳性症状以及每个因子的均分来反映症状的轻重，得分越高，表示症状越严重。本研究所用量表来自张明园（2003）编制的《精神科评定量表手册》（第二版）。

三　结果

（一）自评抑郁症状的比较

先求出正常人与抑郁症病人在自评抑郁症状上的差异（即表2中的△），差异最大的为抑郁，其次为焦虑，差异均在1以上；进一步的独立样本t检验的结果表明，抑郁症病人在自评抑郁症状上的得分均显著地高于正常人（$ts. > 4.528$，$ps. < 0.01$）。也就是说，正常人与抑郁症病人在自评抑郁症状上确实存在差异。

表 2　正常人与抑郁症病人在自评抑郁症状的比较

	正常人		抑郁症病人		△	t
	M	SD	M	SD		
躯体化	1.53	0.52	2.06	0.78	0.53	4.528**
强迫症状	1.81	0.56	2.57	0.82	0.76	6.181**
人际关系敏感	1.62	0.52	2.26	0.87	0.64	5.129**
抑郁	1.59	0.52	2.85	0.91	1.26	9.778**
焦虑	1.45	0.49	2.49	0.92	1.04	8.110**
敌对	1.46	0.50	2.22	1.04	0.76	5.287**
恐怖	1.34	0.48	1.89	0.89	0.55	4.427**
偏执	1.48	0.51	2.03	0.92	0.55	4.242**
精神病性	1.48	0.47	2.15	0.76	0.67	6.005**
其他	1.57	0.54	2.54	0.83	0.97	7.903**
总均分	1.55	0.46	2.34	0.73	0.79	7.487**

注：△ = 抑郁症病人 - 正常人；** $p < 0.01$。

（二）中庸信念/价值的比较

1. 正常人与抑郁症病人在中庸陈述句上的勾选率和勾选后评量的比较

正常人和抑郁症病人对中庸陈述句的勾选率均在 62.00% 以上，其中正常人的勾选率为 62.12% ~ 93.94%，而抑郁症病人的勾选率为 63.64% ~ 87.88%，即中庸信念/价值是普遍存在于正常人和抑郁症病人中的，这与杨中芳、林升栋的结果是一致的（见本辑《"中庸信念/价值量表"到底在测什么?》一文）。

将正常人和抑郁症病人就勾选率和勾选后评量进一步进行比较发现：在"与人相处，吃点眼前亏，将来对自己可能有好处"（强调与人相处之忍让）和"一件事情总有好的和坏的两方面，就看你怎么看了"（强调全局观）这两个中庸陈述句上，抑郁症病人的勾选率和勾选后评量均高于正常人。在"做事总要以维持大局为重，不要只考虑到自己"这一涉及自己的中庸陈述句上，正常人的勾选率和勾选后评量高于抑郁症病人。在"事情发生时不要急于采取行动，先静观一下事态的发展再说"（遇事沉住气，不冲动）和"为了与周围的人和睦共处，有时候得忍一口气"（与他人和谐相处）这两个中庸陈述句上，正常人的勾选率低于抑郁症病人，但其勾选后评量却要高于抑郁症病人。在"与人相处，只做到'合理'是不够的，还要'合情'才恰当"和"一个人就算运气好，也要看你能否抓住机会"这两个中庸陈述句上，正常人的勾选率要高于抑郁症病人，但其勾选后评量却略低于抑郁症病人。总的来说，抑郁症病人与正常人在对中庸信念/价值的认同上存在差异（见表3）。

表3　正常人与抑郁症病人在中庸陈述句上的勾选率、勾选后评量的比较

题　项		正常人			抑郁症病人			△	
		勾选人数	勾选率（%）	勾选后评量 $M(SD)$	勾选人数	勾选率（%）	勾选后评量 $M(SD)$	勾选率（%）	勾选后评量 $M(SD)$
1	与人相处，不能吃亏，否则别人会得寸进尺。								
	*与人相处，吃点眼前亏，将来对自己可能有好处。	51	77.27	5.69 ± 1.16	58	87.88	5.72 ± 1.21	−10.61	−0.03

续表

题　项	正常人			抑郁症病人			△	
	勾选人数	勾选率（%）	勾选后评量 M(SD)	勾选人数	勾选率（%）	勾选后评量 M(SD)	勾选率（%）	勾选后评量 M(SD)
2　处理事情,要当机立断,免得节外生枝。								
＊事情发生时不要急于采取行动,先静观一下事态的发展再说。	41	62.12	5.68 ± 1.08	42	63.64	5.55 ± 1.11	−1.52	0.13
3　做事如不采取强硬态度,别人便会看不起你。								
＊任何事做得过火,通常会适得其反。	52	78.79	5.79 ± 1.09	52	78.79	5.79 ± 1.50	0	0
＊一件事情总有好的和坏的两方面,就看你怎么看了。	51	77.27	5.43 ± 1.12	57	86.36	6.04 ± 1.18	−9.09	−0.61
4　不管你怎么看,每件事情都可以归结为"好的"或"不好的"。								
＊与人相处,只做到"合理"是不够的,还要"合情"才恰当。	62	93.94	5.84 ± 1.03	55	83.33	6.02 ± 1.16	10.61[a]	−0.18
5　与人相处依理行事即可,不必兼顾人情。								
6　人为争一口气,有时候得不怕得罪人。								
＊为了与周围的人和睦共处,有时候得忍一口气。	48	72.73	5.92 ± 1.05	55	83.33	5.78 ± 1.29	−10.60	0.14

续表

题　　项		正常人			抑郁症病人			△	
		勾选人数	勾选率（%）	勾选后评量 M(SD)	勾选率人数	勾选率（%）	勾选后评量 M(SD)	勾选率（%）	勾选后评量 M(SD)
7	*一个人就算运气好，也要看你能否抓住机会。	59	89.39	6.00 ± 1.31	57	86.36	6.18 ± 1.05	3.03	**－0.18**
	一个人要是运气好，自己不用做什么，机会也会自动找上门。								
8	*不管自己多么有理，"放人一马"总是好的。	48	72.73	5.98 ± 1.12	48	72.73	5.73 ± 1.20	0	0.25
	有理就要据理力争。								
9	*做事总要以维持大局为重，不要只考虑到自己。	59	89.39	6.00 ± 1.03	52	78.79	5.54 ± 1.36	10.60	0.46
	做事总是要顾全大局的话，往往只是委曲求全。								

注：题项中标有 * 的为中庸陈述句；"勾选后评量" 表示的是所有勾选了中庸陈述句的评分的均值，不包括勾选非中庸陈述句的评分；△ = 正常人 – 抑郁症病人；黑体数字表示值小于 0；a 表示 $p < 0.1$。

2. 正常人与抑郁症病人在中庸信念/价值的平均同意程度上的比较

从表 4 不难看出，第 2、8 及 9 题差异较大（"静观其变"、"放人一马"、"大局为重"）。这三项与①遇事沉住气、不冲动，②有忍让之心、得饶人处且饶人，③以大局为重、不要拘泥于自己有关；而在第 3、4 题（"任何事做得过火，通常会适得其反"，"一件事情总有好的和坏的两方面，就看你怎么看了"）上几乎没有差异，这两题强调的是做事要适度，要看到事情的两面性，与人际关系的相关较小。看来，抑郁症病人的问题在于，比较冲动，急于反应，对待他人不够仁慈，考虑自己多于大局。

表4　正常人与抑郁症病人在中庸信念/价值的平均同意程度上的比较

题项		正常人		抑郁症病人		△	T
		M	SD	M	SD		
1	与人相处,不能吃亏,否则别人会得寸进尺。	5.52	1.32	5.41	1.48	0.11	0.436
	*与人相处,吃点眼前亏,将来对自己可能有好处。						
2	处理事情,要当机立断,免得节外生枝。	**5.59**	**1.15**	**4.59**	**1.94**	**1.00**	**3.606**＊＊
	*事情发生时不要急于采取行动,先静观一下事态的发展再说。						
3	做事如不采取强硬态度,别人便会看不起你。	5.42	1.40	5.39	1.86	0.03	0.106
	*任何事做得过火,通常会适得其反。						
4	*一件事情总有好的和坏的两方面,就看你怎么看了。	5.62	1.13	5.53	1.76	0.09	0.352
	不管你怎么看,每件事情都可以归结为"好的"或"不好的"。						
5	*与人相处,只做到"合理"是不够的,还要"合情"才恰当。	5.76	1.16	5.45	1.72	0.31	1.185
	与人相处依理行事即可,不必兼顾人情。						
6	人为争一口气,有时候得不怕得罪人。	5.71	1.17	5.32	1.71	0.39	1.542
	*为了与周围的人和睦共处,有时候得忍一口气。						
7	*一个人就算运气好,也要看你能否抓住机会。	5.80	1.56	5.67	1.72	0.13	0.477
	一个人要是运气好,自己不用做什么,机会也会自动找上门。						
8	*不管自己多么有理,"放人一马"总是好的。	**5.58**	**1.47**	**4.83**	**1.93**	**0.75**	**2.484**＊
	有理就要据理力争。						
9	*做事总要以维持大局为重,不要只考虑到自己。	**5.83**	**1.27**	**4.89**	**1.82**	**0.94**	**3.432**＊＊
	做事总是要顾全大局的话,往往只是委曲求全。						

注:题项中标有＊的为中庸陈述句;△ = 正常人 - 抑郁症病人;＊$p < 0.05$,＊＊$p < 0.01$。

3. 正常人与抑郁症病人在因子分割上的比较

分别对正常人与抑郁症病人在 9 题上的作答做因子分析，均采用主成分分析、斜交旋转的方法，依次规定因子数为 2、3、4（根据特征根大于 1 的标准，对抑郁症病人的数据进行因子分析得到了 4 个因子），最后将所得的解释变异量以及各题的题项分布列于表 5。

从表 5 不难发现，在因子 1 的解释变异量上，正常人的（52.44%）远高于抑郁症病人的（24.40%），而且，即便是随着因子数的增多，因子解释变异总量随之增多，但正常人的因子解释变异总量仍要高于抑郁症病人的，甚至抑郁症病人四因子的解释变异总量（66.60%）仍低于正常人的三因子解释变异总量（76.00%）。这一结果提示我们，正常人的中庸信念/价值（用中庸信念/价值量表测得）是一个大的整合的概念，而抑郁症病人的中庸信念/价值似乎是一个细分的概念组合（除了所提取的因子外，抑郁症病人的中庸信念/价值还包括其他一些概念）。

表 5   抑郁症病人与正常人在因子分割上的比较

	抑郁症病人	正常人
因子 1 解释变异量(%)	24.40	52.44
二因子分割		
解释变异总量(%)	39.40	65.70
因子 1 内题号	1、3、4、6、8	1、2、3、7、9〔要冷静、大局思考：现在/将来、机会/努力、力度/效果（不过火）〕
因子 2 内题号	5、7、9	4、5、6、8（要全面：兼顾两面、情理；顾和谐：忍、要饶人）
三因子分割		
解释变异总量(%)	53.7	76.00
因子 1 内题号	1、6、8	1、2(吃点亏、看清情况)
因子 2 内题号	4、5、7、9(顾及事情的两面及大局，拉高视角)	4、5、6、8(要兼顾两面、情理，自己要忍、宽以待人)
因子 3 内题号	2、3〔不冲动、不过火（不急不过）〕	3、7、9(顾全大局、不过火、抓机会)

前面已经提到，正常人的因子 1 解释了 52.44% 的变异，也就是说，对正常人没有必要再细分了，以一个总分来替代即可。林以正、黄金兰的学生样本及周丽芳的企业员工样本都以单一因子进行分析。这表明，对于正常成人而言，中庸信念/价值确实是一个大的整合的概念，可以用中庸信念/价值量表的总分来衡量。

　　正常人应该是选一因子的解答，但为比较起见，将二及三因子的解答也列在表 5 中供比较。抑郁症病人二因子的结果与杨中芳在许多其他样本中发现的因子结构相似，在此就不再讨论。三因子的结果也很有意思：正常人的因子 1 包括了第 1、2 题，强调的是"吃点亏、看清情况"，而抑郁症病人的因子 1（包括第 1、6、8 题）所强调的与正常人的类似，"自己吃点亏，忍一口气，对人宽容"，即"以和为贵"；而正常人和抑郁症病人的因子 2 均包含"顾及事情的两面"，此外，抑郁症病人还同时强调"顾全大局"，这是正常人的因子 3 的意涵之一，正常人的因子 2 则与抑郁症病人的因子 1 有类似的意涵——自己要忍，宽以待人；抑郁症病人和正常人的因子 3，都强调"不冲动、不过火"。在三因子分割的每一个因子上，正常人与抑郁症病人都有类似的意涵，同时，也有着部分不同的意涵。笔者推测，那些重叠的意涵，可能是人们思想中更为牢固的中庸信念/价值；而那些不同的意涵，则可能是那些在抑郁症病人的思想中发生了松动的中庸信念/价值，其意义值得研究者继续探讨。

　　本研究中的抑郁症病人样本所得的因子分割与正常人不一样，这可能是抑郁症病人的人数过少、结果不稳定所致。故将本研究的匹配样本 66 人与 112 人的全体样本进行比较，结果发现在二因素解中，第 2、4 两题在两个样本中的分布是不同的；而在三因素解中，仅在第 4 题上两个样本的分布是不同的，而且，对这两个样本而言，第 4 题在因子 2 和因子 3 上的载荷差别并不大。因此，可以认为抑郁症病人的因子结构是稳定的，也就是说，抑郁症病人的中庸信念/价值的概念构成是稳定的。结果见表 6。

表 6　本研究匹配样本与珠海市某医院全体样本在中庸信念/价值的因子分割上的比较

	本研究匹配样本 66 人			珠海市某医院全体样本 112 人		
	因子 1	因子 2	因子 3	因子 1	因子 2	因子 3
zy1	0.802			0.748[a]		
zy2			0.717			0.697
zy3			0.702[a]			0.723[a]
zy4		0.412	0.555[a]		0.622[a]	0.460
zy5		0.632[b]			0.767	
zy6	0.796			0.794		
zy7		0.759			0.590	
zy8	0.500			0.561		
zy9		0.506			0.562	

注：a 表示该题横跨两个因子，b 表示该题横跨三个因子；zy1 - zy9 表示中庸信念/价值量表的第 1~9 题。

四　讨论

本研究发现中庸信念/价值普遍存在于正常人与抑郁症病人中，这与本辑杨中芳、林升栋《"中庸信念/价值量表"到底在测什么?》一文的研究结果是一致的，而正常人与抑郁症病人在中庸信念/价值上确实存在差异，这些差异主要表现在以下两个方面。

一是在①遇事沉住气、不冲动，②以大局为重、不要拘泥于自己，③有忍让之心、得饶人处且饶人等相关的题项上，正常人的平均同意程度显著高于抑郁症病人。这与以往关于抑郁症病人的社会功能研究的结果相符。已有的研究发现，抑郁症病人的社会功能受损，具体表现在与人交往的能力低于正常人，所获得的社会支持少，人际关系较差，等等。譬如，Rice、Grealy、Javaid 和 Serrano（2011）通过对 11 名女性抑郁症病人的深度访谈发现，抑郁症病人对社会交往的兴趣降低，并对社会交往感到恐惧，有遵循社会规范的压力，以及对被他人和社会排斥的感知。抑郁症病人进行社会交往遇到的困难比以往研究所报告的更为普遍，同时，对他人缺乏兴趣，对社会交往过于情绪化，认为他人无法理解自己。类似的研究还有 Hokanson、Hummer 和 Butler（1991）发现抑郁个体会高估同学的敌意，同时低估同学的友善；Youngren 和 Lewinsohn（1980）则发现抑郁症病人的社会活动卷入程度低；Benezon 和 Coyne（2000）发现抑郁症病人会遭遇更多的与家人和陌生人的消极社会互动。

根据杨中芳、赵志裕（1997）的构念化，中庸实践思维是一后设认知监控机制，人们在"做人处世"的经验中，通过让自己的行为紧跟中庸的指引并加以反省及修正，渐渐体会到中庸信念/价值的意义，从而对这些信念/价值更加坚持。人们在做人处世遇到冲突及挫折时，中庸信念/价值最能发挥作用，主要是起了平复心理及情绪失衡（愤怒、哀伤、恐惧、焦虑及抑郁等）后的回复作用，这种心理失衡出现在日常生活中的许多方面：人际冲突、工作衰竭、自卑自弃等（杨中芳，2010）。而某些个体（如抑郁症病人）可能在实践过程中，做得不好，反省不够，从而越行越远，最终导致其中庸信念/价值发生松动。

二是相对于正常人，抑郁症病人的中庸信念/价值似乎是一个更为细分的概念组合，而且二者的中庸信念/价值的因子意涵并不完全等同。这可能是因为相对于正常人，抑郁症病人的思维模式具有其自己的特征。以往的一些研究表明，抑郁症病人确实具有与正常人不一样的思维模式。譬如，周路平和孔令明（2009）对 21 例抑郁症病人和 21 个正常人的反事实思维特征进行的比较研究发现，抑郁症病人对于负向事件存在自我偏向；杨程甲、许明智、贾福军等（2011）的研究表明，抑郁症病人存在较高水平的外向性思维（"显示透露内在的态度、感受、愿望的能力较低"）。

本研究再次验证了中庸信念/价值根植于国人的做人处世原则，并较为深入地探索了抑郁症病人和正常人在中庸信念/价值上的异同，对抑郁症病人这一特殊群体的研究有助于研究者从不同的角度探索"中庸实践思维体系"，加深对这一体系的了解，同时，也为抑郁症的诊疗提供了一种新的思路。

参考文献

黄金兰、林以正、杨中芳，2012，《中庸信念/价值量表之修订》，（台北）《本土心理学研究》第 38 期，第 3～41 页。

黄敏儿、郭德俊，2001，《大学生情绪调节方式与抑郁的研究》，《中国心理卫生杂志》第 6 期，第 438～441 页。

杨程甲、许明智、贾福军等，2011，《抑郁症病人的述情障碍及其特征》，《广东医学》第 16 期，第 2072～2074 页。

杨中芳，2010，《中庸实践思维体系探研的初步进展》，（台北）《本土心理学研究》第 34 期，第 3～96 页。

杨中芳、赵志裕，1997，《中庸实践思维初探》，第四届华人心理与行为科际学术研讨会，台北，5 月 29～31 日。

张明园，2003，《精神科评定量表手册》（第二版），长沙：湖南科学技术出版社，第 18～27 页。

周路平、孔令明，2009，《抑郁症个体反事实思维特征的实验研究》，《保健医学研究与实践》第 3 期，第 19～24 页。

Benezon, N. R., & Coyne, J. C. (2000). Living with a depressed spouse. *Journal of Family Psychology*, *14*, 71－79.

Hokanson, J. E., Hummer, J. T., & Butler, A. C. (1991). Interpersonal perceptions by depressed college students. *Cognitive Theory Research*, *15*, 443－457.

Rice, N. M., Grealy, M. A., Javaid, A., & Serrano, R. M. (2011). Understanding the social interaction difficulties of women with unipolar depression. *Qualitative Health Research*, *21* (*10*), 1388－1399.

Youngren, M. A., & Lewinsohn, P. M. (1980). The functional relation between depression and problematic interpersonal behavior. *Journal of Abnormal Psychology*, *89* (*3*), 333－341.

A Comparative Study of Depression Outpatients and Nonclinical People on Zhongyong Belief/Value

Gao Zhan
Zhuhai Center for Chronic Disease Control
Yang Zhonghua
Child Healthcare Department, Shenzhen Children's Hospital
Li Bingjie
The School of Psychology and Cognitive Science,
East China Normal University

Abstract: This study aimed at comparing the zhongyong belief/value between depression outpatients and nonclinical people. The Zhongyong Belief/Value Scale and the SCL-90 were administered on a sample of 66 depression outpatients and a matched sample of 66 nonclinical people. Results showed that (1) zhongyong belief/value were fairly pervasive in both samples, except that (2) The scores of nonclinical people were significantly higher than those of depression outpatients in three test items: waiting to see how things develop, putting group interests in front of self 's; and being benevolent towards others; and (3) for nonclinical people, the zhongyong belief/value, seemed to be parts of an integrated concept; while for depression outpatients, they seemed to be more isolated and fragmented. In conclusion, there were some differences between depression outpatients and nonclinical people in zhongyong belief/value. These findings open a new direction to the understanding of depression and to the development of a new depression therapy.

Keywords: Zhongyong Belief/Value, Depression Outpatients, Comparison Between Depression Outpatients and Nonclinical People

中庸信念/价值与自评抑郁症状之关系的深入探讨

高　瞻

广东省珠海市慢性病防治中心

李炳洁

华东师范大学心理与认知科学学院

摘　要：本文旨在通过将中庸信念/价值进一步细化为两个子构念，来深入探研它与自评抑郁症状之间的关系。通过对112例抑郁症病人在中庸信念/价值量表、中庸意见整合量表、症状自评量表、贝克抑郁量表、情绪调节灵活性量表以及艾森克人格问卷上的得分进行数据分析，发现情绪调节灵活性在中庸信念/价值量表中的一个子构念——自我收敛，与自评抑郁症状（总均分、阳性项目平均分以及强迫症状、人际关系敏感、焦虑、偏执和精神病性）的关系中起中介作用；而另一个子构念——拔高视野——则调节了精神质对贝克抑郁的影响。本研究加深了对"中庸实践思维体系"的了解，同时为抑郁症的诊断和治疗提供了一种新的思路。

关键词：抑郁　自我收敛　拔高视野　情绪调节灵活性　精神质

一　引言

（一）中庸信念/价值

中庸信念/价值体系是基于中华传统文化的精髓——"中庸思想"所

发展起来的一套中国人在有关日常生活中有关"做人处世"的信念/价值体系。这一体系最早由杨中芳、赵志裕（1997）提出，为的是针对"中庸"这个古老而又现代的本土概念进行心理学研究。

杨中芳（2009）认为，中庸思维是一套至今在人们日常生活中仍然被用来指导做人处世的意义系统，在处理人际关系方面尤为重要。为此，她将中庸构念化为一套包括生活哲学（世界观及处世大原则）、具体处世行为倾向、反省/修正机制及心理健康四个层次的研究架构，称为"中庸实践思维体系"。"中庸"是建立自我、人际、社会和谐的理想之道，可将中庸与情绪的关系视为"中"与"和"两部分："中"是要恰如其分，不走极端；"和"则是从整合观出发，谋求行动体系和谐共处。具有高水平的中庸信念/价值的个体在日常生活中，能够考虑到事件的两面性，能从大局出发，为了关系和谐而忍、让和慎，表现为处世灵活、合情合理，有良好的人际关系；但具有低水平的中庸信念/价值的个体在处世上则表现出一定的僵化，有时会显得固执。

在杨中芳构念化的中庸思维中，重点又集中在做人处世的信念/价值上。做人处世的信念/价值是属于"中庸实践思维体系构念图"中的生活哲学层次，该层次包含思维方式、生活目标，以及处世原则（信念/价值）等主导人们日常生活运作，与认知、动机及态度三者相关的构念。也就是说，做人处世的信念/价值强调的是人们在日常生活中与他人交往的规则。为了测量个体的处世原则，黄金兰、林以正、杨中芳（2012）将杨中芳、赵志裕（1997）"中庸实践思维量表"进行改编，该量表共包括9道迫选题，即被试必须从两个陈述句中选择一个其比较同意的句子，并在7点量尺上圈出同意的程度。已有不少研究发现，在对中庸信念/价值量表之各测题得分进行因素分析时，会稳定地得到两个因子——"拔高视野"和"自我收敛"（见本辑《"中庸信念/价值量表"到底在测什么?》一文）。自我收敛是指"为了和谐而忍、让和慎"，而拔高视野是指"对世事两面性之认识（合情/合理、机会/努力、眼前/事后）及大局思维"。杨中芳、林升栋在本辑《"中庸信念/价值量表"到底在测什么?》一文中，对来自大陆及台湾的企业、高校以及抑郁症病人7个样本进行分析，结果发现两因子的结果最为普遍，因此，本研究将使用这一方案进行分析。

（二）抑郁症病人的社会功能、情绪调节和人格特质

对抑郁症病人的已有研究发现，抑郁症病人的社会功能受损，具体表现为与人交往能力低于正常人，所获得的社会支持少，人际关系较差，等等。例如，Rice、Grealy、Javaid 和 Serrano（2011）通过对 11 名女性抑郁症病人的深度访谈发现，抑郁症病人对社会交往的兴趣降低，并对社会交往感到恐惧，有遵循社会规范的压力以及对被他人和社会排斥的感知。抑郁症病人进行社会交往遇到的困难比以往研究所报告的更为普遍，同时，对他人缺乏兴趣，对社会交往过于情绪化，认为他人无法理解自己。类似的研究还有 Hokanson、Hummer 和 Butler（1991）发现抑郁个体会高估同学的敌意，同时低估同学的友善；Youngren 和 Lewinsohn（1980）则发现抑郁症病人的社会活动卷入程度低；Benezon 和 Coyne（2000）发现抑郁症病人会遭遇更多的与家人和陌生人的消极社会互动。那么，抑郁症病人的自评抑郁症状与所具有的中庸信念/价值的关系如何？上面已经提到，中庸信念/价值可以被分为两个子构念——自我收敛和拔高视野，这两个子构念之间的关系到底如何？它们与自评抑郁症状的关系是一样的吗？这是本研究拟探讨的第一个问题。

抑郁个体除了社会功能受损外，还在情绪调节上表现出与正常人的差异。已有研究发现处于抑郁状态的个体会沉浸于消极情绪中，忽视积极情绪，这种没有办法调节自己的情绪、让自己长期陷入低谷的状态可能是抑郁不断加强的主要原因（黄敏儿、郭德俊，2001）。也就是说，抑郁个体表现出情绪调节的僵化。另外，李雪晶和郭轶（2012）的研究发现，抑郁症病人对消极情绪有更多的重视和宣泄，但对于积极情绪却比较忽视；类似地，蔡琳等（2012）发现"积极重新关注"和"积极重新评价"与情感症状表现数目呈显著负相关，自我责备、沉思和灾难化与情感症状表现数目呈显著正相关。抑郁个体表现出对消极事件的注意加强，以至于难以摆脱消极情绪的影响（Dalgleish et al.，2003）。综上，不难推论抑郁症病人在消极情绪中转不出去，是因为缺乏灵活性，而中庸信念/价值强调的全局及阴阳思维，扩大了个人的视野，从而增加了"转出去"的可能性。而且，有研究发现，中庸实践思维对社会适应的作用是经心理弹性完全中介的（李启明，2011），与此类似，拥有高中庸思维的个体不易受到表达抑制的负面影响，并倾向于通过认知重评进行情绪调节（郭侃、曾维希，2012），这些研究在一定程度上表明中庸思维对个体的社会适应和情绪的影响很可能是通过情绪调节来实现的。在本文中，我们将分别探讨中庸信念/价值的两个子构念与自评抑郁症状、情绪调节灵活性的关系。我们推测中庸信念/价值的两个子构念（自我收敛和拔高视野）都可能通过情绪调节灵活性对自评抑郁症状产生影响。这是本研究拟探讨的第二个问题。

抑郁症病人还具有不同于正常人人格特质的特点。利用 EPQ 作为人格特质测量工具的多个研究表明，抑郁症病人在精神质（P）和神经质（N）上的得分显著高于正常人或常模（傅文农、施和勋，2000；郭文斌、彭瑛、黄敏儿、姚树桥、王国强，2003；倪晓慧、王家同、谭庆荣，2005；陶领纲、袁勇贵，2005；魏立莹、赵介城，2003；薛湘、洪军苏、梅蕾，2009），但也有不同的研究结果，如万好和吴爱勤（2011）发现抑郁症病人与正常人在精神质上的得分并无显著差异。这些研究结果在一定程度上表明，精神质与抑郁并不是一种简单的对应关系，而是会受到其他变量的影响。那么，精神质得分不同的个体都具有哪些特点呢？高精神质的个体表现为孤独、不关心他人，难以适应外部环境，不近人情，感觉迟钝，与别人不友好，并且不顾危险。拔高视野所呈现的是遇事应体谅别人，反省自己，谨慎小心，以全局观来处理事情——这与高精神质的特点是相反的。也就是说，高精神质是中庸信念/价值所不推崇的。相反，低精神质的个体能较好地适应环境，态度温和，善解人意，人际关系较为和谐。不难推测，低精神质群体应有较高的拔高视野认知，这与低精神质的特点相符，从而能起到弱化抑郁程度的作用。综上，我们提出中庸信念/价值可以作为深入探讨精神质与抑郁关系的桥梁。这是本研究拟探讨的第三个问题。

二　方法

（一）被试[①]

被试选自 2011 年 4 月到 2012 年 7 月就诊于珠海市慢性病防治中心精神卫生科和江门市第三人民医院心理科的抑郁症病人，入组标准为符合《中国精神疾病诊断标准》（CCMD - 3）的抑郁发作诊断标准，且贝克抑郁量表（BDI）评分大于等于 5 分。所有入组病人均自愿参与，并签署了知情同意书。最后得到 112 例（其中 39 例正在用药）抑郁症病人，年龄为 15 ~ 63 岁（平均年龄为 31.41 岁，标准差为 11.08），其中男性 33 名，女性 79 名；初中、中专或高中学历 52 人，大专或大学学历 57 人，硕士 3 人；未婚 47 人，已婚 62 人，离异 3 人。

---

① 本研究所用的数据曾用于《试探抑郁患者情绪调节灵活性的作用》、《探索中庸思维与抑郁症状之关系》和《全局感知价值对抑郁严重度的影响》，但本文的总体思路与上述三文是不同的。

（二）材料

1. 中庸信念/价值量表

该量表原有 16 题（杨中芳、赵志裕，1997），操作定义为具中庸特色的 8 个信念/价值，每题包含两个陈述句，分别为符合中庸思维的陈述句和不符合中庸思维的陈述句，被试先选择较为同意的一个陈述句，然后再对该陈述句的同意程度进行评分（1 表示"非常不同意"，7 表示"非常同意"），分数越高表示所具有的中庸信念/价值倾向越强。2012 年经黄金兰、林以正、杨中芳修订为 9 题。

本研究采用主成分分析法，斜交旋转后得到两个因子，其累积方差贡献率为 39.718%。根据题项分布，将因子 1 命名为"自我收敛"（1、2、3、6、8 题），将因子 2 命名为"拔高视野"（4、5、7、9 题）。"自我收敛"是指"为了和谐而忍、让和慎"，而"拔高视野"是指"对世事两面性之认识（合情/合理、机会/努力、眼前/事后）及大局思维"。验证性因素分析表明该量表的结构效度良好（$\chi^2/df = 0.873$，$GFI = 0.96$，$AGFI = 0.92$，$CFI = 1.00$，$RMSEA = 0$）。将因子 1 和因子 2 的因子载荷（factor loading）分别作为自我收敛和拔高视野的得分。

2. 症状自评量表（SCL - 90）

该量表有 90 个项目，包括了精神病症状学的内容，涵盖了躯体化、强迫症状、人际关系敏感、抑郁、焦虑、敌对、恐怖、偏执和精神病性 9 个因子，另有 7 个反映睡眠及饮食状况的因子未被纳入，归为"其他"因子。量表采用 1～5 分计分方法，最后通过计算总均分、阳性症状以及每个因子的均分来反映症状的轻重，得分越高，表示症状越严重。本研究所用量表来自张明园（2003）编制的《精神科评定量表手册》（第二版）。

3. 贝克抑郁量表

贝克抑郁量表用于评价抑郁的严重程度。共 21 项，计总分，对于每项的描述分为四级，按其所显示的症状严重程度排列，依级别分别赋值为 0～3 分，得分越高表示抑郁程度越严重。

4. 中庸意见整合量表

"中庸意见整合量表"原名为"中庸思维量表"，由吴佳辉和林以正（2005）编制，用于直接测量中庸思维。2010 年，杨中芳将其重新命名为"中庸意见整合量表"，以与其他中庸相关量表区分开。该量表要求被试选择对以"我"开头的描述句的符合程度（1 = 非常不符合，7 = 非常符合），共 13 题，计总分，总分越高表示其中庸思维水平越高。包括三个维度：①多面性，即如何听取多方的不同意见；②整合性，即在人们意见不合时，如何综合大家的意见；③和谐性，即为解决争议，如何用和谐的方式表达最终的决定。吴佳辉、林以正（2005）得到这一量表的内部一致性系数为0.87，再测信度为0.81。

5. 情绪调节灵活性量表

该量表来自易晓敏（2010）编制的用于测量情绪调节灵活性的自陈量表，共包括14题，涵盖对正负向情绪的重视、忽视、抑制和宣泄等的描述，被试针对每题的陈述与自己的情况是否相符打分（1表示"完全不符合"，7表示"完全符合"），分数越高，表示情绪调节灵活性越高。

6. 艾森克人格问卷（EPQ）

本研究采用龚耀先（1986）修订的艾森克人格（成人）问卷（EPQ），共计88道题，包括内外向（E）、精神质（P）、神经质（N）和掩饰性（L）4个子量表。

三 结果

（一）中庸信念/价值与自评抑郁症状、贝克抑郁、情绪调节灵活性、EPQ的相关

为避免人口统计学等变量对我们所欲探讨的变量之间的相关关系造成混淆，故采取偏相关分析，其中控制变量为年龄、性别、受教育程度、婚否、民族、药否（是否用药），自变量为中庸信念/价值及其两个因子（自我收敛和拔高视野）、中庸意见整合、贝克抑郁、情绪调节灵活性、EPQ的四个子量表（内外向、精神质、神经质和掩饰性）以及自评抑郁症状。结果如表1所示。

表1 问卷各变量描述性统计及相关分析

	均值	标准差	自我收敛	拔高视野	中庸信念/价值	中庸意见整合	贝克抑郁	情绪调节灵活性
控制变量								
年龄	31.410	11.080	0.096	-0.066	0.122	0.347 **	-0.181[a]	0.381 **
性别	0.710	0.460	0.116	0.067	0.072	0.043	0.185[a]	0.001
受教育程度	0.560	0.550	0.170[a]	-0.121	0.218 *	0.184 *	-0.067	-0.118
控制变量								
婚否	0.610	0.540	0.054	-0.054	0.067	0.192 *	0.034	0.181
民族	0.020	0.140	0.104	-0.050	0.125	0.004	0.193 *	-0.071
药否	0.350	0.480	-0.063	0.061	-0.054	-0.136	0	0.069

	均值	标准差	自我收敛	拔高视野	中庸信念/价值	中庸意见整合	贝克抑郁	情绪调节灵活性
（以下相关分析均控制了以上变量）								
自我收敛	0	1	1	—	—	—	—	—
拔高视野	0	1	− 0.048	1	—	—	—	—
中庸信念/价值	46.620	7.430	0.732 **	− 0.659 **	1	—	—	—
中庸意见整合	65.950	13.290	0.296 **	− 0.101	0.298 **	1	—	—
贝克抑郁	27.850	10.200	− 0.250 *	0.193	− 0.335 **	− 0.114	1	—
情绪调节灵活性	42.950	10.730	0.312 **	0.056	0.234 *	0.463 **	− 0.458 **	1
人格特质								
精神质	53.170	8.678	− 0.279 **	0.271 **	− 0.365 **	− 0.303 **	0.215 *	− 0.292 **
内外向	46.830	11.460	0.178	− 0.066	0.168	0.342 **	− 0.071	0.211 *
神经质	61.650	8.873	− 0.125	0.093	− 0.148	− 0.033	0.360 **	− 0.436 **
掩饰性	45.690	9.777	0.169	− 0.160	0.229 *	− 0.011	− 0.148	0.148
自评抑郁症状								
总均分	2.480	0.740	− 0.312 **	0.082	− 0.273 **	− 0.122	0.659 **	− 0.427 **
阳性项目平均分	3.160	0.590	− 0.247 *	− 0.022	− 0.184	− 0.145	0.588 **	− 0.450 **
躯体化	2.050	0.770	− 0.174	0.016	− 0.136	0.001	0.506 **	− 0.243 *
强迫症状	2.780	0.820	− 0.328 **	0.038	− 0.254 *	− 0.093	0.542 **	− 0.384 **
人际关系敏感	2.480	0.920	− 0.398 **	0.110	− 0.335 **	− 0.161	0.554 **	− 0.416 **
抑郁	3.010	0.920	− 0.256 *	0.101	− 0.249 *	− 0.156	0.651 **	− 0.425 **
焦虑	2.610	0.900	− 0.260 *	0.096	− 0.252 *	− 0.100	0.640 **	− 0.440 **
敌对	2.380	1.010	− 0.214 *	0.034	− 0.196	− 0.195	0.327 **	− 0.417 **
恐怖	2.100	0.850	− 0.215 *	0.136	− 0.231 *	− 0.015	0.544 **	− 0.281 **
偏执	2.210	0.910	− 0.329 **	0.048	− 0.234 *	− 0.148	0.489 **	− 0.329 **
精神病性	2.300	0.790	− 0.348 **	0.038	− 0.270 *	− 0.183	0.570 **	− 0.388 **
其他	2.590	0.860	− 0.066	0.056	− 0.094	0.051	0.558 **	− 0.174

　　$* p < 0.05$，$** p < 0.001$，a $p < 0.1$。

1. 中庸信念/价值、中庸意见整合与自评抑郁症状的相关分析

　　拔高视野、自我收敛与中庸信念/价值的相关分别高达 − 0.659 和 0.732，但拔高视野和自我收敛之间却不存在相关关系，这表明这两个因子是相互独立的。而中庸意见整合与中庸信念/价值以及自我收敛呈显著正

相关，但与拔高视野的相关几乎为零。

在自评抑郁症状中，除"躯体化"和"其他"因子外，均与自我收敛呈正相关，但自评抑郁症状的所有因子均与拔高视野、中庸意见整合无关。

2. 自我收敛、情绪调节灵活性与自评抑郁症状的相关

自我收敛与情绪调节灵活性呈正相关（$p < 0.05$），而与 SCL-90 总均分、阳性项目平均分以及强迫症状、人际关系敏感、抑郁、焦虑、敌对、恐怖、偏执、精神病性这 10 个因子呈负相关（$p < 0.05$），而情绪调节灵活性除了与 SCL-90 的其他因子不相关外，与 SCL-90 总均分、阳性项目平均分以及其他 9 个因子均呈负相关（$p < 0.05$），即抑郁症病人症状的严重程度与其所具有的较低的人际自我收敛倾向，及较低的情绪调节灵活性有关。

3. 拔高视野、EPQ 与贝克抑郁的相关

拔高视野仅与 EPQ 中的精神质呈正相关（$r = 0.271$，$p < 0.01$），与 EPQ 中的其他因子以及贝克抑郁的相关不显著（$p > 0.05$），但贝克抑郁与 EPQ 中的精神质（$r = 0.215$，$p < 0.05$）、神经质（$r = 0.360$，$p < 0.001$）呈正相关。

（二）情绪调节灵活性在自我收敛与自评抑郁症状关系间的中介效应

根据以上相关分析的结果，假定情绪调节灵活性是自我收敛与 SCL-90 各因子之间的中介变量。遵循温忠麟等（2005）建议的程序，对相应维度的数据进行去中心化（为避免变量间的多重共线性），采用强迫进入法进行多重线性回归（均以年龄、性别、受教育程度、婚否、民族和药否为控制变量），以探讨自我收敛与自评抑郁症状间的关系是否由情绪调节灵活性中介，结果见表 2。从表 2 中不难看出，情绪调节灵活性在自我收敛与 SCL-90 总均分、阳性项目平均分以及强迫症状、人际关系敏感、焦虑、偏执和精神病性这 5 个因子的关系中起中介作用。

表 2　情绪调节灵活性在自我收敛与自评抑郁症状关系间的中介效应

	预测变量	自我收敛	情绪调节灵活性
总均分	模式一	-.236*	
	模式二	-.125	-.423**
阳性项目平均分	模式一	-.198*	
	模式二	-.075	-.453**

续表

预测变量		自我收敛	情绪调节灵活性
强迫症状	模式一	−.256*	
	模式二	−.157	−.374**
人际关系敏感	模式一	−.305*	
	模式二	−.209*	−.378**
焦虑	模式一	−.199*	
	模式二	−.82	−.446**
偏执	模式一	−.254**	
	模式二	−.176	−.302**
精神病性	模式一	−.270**	
	模式二	−.176	−.364**

　　* $p < 0.05$，** $p < 0.01$。

　　注：自我收敛与自评抑郁症状中的躯体化、抑郁、敌对、恐怖和其他 5 个因子的关系不受情绪调节灵活性中介，故未列出；以情绪调节灵活性为因变量、自我收敛为自变量的回归分析所得的标准化回归系数为 0.254^{**}。

（三）拔高视野对精神质与贝克抑郁关系的调节作用

　　根据上述相关分析的结果，假定拔高视野为精神质和贝克抑郁之间的调节变量，按照温忠麟等（2005）提出的调节效应分析方法，首先对所有数据进行去中心化，然后用带有乘积项的回归模型做层次回归分析，预测变量为精神质，因变量为贝克抑郁量表的得分，调节变量为拔高视野。结果见表 3。模式三中的乘积项的标准化回归系数显著，也就是说，精神质与贝克抑郁之间的关系是受到拔高视野调节的。

表 3　拔高视野对精神质与贝克抑郁关系的调节作用

变量	贝克抑郁		
	模式一	模式二	模式三
控制变量			
年龄	−.230	−.196	−.225[a]
性别	.120	.095	.110
受教育程度	−.117	−.052	−.024
婚否	.128	.094	.069
民族	.201*	.237*	.249*
药否	−.022	−.007	.001*

续表

变量	贝克抑郁		
	模式一	模式二	模式三
自变量			
精神质		.184[a]	.225*
拔高视野		.134	.155
精神质×拔高视野			-.240*
R^2	.107	.164	.216
Adjusted R^2	.052	.095	.142
R^2 Change	.107[a]	.058*	.052*

*表示在 0.05 水平上显著，a 表示在 0.1 的水平上显著。

为探讨拔高视野的具体调节方式，本研究将拔高视野和精神质的得分按加减一个标准差分为高、低两组，进而进行交互效应分析。结果见图 1。高拔高视野的抑郁症病人，其贝克抑郁量表得分随着精神质水平的上升而上升，但对于低拔高视野的抑郁症病人而言，其贝克抑郁量表得分的变化与精神质无关。

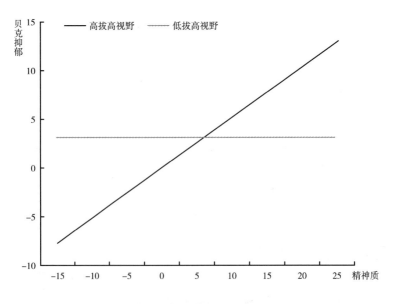

图 1 精神质与拔高视野的交互作用

四 讨论

（一） 中庸信念/价值包含两个子构念

本研究中，我们将中庸信念/价值分成两个子构念来进行统计分析，并且得到了不同的结果：自评抑郁症状与**自我收敛**呈显著正相关，却与**拔高视野**无相关关系；**自我收敛**通过情绪调节灵活性影响自评抑郁症状，但**拔高视野**对自评抑郁症状无影响，而是调节了精神质对抑郁严重程度（通过贝克抑郁量表测得）的影响。也就是说，中庸信念/价值的确包括两个子构念——**自我收敛**和**拔高视野**，而且，这两个子构念在本研究的不同探讨中扮演了关键的角色。另外，相关分析的结果表明，**自我收敛**和**拔高视野**之间并不存在相关关系，提示这两者是两个相互独立的子构念。这两个子构念到底在中庸信念/价值中各自起到怎样的作用，值得后续的研究者继续探讨。

（二） 中庸信念/价值与抑郁自评症状的关系初探

相关分析的结果显示，自我收敛与自评抑郁症状的大部分因子（总均分、阳性项目平均分以及强迫症状、人际关系敏感、焦虑、敌对、偏执、精神病性）呈负相关；而中庸意见整合也与自评抑郁症状的大部分因子呈负相关，但均未达到显著；**拔高视野**与自评抑郁症状的相关几乎为零。这些结果提示，中庸信念/价值的两个因子——**自我收敛**和**拔高视野**——可能通过不同的途径影响个体的自评抑郁症状，稍后针对这一点进行深入的讨论。

值得注意的是，首先，**自我收敛**与中庸意见整合呈显著正相关。这一结果表明，**自我收敛**水平高的个体，即处世坚持"忍、让、慎"原则的个体，也往往具有中庸人际价值观。也就是说，**自我收敛**水平高的个体能够将"忍、让、慎"的处世原则落实到实处，使得他们能够应对各种人际问题，从而维持和谐的人际关系。但那些**自我收敛**水平低的个体可能由于思想、情绪和行为过于极端而让人觉得不舒服，从而导致人际关系破裂。其次，中庸信念/价值的两个核心因素可能通过不同的作用机制来影响个体的抑郁情况。结果显示，**自我收敛**与情绪管理的联系（"喜怒哀乐之未发谓之中，发而皆中节谓之和"）对个体的人际关系管理有着举足轻重的影响。**自我收敛**水平高的个体可能会有更强的与表达抑制或收敛相关的情绪调节能力，帮助他们和谐地应对负面的人际沟通情境，或是适应不同的环境。可能正因为存在这样一种内在机制，对于**自我收敛**水平低的个体而言，人际关系敏感、偏执、焦虑、强迫等抑郁症状的表现也更明显，致使他们的抑郁程度更为严重。

（三）自我收敛对自评抑郁症状的影响机制：情绪调节灵活性

相关分析发现，**自我收敛**与情绪调节灵活性呈正相关，而这两者均与SCL - 90 总均分、阳性项目平均分以及强迫症状、人际关系敏感、焦虑、敌对、偏执、精神病性等因子呈负相关。这些结果显示，自评抑郁症状严重程度高的抑郁症病人具有较低的**自我收敛**（亦即"忍、让、慎"）倾向及较低的情绪调节灵活性。而中介效应分析表明，**自我收敛**对强迫症状、人际关系敏感、焦虑、偏执和精神病性的影响是由情绪调节灵活性中介的，即**自我收敛**对自评抑郁症状的影响可能是通过情绪调节灵活性起作用的。这与我们最初的预测——**自我收敛**和**拔高视野**都可能会对自评抑郁症状造成直接/间接的影响——并不一致，**拔高视野**没有起到与**自我收敛**类似的作用。这样的结果提示我们，个体不是通过**拔高视野**，亦即扩大思维空间的部分，而是通过**自我收敛**，亦即做人处世中的忍、让等价值来增加自己思维及调节情绪的弹性。

过去十多年来，杨中芳等提出用本土的视角来审视抑郁症与情绪调节之间的关系。经过多年的理论完善与实证研究，杨中芳具体提出"中庸实践思维体系"的概念。该概念体系将"中"与"和"视为中庸与情绪调节相联系的重点，而要做到"中"和"和"则要求个体具有一定的灵活性，这种灵活性不仅体现在个体要能从不同的角度看待同一件事，还要求个体能灵活地对自身的情绪进行调节。这与本研究的结果是一致的：本研究初步确定了**自我收敛**对抑郁症病人的多组症状的影响机制为情绪调节灵活性，这为我们了解抑郁症各组症状的发生和发展开拓了新的研究思路。有关中庸的其他子构念，如集体文化思维层面的"宇宙观/人观/价值观"对抑郁的发作有无影响？抑郁个体在中庸行动（如"择前审思"、"策略决策"、"执行方式"）上是否有特殊的表现？在临床研究上，中庸思维的评估和重建能否对抑郁症的诊疗有更多一些的发现？这些问题都有待后续的研究者继续探讨。

（四）精神质与贝克抑郁间的调节变量：拔高视野

精神质对自评抑郁的影响受到拔高视野的调节。具体而言，具有高**拔**

高视野的抑郁症病人的精神质得分越高，其抑郁程度（由贝克抑郁量表测得）越严重，但对于低**拔高视野**的抑郁症病人而言，其抑郁严重程度与精神质并没有关系。这与我们最初的设想是一致的。

高精神质群体的高**拔高视野**显示他们认同在中国根植于人心的做人处世价值观，但和他们高精神质的人格特征相比，却凸显其自身的缺陷，在这种价值观与人格特征的冲突压力下感知到而做不到，因而惭愧自责，导致抑郁症状的加重也就不足为奇；而那些虽然具有高精神质但并不认为自己很认同**拔高视野**价值观的人（在**拔高视野**价值观上得分较低者），因为没有这种文化价值观带来的压力，可能不会因为自己不谨慎小心、反省自己、体谅别人而自责，即便患有抑郁症，其严重程度也较有这种价值观与人格特征冲突者为轻。因此，抑郁症病人的抑郁，也可能是经由认知层面的冲突导致的，或程度加重。

（五）意义

本文从理论上阐释了中庸信念/价值与情绪调节灵活性、人格特质、自评抑郁症状的关系。对"中庸实践思维体系构念图"的生活哲学方面再一次做了深入探究。以往的研究侧重于对与中庸相关概念的探究，旨在验证构念系统的效度。而本研究则在中庸信念/价值这一体系下，聚焦于抑郁症病人这一群体，在"中庸实践思维体系构念图"中，中庸信念/价值处于生活哲学方面，而自评抑郁症状可以作为"心理健康"的一种指标，这两者的关系，受到情绪调节灵活性的中介作用以及人格特质的调节作用。这一发现，丰富了"中庸实践思维体系"，同时提示研究者可以多关注不同群体的中庸构念，以检验"中庸思想是一套由古至今华人长久持有的'做人处世'（社会实践）的信念/价值体系"，并且同时存在于不同的群体中这一观点，对本土心理学研究具有一定的推进作用。

在实践上，本研究为抑郁症的诊断和治疗提供了一种新的思路和方法。

在临床心理学的研究领域，本土化这一概念一直没有得到充分实践。大部分学者仍然沿用西方各流派的理论及实践手法来治疗，很少去想在中国文化下生长的华人，是否受自身文化信念/价值的影响，从而对某些病症的认识及治疗进行一些本土研究。

直至最近几年，开始有临床心理学者及治疗师注意到本土化这一课题。陈向一（2010）更从理论层面去探讨它的重要性及应用潜力。不过，到目前为止，尚没有学者应用像杨中芳所构思的意义系统及研究构念、架构去做实证研究。本研究是笔者做出的一次努力，其结果提示，对于抑郁症的诊疗，可以考虑从中庸思维的调节作用入手。或许，未来可以发展出一套专门的疗法。当然，这仍待后续研究者的共同努力。

参考文献

蔡琳、钟明洁、朱熊兆、唐秋萍、王芹、王海星，2012，《抑郁性障碍患者的症状表现与认知情绪调节方式的关系》，《中国临床心理学杂志》第 2 期，第 176～178 页。

陈向一，2010，《中庸实践思维与当代心理治疗》，国际文化精神医学会议：文化多样性、社会变迁与心理健康研讨会，上海，4 月 18～20 日。

傅文农、施和勋，2000，《抑郁症患者 EPQ 测试结果分析》，《中国健康心理学杂志》第 6 期，第 665～667 页。

龚耀先，1986，《修订艾森克个性问卷手册》，长沙：湖南医科大学出版社，第4～12 页。

郭侃、曾维希，2012，《大学生中庸思维在情绪调节和情绪间的作用》，《中国健康心理学杂志》第 7 期，第 1101～1103 页。

郭文斌、彭瑛、黄敏儿、姚树桥、王国强，2003，《抑郁症患者焦虑症状、应付方式与人格的相关研究》，《中国心理卫生杂志》第 12 期，第 843～845 页。

黄金兰、林以正、杨中芳，2012，《中庸信念/价值量表之修订》，（台北）《本土心理学研究》第 38 期，第 3～41 页。

黄敏儿、郭德俊，2001，《大学生情绪调节方式与抑郁的研究》，《中国心理卫生杂志》第 6 期，第 438～441 页。

李启明，2011，《中庸实践思维、心理弹性与社会适应的关系》，武汉：华中师范大学硕士学位论文。

李雪晶、郭轶，2012，《抑郁症病人的情绪调节习惯与人格特质》，《中国民康医学》第 11 期，第 1294～1297 页。

倪晓慧、王家同、谭庆荣，2005，《抑郁症共病因素及其人格特征的相关与回归分析》，《第四军医大学学报》第 1 期，第 67～70 页。

陶领纲、袁勇贵，2005，《抑郁症患者的人格特征研究》，《中国民康医学》第 10 期，第 616～617 页。

万好、吴爱勤，2011，《难治性抑郁症患者心理社会因素分析》，《四川精神卫生》第 4 期，第 202～205 页。

魏立莹、赵介城，2003，《抑郁症患者认知方式与人格类型》，《中国临床康复》第 15 期，第 2196～2197 页。

温忠麟、侯杰泰、张雷，2005，《调节效应与中介效应的比较和应用》，《心理学报》考 2 期，第 268～274 页。

吴佳辉，2006，《中庸让我生活得更好：中庸思维对生活满意度之影响》，（香港）《华人心理学报》第 7 期，第 163～176 页。

吴佳辉、林以正，2005，《中庸思维量表的编制》，（台北）《本土心理学研究》第

24 期，第 247～300 页。

薛湘、洪军苏、梅蕾，2009，《抑郁症患者个性特征的分析》，《中国现代医生》第 25 期，第 131～133 页。

杨中芳，2009，《中国人的世界观：中庸实践思维初探》，《如何理解中国人：文化与个人论文集》，重庆：重庆大学出版社，第 269～287 页。

杨中芳、林升栋，2012，《中庸实践思维体系构念图的建构效度研究》，《社会学研究》第 4 期，第 167～245 页。

杨中芳、赵志裕，1997，《中庸实践思维初探》，第四届华人心理与行为科际学术研讨会，台北，5 月 29～31 日。

易晓敏，2010，《情绪灵活性的测量》，中山大学心理学系硕士学位论文。

张明园，2003，《精神科评定量表手册》（第二版），长沙：湖南科学技术出版社，第 18～27 页。

Benezon, N. R. , & Coyne, J. C. （2000）. Living with a depressed spouse. *Journal of Family Psychology*, *14*, 71 – 79.

Dalgleish, T. , Taghavi, R. , Neshat-Doost, H. , Moradi, A. , Canterbury, R. , & Yule, W. （2003）. Patterns of processing bias for emotional information across clinical disorders: Comparison of attention, memory, and prospective cognition in children and adolescents with depression, generalized anxiety, and posttraumatic stress disorder. *Journal of Clinical Child and Adolescent Psychology*, *32*, 10 – 21.

Hokanson, J. E. , Hummer, J. T. , & Butler, A. C. （1991）. Interpersonal perceptions by depressed college students. *Cognitive Theory Research*, *15*, 443 – 457.

Rice, N. M. , Grealy, M. A. , Javaid, A. , & Serrano, R. M. （2011）. Understanding the social interaction difficulties of women with unipolar depression. *Qualitative Health Research*, *21*（*10*）, 1388 – 1399.

Youngren, M. A. , & Lewinsohn, P. M. （1980）. The functional relation between depression and problematic interpersonal behavior. *Journal of Abnormal Psychology*, *89*（*3*）, 333 – 341.

Exploring the Relationship between Zhongyong Thinking Mode and Depression Symptoms

Gao Zhan

Zhuhai Center for Chronic Disease Control

Li Bingjie

The School of Psychology and Cognitive Science, East China Normal University

Abstract: This study aims at investigating the relationships between two sub-concepts of zhongyong thinking mode, global perception belief and self-restraint value, and self-reported depression symptoms. Huang, Lin, and Yang's Zhongyong Belief/Value Scale, the Zhongyong Opinion Integration Scale, SCL − 90, Eysenck Personality Questionnaire (EPQ), Beck Depression Inventory (BDI) and the Emotional Flexibility Scale were administered on 112 depression outpatients. Results showed that participants' level of emotional flexibility served as a mediator in the relationships between zhongyong self-restraint value and the seven self-report SCL − 90 symptoms. Zhongyong perspective elevation belief moderated the relationship between Psychoticism and BDI scores. These results help deepen the understanding of zhongyong thinking mode and provide a theoretical basis for the development and treatment of depression.

Keywords: Depression, Self-Restraint Value, Perspective Elevation Belief, Emotional Flexibility, EPQ's Psychoticism

外柔内刚的中庸之道：实践具自主性的折中原则

林以正

台湾大学心理学系

摘　要： 中庸的处世之道往往要先退一步以观大局，在行动上也强调圆融和谐。这与西方主流心理学所强调的积极掌控似乎是相反的。然而，倘若中庸的行动是因为恐惧而退缩或因为软弱而忍让，那么过去的相关研究又为何能够发现中庸的正面效果？本研究主张，在中庸者"发而皆中节"的外显折中行动背后，必须具有"喜怒哀乐之未发，谓之中"的修养，而具此修养的个体会展现高度的自主性。本研究的结果发现，越是高中庸者，越会在行动面上试着纳入自我与他人的考虑，尝试去找到自我与他者之间最佳的平衡点。而在努力纳入各种内外的考虑时，高中庸者也确实会不偏地将生活中所需要考虑的因素都纳入其关切的范围。因此在动机层面上，中庸与自主及控制动机同时显著相关。最重要的是，虽然在外显行动上，越是高中庸者越会采取折中策略，但是当高中庸者实际上执行这样的行动时，其行动是由自主动机中介的，也就是高中庸者并不是为了逃避惩罚，获得酬赏，或者担心他人对自己的印象或责难等而折中，而是倾向于真实地认可折中的价值后才采取这种看似退让的行动。这显示，中庸的"退"，并不是基于焦虑或恐惧的软弱表现，而是具有内在坚实自主性的自如伸缩。

关键词： 中庸　折中　自主　动机

一　引言

（一）"进"的思维

日常生活中我们往往会不预期地接到某人壮年得了癌症、某某人只是出门买个小东西却因车祸丧生这类消息，说是意外，发生的频率却也不低。主流心理学通常认为，人们即使面对这些突如其来的挑战，也绝不放弃相信生命仍然具有一定的可控制性，否则就会落入无望与无助感的陷阱。人们必须努力让自己有一定的控制信念与行为才能让生活保持在一个可预测和可控制的轨道上运行。因此，人们相信努力可以带来成功，小心谨慎可以避免出车祸，健康饮食可以减少患癌症的机会，等等。人们努力地去发挥控制的能力，仿佛可以跟那些死亡、那些不幸、那些不好的未来隔离开来。这也是恐惧管理理论（Terror Management Theory；Greenberg，Solomon，& Pyszczynski，1997）的核心论点。恐惧管理理论认为，人们对死亡之类的不确定性有非常大的恐惧，在这种恐惧之下，人们倾向于通过强化自我概念，或是更认同自己在该文化中的价值，来产生对抗的力量。一旦强化了自我以及与自我紧密相关的价值，人们就比较可以远离死亡的威胁。而当自我与外在的威胁形成一种对抗关系时，对自我的倚赖也就越来越深，从而衍生一连串强化自我的内在对话：若我让自己培养更强的能力，我就能运用这种能力去控制外界的事物；当我把大脑锻炼得更好的时候，我就能运用理性去解决问题；当我把身体锻炼得更好的时候我就能更健康！通过强化自我功能来创造控制感，产生一种信心，觉得强化了自我的某个部分以后，生存的能力就会变得更强。

这种强调个体对外界控制感的论述所反映的其实是西方"个人主义"的标准思维，也就是 Markus 与 Kitayama（2003）所提出的分离主控性（disjoint agency）。分离主控性模型所体现的个体主义文化，以美国为代表，其理想行为强调以自我为焦点，采取由自身内部向外观照（inside-out perspective）的取向，个体实践的目标在于彰显个人的内在特质，所谓的适应则是个体对外在控制的完成。而这些都反映出所谓"进"的适应观。

（二）"退"的思维

相对地，追求联结主控性（conjoint agency）模型的集体主义文化，以东亚文化为代表，其理想行为强调以人我关系的和谐为焦点，采取由自身外部向内观照（outside-in perspective）的取向，个体实践的目标即为与他人达成良好的人际关系。分离主控性强调独立与分离，联结主控性则强调相依与融合。而在强调和谐的前提下，个体似乎往往必须要"牺牲小我，完成大我"。其中非常具有代表性的就是在华人社会中一个非常核心的概念——"忍"。一般人为了避免对自己、他人或公众显然不利之后果的发生，或为了有利之后果的出现，不得不去做自己不想做的事情或者承担可能的痛苦。台湾的研究者（黄曬莉、郑琬蓉、黄光国，2008）往往也主张"忍"是在华人社会中流传的一种俗世智慧，强调人世间的纷争、困顿或厄运，可以经由不强求、退让的方式来化解，所以也是化解人际冲突和苦痛的因应策略。即使外在的问题得到某种程度的纾解，但若个体长期处于隐忍的状态，是否会对个体造成伤害？有些研究者也指出，忍耐对心理适应有害，中国人面对人际失调时，经常以隐忍、退让的方式因应，而产生悲、怨等负向情绪（余德慧，1991）；张思嘉（2001）针对婚姻关系的早期适应研究也发现，在婚姻关系中，忍虽然可作为一种暂时的冲突缓解方式，但却是一种消极的因应策略，长此以往，对总是一味顺应着配偶的一方会产生不利的影响。

华人文化重视关系，强调自制、合作、妥协、顾全大局、"牺牲小我，完成大我"等，就表面的字义来看，似乎代表了华人并不重视自我、自信、自立、自我肯定、自我效能、自我实现等主流心理学所强调的极为核心的价值，也与主流心理学大量研究所预期的良好适应方向相当不符。因此，究竟这种"退"的思维对华人的心理适应是良药还是毒药，就成为研究者争论不休的难题。

（三）中庸是"退"的思维吗？

在杨中芳（2010）的"中庸实践思维体系构念图"中，中庸是一个包含多个层次的构念，但若从杨中芳与赵志裕（1997）所发展的中庸实践思维量表以及黄金兰、林以正与杨中芳（2012）后续修订的中庸信念/价值量表来看，中庸似乎具有较强烈的"退"的色彩。从这个量表的题目来看，每个题由两个并列的对立陈述句构成：一个是符合"中庸"思维的陈述句，另一个是相对应的"非中庸"陈述句，参与者必须就这两个陈述句先迫选再评量。

在"非中庸"的9个陈述句中就有7个明显强调自信、自我肯定、坚持、不怕冲突等，强调积极的"进"。这些陈述句包括：第一题中的"与人相处，不能吃亏，否则别人会得寸进尺"；第二题中的"处理事情，要当机立断，免得节外生枝"；第三题中的"做事如不采取强硬态度，别人便会看不起你"；第五题中的"与人相处依理行事即可，不必兼顾人情"；第六题中的"人为争一口气，有时候得不怕得罪人"；第八题中的"有理就要据理力争"；第九题中的"做事总是要顾全大局的话，往往只是委曲求全"。

而与这些非中庸陈述句相对应的中庸陈述句，就明显地具有强调"退一步"与"忍让"的意涵。这些陈述句包括：第一题中的"与人相处，吃点眼前亏，将来对自己可能有好处"；第二题中的"事情发生时不要急于采取行动，先静观一下事态的发展再说"；第三题中的"任何事做得过火，通常会适得其反"；第六题中的"为了与周围的人和睦共处，有时候得忍一口气"；第八题中的"不管自己多么有理，'放人一马'总是好的"；第九题中的"做事总要以维持大局为重，不要只考虑到自己"。

就一般的直觉来说，"强者"会具有较佳的心理适应，而"弱者"则相对地具有较差的心理适应。对应上述的题项来看，"当机立断"、"据理力争"、"不吃亏"、"态度强硬"等具有进取、攻击特点的态度似乎也比较能反映刚强的力道；反过来说，"吃亏"、"隐忍"、"大局为重"则显得柔弱许多。

但有趣的是，倘若中庸主要的行为表现是"退"，而依据主流心理学的典型思考，"退"又倾向于反映软弱，也缺少主动性的控制，那么非中庸倾向应该与心理适应呈正相关，反之，中庸倾向则应与心理适应呈负相关。然而事实上，过去的研究却稳定地发现，中庸与心理适应的正向预测效标多为正相关（林玮芳等，2014；黄金兰等，2012）。为何中庸的研究会得到与传统的研究似乎不同的结果？本研究拟从动机的角度出发，厘清此一令人困惑的现象。

（四）"君子和而不同"的内心状态

华人重视人际和谐，在人际冲突中往往采取婉转的策略以避免破坏和谐（Chiu，1991）。其思考的重心较不放在事情的绝对面上，而是希望既能处理冲突事件，又能维持和谐，因此对"怎么做"有更多的考虑。可能是基于这样的传统，过去对中庸的测量也比较着重于对事物的认知与处理方式。例如，吴佳辉与林以正（2005）聚焦于思维层次，主张中庸思维具有"多方思考"、"整合性"及"和谐性"的特色，亦即在中庸思维体系之下，个人会认清、详加考虑及整合自己的内在要求与外在讯息，并以不偏激且和谐的方式作为行动的准则。与之类似，前述黄金兰、林以正与杨中芳（2012）所修订的中庸信念/价值量表也同样着重于临事要如何对待的想法与态度。然而，当这些测量均聚焦于中庸思维所呈现的行为倾向时，很可能造成中庸是否过于强调隐忍退让的混淆。

研究者认为，同样的外显行为很可能有着非常不同的心理意涵。例如，当一个人开车在半夜没有人、车的情况下在红灯前停下来，并不代表他受到红灯的压制或是担心被取缔驾照；倘若他的内在价值观确实完全认同这个规定，他的行为也可以是完全自主的。相对来说，即便有时在行为的当下并没有外在的要求，个体的行动也可以是非自主决定的。例如，当这一行为是被恐惧、罪恶感、渴望别人的赞赏等动机驱动时，即便没有立即性的外在限制，个体依旧处于非自主的状态。

华人文化对此也有一贯的主张，孔子说"君子和而不同，小人同而不和"，意思是虽然君子与小人同样都着眼于和谐的达成，但是两者之间还是存在重要的差异。君子能够宽厚待人，做到与人和睦相处，但这并不表示君子不能够保有自己的主张。真正的君子能同时做到既展现自己的内在信念又维系良好的人际关系，这两者是不相悖的；相反，小人平时容易受到别人影响，人云亦云、阿谀奉承，但是在利害冲突的关键时刻，就不能兼顾自我与他人两者。小人有时考虑关系，有时算计自我利益，但是却无法整合得宜，这就不能称为真正的和谐。换言之，强调和谐、大我、责任、义务等不必然等同于个体必须放弃自我，也不代表因此而无法具有自主意识的力量。

对一个中庸的实践者而言，为了达致"发而皆中节"的理想，势必要避免以自我为中心，并且关注周遭人事物的各种状态。但是在关注外在适切性的同时，为了保有内在的能动性与自主性，在"发而皆中节"之前，君子还需要培养"喜怒哀乐之未发，谓之中"的定静能力，没有这个核心，外显的行为就只能随着外在要求而变动，变成"小人同而不和"了。过去中庸相关研究较少关注此一观点，本研究则拟以"自主性"（autonomy）的观点来对这一现象进行初步厘清。

（五）自主性的意涵

Deci 与 Ryan 于 1985 提出自我决定理论，主张同样的外显行为很可能被不同的动机驱动。而动机主要包含自主动机与控制动机两大类。自主动机的典型是指当个体认为所从事的活动本身就能够使其产生足够的兴奋、乐趣和投入，从而出于真实的兴趣而从事某个行动时，就能够感受到心灵上的自由以及发自内在的满足感。当处于这种理想的状态时，个体就具有完全的自主性和自我决定性。

　　另一个极端则是控制动机。这个动机的典型是个体受到外在的压迫与控制而不得不去从事某个行动。有时是为了逃避惩罚，有时则是为了获得奖赏，为了符合外在的期待以避免被指责或是为获得赞美也属于控制动机的一部分。因此，不论是惩罚还是奖励，只要驱动行为的是外在的力量，就属于控制动机的范畴。虽然有时候外在的规范并不是即刻起作用的，但是对个体而言，还是延续着因受这些规范的压制而感受到罪恶、焦虑或愧疚感等从而从事某个行动，这样的动机还是属于非自主性的动机。

　　当然，对于需要延宕满足的行为，例如认真读书或遵守规范等，很可能并不是一开始就令人兴奋与充满乐趣，因此还必须透过内化的过程来将原本很可能属于控制性的动机转化为具有自主性的动机。Deci 与 Ryan（2000；2002）提出有机体整合理论（Organismic Integration Theory），认为不同自主程度的动机其实可以被视为一个连续体。当个体充分认同某一价值或规范而发自内心地去从事该行动，他们称之为认同调节（identified regulation），若更进一步地将此一认同与其他生活的目标充分整合为一种和谐的状态，彼此不相冲突，那么就成为整合调节（integrated regulation）。而不论是认同调节还是整合调节，个体的动机都可以被视为具有自主性。

（六）中庸与动机

　　在一个人际两难的情境中，行动者势必要面对各种力量的拉扯，既要考虑自己所期待实现或达到的目标，也需要顾虑他人的感受（期待）。对一个高中庸者而言，为了能够达到和谐的目标，势必要能够同时感受到这些不同的期待，也能够仔细地将所有的因素都同时纳入考虑。因此，本文作者认为中庸者在"喜怒哀乐之未发"的评估阶段，并不会只考虑自我的需要，而是会同时将所有的因素都纳入考虑。因此，本研究预测，中庸应与自主动机和控制动机均显著相关。

　　另一方面，在行动的层面，由于强调和谐的价值，高中庸者应该有明显的采取部分让步的倾向，而不会完全坚持自己的意见与想法，在评估各种得失之后，在自己与对方之间尝试找到彼此都能够接受的平衡点，使得冲突最有可能得到合理的解决。这也就是前文所提到中庸者在行动的层面倾向于采取"退"的策略。基于此，本文作者认为，中庸与冲突解决策略中的折中策略（compromising strategy；Rahim，1983）呈显著正相关。

　　虽然高中庸者在外显行为上确实倾向于采取折中策略，但本文作者认为高中庸者并不是由于外在的压力或者内在的焦虑与恐惧才采取折中退让的策略；相反，由于高中庸者具有清晰的自我定位，以及对其行事准则有清晰的掌握，因此其折中行动其实是基于自主动机的。由此，本文作者预测中庸与折中策略的相关会被自主动机所中介，而不会被控制动机所中介。

二　研究方法

（一）被试

本研究邀请 342 名正在修习普通心理学相关课程的大学生参与实验。本研究的三份问卷分别相隔一个月施测，但因为时间间隔造成部分研究参与者的流失，最后的有效样本为 324 人。其中，男性参与者 178 名，女性参与者 144 名，2 人未注明性别，平均年龄为 20.6 岁。

（二）研究工具

1. 中庸信念/价值量表

中庸信念/价值量表由黄金兰等（2012）修订自杨中芳与赵志裕（1997）所发展的中庸实践思维量表，包含并列的中庸陈述句与非中庸陈述句共 9 个题组，采用先迫选再评量的评量方式，亦即研究参与者先针对每题的两个陈述句选择其较为同意的句子，接着对其所勾选的陈述句以 7 点量尺评量其同意程度。倘若勾选的是符合中庸思维的陈述句，则依照对该陈述句的同意程度直接计分；倘若勾选的是非中庸陈述句，则将对该陈述句之同意程度反向计分，最后计算 9 题的平均得分即为中庸信念/价值量表的得分。分数越高代表中庸信念/价值倾向越强。本研究之内部一致性系数为 0.60，与原量表的内部一致性系数 0.61 相当。

2. 折中冲突处理倾向量表

对折中冲突处理倾向的测量采用的是冲突处理倾向量表 II 版（Rahim Organization Conflict Inventory – II，简称 ROCI – II）的分量表。冲突处理倾向量表 II 版之编制理念是由"关心自己"与"关心对方"两个维度构成，并据此分成整合、支配、顺应、逃避及折中共五种不同的冲突处理倾向。该量表适用于测量各种关系类型中的人际冲突处理倾向（Rahim，1986）。本研究所采用的折中冲突处理倾向量表共包含四题，例题如"我会和对方协调以得到折中的解决方法"。本研究之内部一致性系数为 0.79。

3. 自主与控制动机量表

本研究使用的动机量表主要依据 Ryan 与 Deci（2002）及 Pintrich 与 Schunk（2002）对自我决定动机的定义与测量，并参考台湾相关量表，如陈秀惠（2009）与施淑慎（2008）等自行编制的量表。本研究将动机视为个体稳定的个别差异倾向，假设个体在不同生活领域均具有偏向一致的动机，而由于考虑贴近大学生的生活经验，因此本研究在测量动机时以大学生最直接的"为何而读书"作为测量指标。在本研究中，区分自主动机与控制动机，而考虑华人的控制来源有可能是事件本身，也可能来自社会关系中重要他人的期待，因此进一步将控制动机区分为外在控制与他人控制。表1列举了此三个动机分量表的题项，以及对应的内部一致性系数。

表 1　自主与控制动机的三个动机分量表的题项及内部一致性系数

自主动机	（内部一致性，alpha = 0.82）
	因为用功念书能让我感到人生圆满
	因为我个人相信用功念书是重要的，也是值得的
	因为这符合我的价值观，并且是经过审慎思考后的决定
	因为我认为用功念书对我的家庭及未来有帮助
	因为我享受用功念书
他人控制	（内部一致性，alpha = 0.75）
	因为用功念书对某个（些）我亲近的人很重要
	因为其他人期望我这么做
	如果不用功念书的话，有人会失望
自我控制	（内部一致性，alpha = 0.69）
	为了避免别人对我有不好的评价
	为了避免他人的惩罚

三　研究结果

如表2的结果显示，中庸确实与折中倾向显著相关（$r = 0.22$，$p < 0.01$），亦即高中庸者会倾向于较多地采取折中原则来解决人际冲突，这也与中庸具有"退"的特性之论述是一致的。此外，中庸与自主动机之间的相关达显著（$r = 0.27$，$p < 0.01$），而与他人控制的相关也达到显著（$r = 0.26$，$p < 0.01$），与外在控制也显著相关（$r = 0.14$，$p < 0.05$）。这显示，高中庸者具有相当不偏的特性，对于生活事件中的各种要求都会给予相当

的关切与重视。中庸者并非只是单纯地具有高自主性，而不关切别人的印象或是事情可能造成的结果，若就相关系数来看，高中庸者对别人的评价、避免罪恶感等的关切并不亚于对自我圆满的重视。

表 2　中庸、折中倾向与动机的相关系数

	平均数(标准差)	中庸总分	折中倾向	自主动机	他人控制	外在控制
中庸总分	5.10(0.60)	0.60				
折中倾向	3.44(0.63)	0.22**	0.79			
自主动机	4.91(0.99)	0.27**	0.25**	0.82		
他人控制	4.10(1.18)	0.26**	0.13*	0.35**	0.75	
外在控制	3.40(1.16)	0.14*	0.07	0.18**	0.43**	0.69

* $p < 0.05$，** $p < 0.01$。

就折中倾向来说，其与自主动机和他人控制两者的相关均达显著（$r = 0.25$，$p < 0.01$；$r = 0.13$，$p < 0.05$），但是与外在控制的相关则未达显著（$r = 0.07$，$p > 0.05$）。这是一个相当有趣的结果。通常折中处理策略的退让意味相当浓厚，表示个体并未坚持自己原本的立场或意见。一般而言，个体会退让应当是在感受到某种程度的外在压力后不得不采取的妥协，但是就本研究的相关分析来看，外在的惩罚并不是导致妥协的因素。就他人控制的动机而言，在冲突的情境中，必然存在对立双方的立场，而妥协必然也代表纳入对同伴感受的关切，因此他人控制确实也与折中倾向显著相关，这是一个合理的结果。但是，与折中倾向具有相对最稳定相关的却是自主动机，这似乎表明折中是个体在对折中的价值具有相当程度的认同的情况下所采取的行动。

本研究预测当高中庸者采取折中策略时，表面上虽然具有退让的意味，但其行动却主要是由自主动机中介的，而不是以控制动机为基础。为了检验这一假设，本研究以阶层回归进行中介效果分析，在阶层一的回归分析中以折中倾向为依变项（因变量），首先置入中庸倾向作为独变项（自变量），如同简单相关所显示的，中庸对折中倾向具有显著的预测力（$\beta = 0.22$，$p < 0.01$）。随后于阶层二的回归分析中置入三个动机因素。结果显示，与本研究假设相符，中庸对折中倾向的解释力，在置入动机因素后，显著地下降了，变为不显著（$\beta = 0.10$，$p < 0.07$），而三个动机因素中只有自主动机的解释力维持显著（$\beta = 0.19$，$p < 0.01$）。此一结果符合 Baron 与 Kenny（1986）提出的以回归分析方法来进行中介效果（mediation effect）分析之要件，也支持本研究主张自主动机为中庸与折中倾向之中介的研究假设。

四 结论

（一）外柔内刚的中庸折中之道

跨文化研究显示，东亚被试相较于西方被试，更能从次级控制（secondly control）中得到好处（Morling & Evered，2006）。所谓次级控制相较于初级控制（primary control），并非展现个体对外在环境的直接掌控，而是强调关注环境刺激且契合当下情境的需求（Rothbaum，Weisz，& Snyder，1982）。这样的发现指出，华人文化在思考与周围环境的关联上，并非如北美文化所强调的，凸显自我价值与对外界的控制感，而是更加从大局出发，对情境脉络与自身状态加以权衡，然后进行适切的拿捏与折中。但是过去的研究关于看似消极的次级控制为何在东方人身上反而比初级控制产生更佳的效果，一直没有清楚的论述。

本研究的结果对上述这些混淆做了初步澄清。首先，中庸与折中倾向具有稳定的相关，这符合一般所谓"发而皆中节"的合宜性论述，越是高中庸者，越会在行动层面上试着纳入对自我与他人的考虑，尝试去找到自我与他者之间最佳的平衡点。这与过去王飞雪、伍秋萍、梁凯怡、陈俊、李华香（2006）的发现相符合，亦即中庸倾向强者，在冲突情境中会尝试采取合作或妥协的策略。研究显示，在外显行为上，中庸的行事原则是先不坚持自己的立场，而是希望在各种冲突的力量中寻找一个能达到平衡的最佳点。

除了外显行为外，本研究更关注内在的动机。在努力纳入对各种内外因素的考虑时，高中庸者也确实会不偏地将生活中所需要考虑的因素都纳入其评估与关切的范围，因此在动机的层面上，中庸与自主动机及控制动机两者都同时具有显著的相关。最重要的是，虽然在外显行为上，越是高中庸者越会采取折中策略，但是当高中庸者实际上去执行这样的行动时，其行动却主要是由自主动机来中介的，也就是说，高中庸者并不是为了逃避惩罚，获得酬赏，或者担心他人对自己的印象或责难等而采取折中策略，而是倾向于真实地认同折中的价值后才采取这种看似退让的行动。这显示，中庸的"退"，并不是基于焦虑或恐惧的软弱表现，而是具有内在坚实基础的自如伸缩。

本土心理学也曾经针对华人的"退"提供一些相关的讨论。例如，黄囇莉、郑琬蓉和黄光国（2008）以"大我"与"小我"间的辩证关系来呈现上下关系中，个体与权威间的互动，指出个体"忍"的变化可能经历五个内在阶段："前忍耐"、"自我压抑"、"自我区隔"、"自我胜出"、"伸缩自如"。自我的状态会随"忍"的进展而有所变化，从完全顺从大我、压制小我，后通过自我的逐渐觉醒，小我的力量越来越鲜明，在自主性逐渐展现之后，最终方能达到小我与大我力量相当的伸缩自如阶段。延续这个理论，林以正、黄金兰和李怡真（2011）也主张，个体在拿捏"忍"或"不忍"时应"顺势而为"。他们发现，当个体越能运用整体观点、顺应当下的态势采取忍或不忍的策略时，也就越能够将情绪压抑转变为情绪调适的状态。陈依芬、黄金兰和林以正（2011）则分析个体所采取的不同类型的"忍"，发现能够交替运用"直接表达"与"同理式忍"的个体，其适应情况较佳；而采取"转移式忍"与"隐忍式忍"则较不利于心理适应。由这些研究结果可以看出，"忍"并不是一种单纯的压抑与退让，其对个体的影响必须视个体内在的力量如何而定。而本研究认为，"伸缩自如"、"顺势而为"与"交替运用"等都代表个体在忍耐的背后运作的是一种坚实、具有自主性的核心基础。

本文作者认为，过去对中庸的研究较倾向于探讨中庸的思维特色或是行为策略，而这些所反映的是中庸"发而皆中节"这部分，对"喜怒哀乐之未发，谓之中"的"前置条件"则少有论述。若看中庸的原始论述，"中庸"出自《礼记》第三十一章，其开篇为"天命之谓性，率性之谓道，修道之谓教。道也者，不可须臾离也；可离，非道也。是故君子戒慎乎其所不睹，恐惧乎其所不闻。莫见乎隐，莫显乎微，故君子慎其独也。喜怒哀乐之未发，谓之中；发而皆中节，谓之和；中也者，天下之大本也；和也者，天下之达道也。致中和，天地位焉，万物育焉"。也就是说，中庸作为思考与行事的原则，其最终的目的还是作为个人体会天命的修道。虽然外在有各种需要面对的挑战，但尝试圆融地处理问题的目的其实并不只在于顺利地解决问题，更进一步是要通过"遇事练心"来达到个人修养的提升，最后得以"不惑"，"知天命"，"耳顺"，"从心所欲而不逾矩"。从这个角度来看，本文作者认为，中庸外表的退，其实具有非常积极的内涵，是以自己为对象、以修养为目标的自主性表现。很可惜，过去的研究对此着墨较少，未来的研究可以进一步结合华人对修养的论述，结合中庸的研究成果做进一步的研究，同时也可以对主流心理学中的自主性论述做更多本土化的修正。

（二）刚柔并济的智慧

环视当下的生活经验，很难不会强烈地感受到"变迁"给生活带来的冲击。在种种具代表性的文化价值观上，我们的父母亲抱怨我们不再尊重传统价值、不再具有传统良善美德的声音犹在耳边，我们也看到自己的下一代，在孝道、尊长、和谐这些"美德"上更是与我们渐行渐远。这些变迁的历程再加上全球化不断加剧的影响，华人社会不断面对传统与现代交织、变换、融合的历程，那么，华人的心理状态是怎样的？而在西方适应理论的局限性逐渐凸显后，华人又如何透过本土的价值体系来进行积极的调适？

其实就华人的历史来说，变迁也是历史上的常态，而生活本来就不可能只包含单一的处境。就算在个体的层面上，每个人必然都得经历成长与生活的变动，角色会逐渐复杂化，不同角色之间经常相互冲突，即便是同一个角色也会由于变迁而出现不同的期待，并呼唤不同的因应策略。因此，解决自我之内与人我之间的冲突一直都是文化设计的核心课题。在黄光国（2011）所提出的自我的曼陀罗模型中，就尝试对比两种基本的冲突解决之理路。黄光国指出，可以将生活世界想象成由各种期待、规范、要求等组成的许多正方形，这些正方形之间互相碰撞摩擦，而自我若将个体提升到堪称社会人的层次，就得面对这种种的困境。如何能让这些有棱有角的正方形在碰撞时有足够的缓冲，甚至可以由平面的对撞转换成互相交叠的美丽建筑，就必须倚赖不同形式的自我的提升来整合这些看起来互相冲突的处世行动。

在黄光国自我的曼陀罗模型中，提出了两种解决色界（一般生活世界）冲突的理路：一是靠知识的力量来解析这些正方形，通过分析成分、了解结构、发明黏着剂与润滑油等控制手段，以强化自我的力量来统摄这些正方形的生活范畴。这是"方以智"的"分解之尽理"精神。本研究认为，这是一种偏向"刚性"的解决方式。在这样的理路与传统之下，不断地强化一个坚韧有力的自我似乎也成为一个必要条件。在二元对立的理念下，唯有靠坚强的内在自我，才能够有效地对抗不断侵扰个体的外在世界，并且成为外在世界的主宰。在这种召唤英雄的文化理念下，坚韧、力量、控制与一致等理念聚合为心理学研究活动的核心。

但是"分解之尽理"并非解决色界冲突的唯一途径。终极的圆满也有可能通过内圆外方的"综合之尽理"来达成。例如，佛教一方面深信业力因果的思维，另一方面则修养空性的智慧，使得在缘起缘灭之下不必执著，但是又透过无限生命的业果原则而不失生命的积极性。这使得自我可以通过对无常与天命的体会来形成柔软的自我，而以这样的柔软却又积极的方式，个体得以有弹性地化解色界中的种种可能冲突，也就是"凡事认真，却不当真"。在这种"综合之尽理"的脉络中，自我的修养与提升是个人发展的关键，通过提升认知的层次与动机的包容性（诸如智慧与慈悲两方面的修持），自我的状态并非刚强而是柔软，策略并非控制而是弹性。只有在这样的脉络下，人才有可能优游自在地生活在充满碰撞的正方色界。

"宽而栗，柔而立，愿而恭，乱而敬，扰而毅，直而温，简而廉，刚而塞，强而义"是陶皋在《尚书·皋陶谟》中所提出的做人的 9 种品德，并且鼓励君子应将之作为修身养性的标准。这种强调同时容纳阴阳与刚柔的弹性，其实反映的就是这种"综合之尽理"的修养，而中庸则是表现在思维与行动上的具体实践方法。但是，由于过去对中庸的研究仍偏重于澄清中庸的概念与测量方法，目前与主流心理学特别是正向心理学（积极心理学）的一些核心理论做充分的对话还比较少。本研究以自我决定理论来切入，以折中策略与自主动机两个概念来对应中庸的刚柔并济，期望能够对本土心理学与主流心理学的对话起到一次抛砖引玉的作用。同时，过去对"自主性"的意涵总是有很多误解，以为自主性就是只以个人为重，只考虑个人自己的状态而忽略他人的期待。本研究进行了一次有趣的厘清——即便个体内在具有坚持的自主性，其外显行为仍然可能是折中取向；反之亦然。这种个体层次"中学为体，西学为用"的行动整合方式，也有助于为未来思考主流心理学的相关理论与本土概念之关系提供一个可能的切入点。

参考文献

陈秀惠，2009，《国中生自我决定动机之发展模式及其相关因素之探讨》，台北：成功大学教育研究所硕士学位论文。

陈依芬、黄金兰、林以正，2011，《忍的情绪调控策略与心理适应之关联》，（台北）《本土心理学研究》第 35 期，第 3～56 页。

黄光国，2011，《心理学的科学革命方案》，台北：心理出版社。

黄金兰、林以正、杨中芳，2012，《中庸信念/价值量表之修订》，（台北）《本土心理学研究》第 38 期，第 3～41 页。

黄曬莉、郑琬蓉、黄光国，2008，《迈向发声之路：上下关系中"忍"的历程与自我之转化》，（台北）《本土心理学研究》第 29 期，第 3～76 页。

林玮芳、邓传忠、林以正、黄金兰，2014，《进退有据：中庸对拿捏行为与心理适应之关系的调节效果》，（台北）《本土心理学研究》第 40 期，第 45～84 页。

林以正、黄金兰、李怡真，2011，《进退之间的拿捏：忍的情境变异性与心理适应》，（台北）《本土心理学研究》第 35 期，第 57～100 页。

施淑慎，2008，《学业情境中之自主支持与国中生成就相关历程间关系之探讨》，（台北）《教育与心理研究》第 31 期，第 1～26 页。

王飞雪、伍秋萍、梁凯怡、陈俊、李华香，2006，《中庸思维与冲突情境应对策略选择关系的探究》，（香港）《科学研究月刊》第 16 期，第 114～117 页。

吴佳辉、林以正，2005，《中庸思维量表的编制》，（台北）《本土心理学研究》第 24 期，第 247～300 页。

杨中芳，2010，《中庸实践思维体系探研的初步进展》，（台北）《本土心理学研究》第 34 期，第 3～96 页。

杨中芳、赵志裕，1997，《中庸实践思维初探》，第四届华人心理与行为科际学术研讨会，台北，5 月 29～31 日。

余德慧，1991，《中国社会的人际苦痛及其分析》，载杨中芳、高尚仁主编《中国人、中国心：人格与社会篇》，台北：远流出版公司，第 291～362 页。

张思嘉，2001，《婚姻早期的适应过程：新婚夫妻之质性研究》，（台北）《本土心理学研究》第 16 期，第 91～133 页。

Baron, R. M., & Kenny, D. A. (1986). The moderator-mediator variable distinction in social psychological research: Conceptual, strategic, and statistical considerations. *Journal of Personality and Social Psychology*, *51* (6), 1173–1182.

Chiu, C. Y. (1991). Responses to injustice in popular Chinese sayings and among Hong Kong Chinese students. *The Journal of Social Psychology*, *131* (5), 655–665.

Deci, E. L., & Ryan, R. M. (1985). *Intrinsic motivation and self-determination in human behavior*. New York: Plenum Publishing Co.

Deci, E. L., & Ryan, R. M. (2000). The "what" and "why" of goal pursuits: Human needs and the self-determination of behavior. *Psychological Inquiry*, *11*, 227–268.

Deci, E. L., & Ryan, R. M. (2002). *Handbook of self-determination research*. Rochester, NY: University of Rochester Press.

Greenberg, J., Solomon, S., & Pyszczynski, T. (1997). Terror management theory of self-esteem and cultural worldviews: Empirical assessments and conceptual refinements. *Advances in Experimental Social Psychology*, *29*, 61–139.

Markus, H. R., & Kitayama, S. (2003). Models of agency: Sociocultural diversity in the construction of action. *Cross-cultural Differences in Perspectives on Self*, *49*, 1–57.

Morling, B., & Evered, S. (2006). Secondary control reviewed and defined. *Psychological Bulletin*, *132* (2), 269–296.

Pintrich, P. R., & Schunk, D. H. (2002). *Motivation in education: Theory, research, and applications*. Upper Saddle River, NJ: Merrill Prentice-Hall.

Rahim, M. A. (1983). A measure of styles of handling interpersonal conflict. *The Academy of Management Journal*, *26* (2), 368–376.

Rahim, M. A. (1986). *Managing conflict in organizations*. New York: Praeger.

Rothbaum, F., Weisz, J. R., & Snyder, S. S. (1982). Changing the world and changing the self: A two-process model of perceived control. *Journal of Personality and Social Psychology*, *42* (*1*), 5 – 37.

　　Ryan, R. M. , & Deci, E. L. (2002). An overview of self-determination theory. In E. L. Deci, & R. M. Ryan (Eds.), *Handbook of self-determination research* (pp. 3 – 33). Rochester, NY: University of Rochester Press.

Coupling Hardness with Softness: Autonomous Compromises in Zhongyong

Lin Yicheng

Department of Psychology, Taiwan University

Abstract: When facing a conflicting situation, compromising conflict management tends to be a very common and popular strategy valued by zhongyong thinking people. However, this zhongyong compromising is neither a passively holding-back avoidance nor an active-control coping style. What then is this zhongyong compromising? The research reported in this paper posits that zhongyong's seemly soft compromise is an expression of internal strength. The study argues that zhongyong thinking promote compromise through arousing autonomous motivation rather than control motivation. We predict firstly that zhongyong thinking correlate significantly with compromising management style. That is, people high in zhongyong thinking tend to emphasize harmony in conflict situations. Secondly, they perceive themselves both high in autonomy and in control in terms of motivation. That is, people high in zhongyong thinking tend to perceive themselves in a unbiased and holistic manner. Lastly, the relationship between zhongyong thinking and compromising be mediated by autonomous motivation but not by control motivation, which indicates people high in zhongyong behave in a relatively more authentic way. The results of this study supported these hypotheses and provided insights into the indigenous perspective of Asian self-cultivation practices.

Keywords: Zhongyong, Compromise, Autonomy, Motivation

走向存在幸福感：中庸思维与生活平衡[*]

韦庆旺　郭政

中国人民大学心理学系

摘　要： 本文立足中庸思维的生活哲学及其与幸福感的关联，提出"存在幸福感"这一新概念。首先，以中庸的阴阳平衡思想为分析工具，本文讨论了目前幸福感研究关注点的失衡：积极情绪与消极情绪的失衡、物质与精神的失衡、外在追求与内在追求的失衡以及人与自然的失衡。其次，本文提出存在幸福感的概念，通过初步的研究发现其体验过程包含阴阳转换的模式，对生活平衡起重要作用。最后，讨论存在幸福感与中庸实践思维相关层面的关系，展望未来的研究方向，对中庸实践思维体系的构念和研究进行反思。

关键词： 存在幸福感　恐惧管理理论　价值观　死亡意识
恢复性环境　中庸思维

使用心理学实证研究的语言，在杨中芳的"中庸实践思维体系构念图"中，有一个核心（终极）的"因变量"，或者说"后果变量"，即心理健康（不是个人成功）（杨中芳，2010a）。既然杨中芳选择将中庸作为中国传统文化的代表内容，认为其不仅对现时中国人的生活起指导作用，而且对它的研究可以弥补西方心理学的不足（杨中芳，2009），那么中庸实践思维与其终极因变量（心理健康）之间的关系，理应是整个中庸实践思维体系研究的一个重点。尤其在中庸的"生活哲学"层面，一个人的看人论事、生活目标和处世原则，与心理健康有着直接的联系（杨中芳，

---

[*]　本研究得到"北京高等学校青年英才计划项目"（Beijing Higher Education Young Elite Teacher Project）、国家自然科学基金（71272156）的资助。

2010a）。已有的研究主要从三个方面着手：探讨与中庸生活哲学相适应的（中国文化背景下）心理健康和幸福感的独特内涵（Lee, Lin, Huang, & Fredrickson, 2013；Lu, 2001, 2008）；探明中庸生活哲学及其各个层面与心理健康和幸福感的关系（见本辑《来得早不如来得巧：中庸与阴阳转折的时机》一文以及吴佳辉、林以正，2005）；关注中庸生活哲学以及心理健康和幸福感之异化的研究（见本辑《中庸信念/价值与自评抑郁症状之关系的深入探讨》一文）。

在这样的研究背景下，本文旨在以中庸实践思维体系的阴阳平衡思想作为指导，提出一个被研究者忽视的"存在幸福感"概念，对其内涵和特征进行分析，并讨论中庸实践思维与存在幸福感的关系，展望未来的研究方向。杨中芳（2010a）指出，阴阳转换的感知方式、内外无虑的生活目标和中庸处世信念/价值，构成了"中庸核心构念"。在中庸实践思维体系的构念中，作为中庸实践思维支撑的集体文化思维层面的世界观（宇宙观/人观/价值观）是反复出现的内容，它超越于具体的情境和行为，但却广泛渗透在中国人的日常生活中，这正是杨中芳选择中庸作为中国文化代表内容的重要理由之一（杨中芳，2009）。因此，本文首先从一个相对宏观的角度将中庸思维作为一种思想工具，分析现有幸福感研究的失衡；然后才进入中庸实践思维的具体层面（个体心理思维层面），讨论它与存在幸福感的关系。

一　幸福感研究的失衡

中庸思维讲究阴阳动态平衡。从宏观的角度来看，即使一种生活目标符合个体的追求，并能够得到满足，也并不代表幸福的全部。幸福还有赖于在不同生活目标追求上的平衡。最近有研究发现，人们更愿意从事包含各种活动的混合活动，而不是只从事自己最喜欢的活动（Diener, Ng, & Tov, 2008）。Sheldon 和 Niemiec（2006）的研究表明，那些体验到心理需要得到平衡满足的人，比那些心理需要没有得到平衡满足的人报告了更高的幸福感。实际上，心理学史上早有阴阳平衡的思想。例如，荣格认为，人类追求的应该是一种物质与精神、肉体与心灵、外在生活与内在生活、客观实在与主观实在的和谐，一种西方和东方的调和统一（韦庆旺，2012）。然而，现时的人类社会，以西方文化为主导，过度追求物质主义的生活价值与目标，导致异化和失衡（Kasser, Cohn, Kanner, & Ryan, 2007）。这也反映了在心理学上有关幸福感研究的关注点出现了失衡，表现为：积极情绪与消极情绪的失衡、物质与精神的失衡、外在追求与内在追求的失衡以及人与自然的失衡。

（一）积极情绪与消极情绪的失衡

几十年来，西方的幸福感研究有一个基本共识：幸福是一种积极情绪很多、消极情绪很少的状态。例如，Diener 等（1985）所编制的、使用广泛的总体生活满意感量表（General Satisfaction with Life Scale，GSWLS），将幸福感看作生活满意，积极情绪多、消极情绪少的一种状态。Watson 等（1988）的积极与消极情感量表（the Positive and Negative Affect Scale，PANAS）也常被用于幸福感的测量，同样是将积极情绪与消极情绪相减代表幸福感。以这种操作思路为基础，在幸福感的跨文化比较中，中国被试的分数通常都比较低，因此很容易被认为有较低的幸福感（Veenhoven，2000）。从决策和经济学视角切入的幸福感研究，将幸福感定义为连续变化的或快乐或痛苦的享乐之流（a continuous hedonic flow of pleasure or pain），采用经验取样法或日记重构法对生活中不同时点的感受进行连续多次评估，来考察人们在具体时点的"真实"快乐程度，区别于自我报告的对总体生活的满意度（Kahneman & Krueger，2006）。这类研究虽然提高了幸福感测量的生态效度，但将幸福感等同于享乐主义的快乐情绪体验，似乎幸福像吃冰激凌一样，那种美好的感觉稍纵即逝，很容易随着时间的流逝而变化或消失。在概念术语的使用上，西方学者也通常是将 well-being 和 happiness 交替使用（经济学视角还使用 experienced utility），这充分反映了他们将幸福等同于快乐的特点。

然而，幸福很难仅用没有消极情绪的单纯快乐来定义。幸福与否理应与痛苦等消极情绪具有一定的联系。在有关创伤的心理学研究中，对消极情绪的积极意义进行了充分的分析。Tedeschi 等（1998）有关创伤后成长（Posttraumatic Growth，PTG）的研究指出，人们经受离婚、HIV 感染、性侵犯、患癌症、骨髓移植等消极的创伤事件之后，可能会在以下 3 个方面获得积极的结果：①自我知觉的提升，提高自主性和自我效能感；②人际关系的提升，增加与他人的紧密联系，增强同情心，愿意给予；③人生哲学的改变，对生活进行重新规划，感恩生命，重视意义和精神世界的发展。这难道不是一种更深刻的幸福体验吗？Lu（2001）通过对台湾大学生的开放式调查和定性分析发现，中国人对幸福感的认识包含一个重要内容：幸福与不幸福的辩证关系。一方面，幸福是相对于不幸福而存在的，没有不幸福，一个人很难体会到幸福；另一方面，幸福与不幸福可以相互包含并彼此转化，所谓"祸兮福之所倚，福兮祸之所伏"。Tsai 等（2006）对理想情感的跨文化研究发现，中国人理想的情感状态不是令人兴奋的快乐（一种高激发的积极情绪），而是一种平静的、低激发的积极情感状态。也许，这种状态正是反复认识和体会到积极和消极情绪之间可以相互转化之后的一种超越。最近，Lee 等（2013）从幸福感的角度出发，开发了一个能够测量这种低激发积极情绪状态的安适幸福感量表（the Peace of Mind Scale，PoM），在某种程度上，弥补了西方幸福感研究过分强调积极情绪的失衡。

（二）物质与精神的失衡

西方有关幸福感的思想和心理学研究实际上包含两个传统：享乐派（hedonics）和繁荣派（eudaimonia）（Kashdan，Biswas-Diener，& King，2008）。前面讨论的将幸福定义为"生活满意，积极情绪多、消极情绪少"的观点，是享乐派的代表。繁荣派把人生的意义和目的看作幸福的核心，认为幸福在于能够将个人的技能、天分和潜能充分发挥出来。有意思的是，尽管有不少心理学家属于繁荣派（Ryff & Singer，1998；Deci & Ryan，2000），但幸福感研究还是以压倒性的优势使用享乐派的量表来测量主观幸福感，并把主要精力放在影响幸福感的因素上（Ryan & Deci，2001），尤其是乐此不疲地考察经济收入与幸福感的关系（Diener & Seligman，2004）。相关的研究结果无非是发现随着收入的进一步增长（在西方发达国家），人们的幸福感并没有增加，反而出现了更多的问题（如抑郁增多），称为幸福悖论（Blanchflower & Oswald，2004）。言外之意是，收入越高就应该越幸福，不幸福则非常令人奇怪。这里隐含着一个"幸福就是物质丰富"的逻辑。无论这个现象本身，还是学者对这个现象感到的困惑，我们都可以从中看到西方社会"重物质轻精神"这种物质主义幸福观的广泛影响。

所谓物质主义，是指把物质财富的获取和拥有视为生活的中心、幸福的根本和成功的关键的价值观（Richins & Dawson，1992）。在以美国为代表的西方社会，物质主义是主流的价值观。① 近年来，许多研究对这种价值观进行了反省，发现高物质主义者的幸福感通常也比较低（如 Kasser & Ryan，2001）。他们以追求物质财富为快乐，但这种快乐非常短暂，很快会

---

① 这并不是说中国人的物质主义水平更低，而是强调物质主义这种价值和概念来源于以美国为代表的西方社会，如果不了解它的社会基础和真正含义，就很难正确地使用它。

被一种追求更多物质财富的愿望所替代，产生心理紧张和不安全感（Richins, 1995）。同时，当他们遭遇各种威胁产生不安全感时，又会通过获取更多的物质财富来缓解这种不安全感（Kasser & Sheldon, 2000），如此，形成一种恶性循环。而且，当物质主义者将大部分精力都投入到追求物质财富上的时候，往往会忽视亲密关系、社群情感等社会和精神层面的追求，也会降低幸福感（Burroughs & Rindfleisch, 2002）。这些研究从负面批判的角度揭示了西方社会主流幸福观在物质与精神追求方面的失衡。

（三）外在追求与内在追求的失衡

毫无疑问，前述的物质主义是外在追求的一个例子。在心理学有关价值观和目标的研究中，研究者同时考察了多种价值观，强调一种价值观只有被放在总体价值观结构（表现为一个二维结构图）中才具有完整的意义。不同的价值观，在价值观结构中如果位置相距较近，表明彼此相似；如果位置相距较远，甚至在180度相反的位置上，说明彼此冲突。Grouzet等（2005）综合以往研究的维度，对来自15种文化的1854个被试进行了11项基本目标的调查，得到一个两维度的目标结构：①"外在–内在"；②"身体自我–自我超越"。物质主义（财富成功）和名望、身体形象，都属于典型的外在目标，与自我悦纳、亲密关系和社群性等内在目标在整体上形成对立冲突。享乐主义属于典型的身体自我一端的价值目标，与灵性修养（自我超越一端）形成对立冲突。这一研究揭示的意蕴是，对身体自我和外在目标的追求是当前社会的主流价值观。因此，不仅对享乐主义和物质主义的追求，而且对权力、名望、身体形象等的外在追求，也体现了幸福感研究关注点的失衡。

从更宏观的角度看，外在追求与内在追求的冲突与失衡，也是不同文化间的冲突与失衡。在Schwartz（1992）经典的价值观研究中，东方文化所看重的仁慈和普世主义与西方文化所强调的成就和权力构成了"自我超越–自我提升"之间的冲突，东方文化所看重的传统和安逸与西方文化所强调的刺激和享乐构成了"保守–开放"之间的冲突。Kasser等（2007）总结反省了美国公司资本主义过度追求外在目标的心理后果，指出对外在目标的过度追求不仅会降低人们的幸福感，还会损害人们对广阔世界的关怀、损害我们与他人的亲密关系，以及损害人们的自我价值感和自由感。造成这种后果的根本原因，在于这些价值和目标与传统的和集体导向的价值相冲突。例如，Sheldon和McGregor（2000）发现，在公共资源困境中，高外在价值取向者会为了个人利益占用更多的资源，较少考虑他人和集体的利益。Duriez 等（2007）还发现，追求外在目标的人具有更强的社会支配取向（Social Dominance Orientation，SDO，一种认为社会上的群体按照上下等级组织起来的取向），从而更容易产生种族歧视。综上，过度的外在追求会损害内在追求，西方价值观过度发展产生的不良后果需要东方价值观来弥补。

（四）人与自然的失衡

人类快速发展所带来的自然和生态的破坏，是怎么强调都不为过的一个主题。这自然也会影响人的幸福感。从心理学的角度来看，外在取向的价值观与保护自然的意识存在冲突关系。Brown 和 Kasser（2005）的研究发现，追求外在目标的个体，保护生态环境的行为更少。在环境价值及测量方面，新环境范式主张人是自然整体的一部分，而不是脱离自然（更不是主宰自然）的独立主体，并开发了相应的量表（Dunlap，Van Liere，Mertig，& Jones，2000）。其实，这种人与自然和谐共处的价值观，早在中国传统的道家思想中就有集中的体现，Lu（2001）在用实证方法考察中国人对幸福的朴素认识时，即发现人与自然和谐共处是幸福感的一个重要成分。

环境心理学认为，久居都市的现代人在自然环境中，甚至仅仅是在看自然景色的照片时，都会有一种复原的效果。Ulrich 等（1991）的研究发现，那些暴露在自然环境中的被试，不管是在生理上还是心理上，压力水平都会降低。即使是术后卧床不起的病人，如果通过窗子看到外面有绿树，比起看到外面是墙壁的病人，也收到了更好的康复效果（Ulrich，1984）。Kaplan（1995）用注意恢复理论（Attention Restoration Theory，ART）来解释人们在大自然中的这种恢复反应。该理论认为，人们在日常生活中较好地完成任务需要运用和维持定向注意，控制自己不要分心，这样长时间地使用定向注意会产生注意疲劳。然而，人们在大自然中会更多地使用无意注意（不需要意志努力），从而使定向注意得到休息和恢复。这种对定向注意和无意注意两者此消彼长相互平衡的分析，颇具阴阳转换思维的特征。然而，遗憾的是，西方有关幸福感的研究更多关注的是人对外部世界的改造（如控制感和自我效能感），很少关注人与自然和谐共处这一点。

综上所述，运用中庸阴阳平衡的思想，从宏观视角进行分析，当前的幸福感研究过度关注积极情绪而忽视消极情绪，过分强调物质主义等外在价值，忽略了精神追求等内在价值，更没有关注到人与自然的关系。不管是对现代性的反思，还是东西方跨文化的比较分析，幸福感研究关注点上的这些失衡是否有可能在研究内容和关注点上加以整合呢？而中庸阴阳平衡思想所强调的动态转化过程，是否会具体反映在幸福感的体验"过程"和模式当中呢？下文遵循人本主义心理学的传统和定性研究的思想，将幸福感研究的失衡聚焦到"忽视存在性体验"这一核心问题上，提出存在幸福感的概念，并揭示其与幸福感的其他方面动态转化的过程模式，同时揭示存在幸福感与中庸实践思维的关系。

二　存在幸福感及其体验模式

死亡对生命的终结，以及对"人终有一死"的意识，是人类生活的重要主题。对死亡及死亡意识的认识及适应理应成为评价幸福与否的一个方面。Pyszczynski 等（1997）认为人类所有具体的需要和动机最终都根植于对生命延续的本能渴望。他们将所有的动机分为三个层次：①直接的生物动机，指向获得生理满足，如对食物和水的追求；②象征性的防御动机，指向控制死亡恐惧，如对主流世界观和自尊的追求；③自我扩展的动机，指向成长和意义，如自我实现和内在人格整合。如前所述，研究者已经对享乐主义的幸福感进行了较深入的研究，发现这种直接的生物动机遵循边际递减的规律。而恐惧管理理论（Terror Management Theory，TMT）对象征性的防御动机进行了开创性的研究，它用实验的方法探讨人们在死亡意识凸显下的反应，发现对世界观的拥护和自尊的提升，不过是发挥了缓解存在焦虑的缓冲器作用（Greenberg，Pyszczynski，& Solomon，1986）。

因此，不管是生理上的满足还是心理上的防御，都不能使人在长远意义上面对死亡意识的威胁。只有指向成长和意义的自我扩展动机，才能更深入地化解死亡所带来的恐惧。因为与前两种动机相比，自我扩展的动机并不是源于对消极状态（不舒服、压力和匮乏）的克服，而是源于个体自身潜能的充分实现、对人与环境匹配的认识、对内在自我整合的体验等。对此，人本主义心理学的传统进行了大量的论述和研究（如 Maslow，1968）。尤其是其现代形式——自我决定论（Self-Determination Theory，SDT）——揭示了人类有三种与生俱来的基本需要：自治需要、关系需要、胜任需要（Deci & Ryan，1985；1991）。这些基本需要的满足可以"直接"导致内在的满足，获得真正的、无条件的幸福感；而一些外在目标的实现只能为这些基本需要提供"间接"的满足，甚至会损害基本需要的满足，从而损害幸福感（Deci & Ryan，1995）。前面所述对物质主义的反思，以及对外在价值和内在价值的研究，不少都是在自我决定论视角下进行的研讨（如 Kasser，Cohn，Kanner，& Ryan，2007）。

（一）存在幸福感的理论背景

本文遵循人本主义心理学的传统，认为自我扩展的动机对化解存在焦虑具有更重要的作用。但是，SDT 和内在价值的研究并不能完全包含和解释自我扩展动机的内容和作用机制。首先，在内容上，三种基本需要侧重个人主义文化下个体潜能的实现，对反思性和超越性的存在需要关注不够。例如，当我们与婴幼儿共处时，那种对生命本身的鉴赏油然而生，类似这种非个人潜能实现的存在性体验对人的心理健康同样具有重要的作用（Maslow，1968）。其次，自我扩展的动机不是匮乏性动机，不像直接的生物动机和象征性的防御动机那样急迫，所以并不能轻易实现。也就是说，虽然对存在性体验的需要是人类一种固有的和实际的需要，但常常会被匮乏性动机所掩盖，使一个人长期处于异化状态，威胁他的心理健康。因此，除了探讨自我扩展的动机的内容外，我们还要探讨自我扩展的动机在什么条件下产生，以及如何产生。

前文提到的 Tedeschi 等（1998）有关创伤后成长（PTG）的研究，不仅指出人们在经历创伤之后的成长包括更广泛及深入的人生哲学的改变，而且还表明这种成长往往发生在离婚、HIV 感染、性侵犯、患癌症、骨髓移植等消极的创伤事件之后。压力后成长（Stress-Related Growth）和接近死亡体验（Near-Death Experiencers，NDErs）的研究揭示了类似的"消极事件－心理成长"模式，这些研究表明，压力、创伤和灾难是促成心理成长的一个常见外部因素（Park，Cohen，& Murch，1996；Ring，1984）。然而，经历创伤并不意味着一定获得心理成长，心理成长还需要个体内部因素的配合。Cozzolino 等（2004）指出，不同于 TMT 让被试在实验室里"抽象"地想象死亡，PTG/NDErs 的特点是个体在现实生活中相信自己会死的事实，死亡体验对他们来说是"具体"的。基于此，Cozzolino 等（2004）提出了不同于死亡焦虑的另一种死亡意识——死亡反省（death reflection），包含三个成分：面对真实的死亡（actual death）、生命回顾（life review）和能够站在他人的角度看问题。在这种死亡反省意识下，过去的生活不仅仅在眼前简单地闪过，同时还代表生命的每一刻都栩栩如生，所有的想法和感受，以及与之交往的其他人的想法和感受（站在他人的角度想问题）都非常清晰。这些研究充分说明了一种超越性的心理反省及整合是获得心理成长的重要内部因素。

创伤等消极事件可以经过阴阳转换产生积极的体验，但这一转换的转折点究竟在哪里，则很难把握。有时，外部因素和内部因素的配合，在某些特殊的环境刺激下是自然而然发生的。Kaplan（1995）有关恢复性环境的研究揭示了现代人在大自然中如何具有从压力和疲劳中恢复的功能。他指出恢复性环境有四个成分：①离开（being away），自然环境提供了让人生理和心理离开日常压力的机会，使定向注意得到休息；②入迷（fascination），自然环境本身可以很容易地吸引人的注意力（不需要意志努力），但不花哨（如广告），给人很多遐想的空间；③延展（extent），自然环境能够提供足够丰富和具有可延展性的内容，让心理得到扩展；④相容（compatibility），在自然环境中，人的目的与环境相容匹配，互相呼应。这些成分虽然都对应着人的心理反应，但更强调自然环境本身所具有的对人的可供性（affordance）特点，与进化心理学和生态知觉理论具有一定的联系。该理论的重要意义在于，在不提及死亡意识的情况下，从"人类是自然的一部分"角度揭示了人的存在本质。

（二）存在幸福感的概念和内涵

我们在整合心理成长、死亡意识和恢复性环境等研究的基础上，提出一个幸福感的新概念——存在幸福感（Existential Well-being）：在体验到自我和生命本身的存在时，一种非防御性的超脱、鉴赏和成长的感受（Wei，2013）。首先，存在幸福感源于人所固有的存在性需要获得满足，是完整的健康生活方式不可或缺的一部分。其次，虽然每个人都可以获得存在幸福感的体验，但是受到现代生活方式、社会价值导向，以及个人追求等因素的影响，存在幸福感的体验可能被忽视和剥夺。不过，某些特定的情境和条件更有利于产生存在幸福感，例如，生命受到威胁引发人生反省时，将自我投射到他人或历史中时，亲近自然环境时。最后，存在幸福感具有超越性，是常态生活幸福感的一种补偿（平衡）。正如人在恢复性环境中使用无意注意从而让定向注意得到休息一样，存在幸福感体验可以使人跳出常态生活，超越对外在非本质的价值的追求，从而对整体的健康状态起到补偿和平衡的作用。因此，存在幸福感并不认为不同性质的价值追求之间存在对立冲突的关系，而是认为它们彼此之间可以互相补充和平衡。

要想获得存在幸福感体验，除了人生自然发生的不可控的经历引发（如创伤后成长）之外，还有一些简易的技巧和途径。Maslow（1968）对此进行了详细的论述，例如："长时间地与婴儿或儿童待在一起。他们比其他人更接近存在性世界。有时候，当你与一些动物，如小猫、小狗、猴子或猩猩待在一起时，你也能感受到存在性世界。""思考一下，你的生活在一个远方的人看来是怎样的，例如，一个远在非洲的小山村里的人，他是怎样看的。"我们在课上让研究生从这些论述里选择自己最有体会的一条，分享体验，并进行讨论（Wei，2013），然后整理出存在幸福感的内容成分，包括：①从现实功利的世界和事务中获得解放，表现为没有对外在价值的追求，甚至也不追求具体形式的内在价值；②个体自我的跳出、扩充和淡出，表现为从另一个角度看自己，自我从内在的世界扩充到外部世界，感到个体自我消解在万事万物中；③对死亡的非防御性接受和认可；④对生命本身的体验和赞美，表现为感到人是大自然的一部分，生命和自然本身是一种神奇的造物；⑤广阔的时空感和深切的历史感，表现为对人的根本问题和存在状态有一种古今同慨的感受。

虽然每个人都可以获得存在幸福感体验，但不同的人获得存在幸福感体验的难易程度不同，体验的丰富程度也不同。考虑到存在幸福感的具体成分，有些成分每个人都可以较容易地感受到，如从现实功利的世界和事务中获得解放，对生命本身的体验和赞美；相反，有些成分较不容易体会到，如对死亡的非防御性接受和认可，广阔的时空感和深切的历史感。根据心理学的资源观点（Hobfoll，2002），笔者认为，存在幸福感可被看作一种心理资源，一个人体验到的存在幸福感内涵越丰富、频次越多，积累的心理资源越多，对身心健康越有益。同时，存在幸福感所包含的不同成分之间具有相互代偿的作用。即使一个人只能感受到存在幸福感的某个成分，也能对心理健康起到重要的作用。然而，受到现代生活方式、社会价值导向以及个人追求等因素的影响，存在幸福感在大多数时候不容易获得。因此，考察存在幸福感体验的获得过程变得非常重要。

（三）存在幸福感体验的获得过程

以存在幸福感的五个成分为基础，Wei（2013）设计了五种开放式问卷，假定存在幸福感体验只有在适当引发的条件下才能在自我报告中较容易地出现。以"从现实功利的世界和事务中获得解放"的问卷为例，指导语为：

现代社会，很多人都把追求物质财富作为自己生活的重中之重，甚至将获取金钱和财富的多少看作人生成功与否的唯一标准。然而，有时候人们也会感到物质和财富终究是身外之物，人生中有比物质和财富更重要的东西。当人们体验到这些更重要的东西时，往往有种找回生命和生活本质的感觉。请回忆你最近一次（或者过去印象最深刻的一次）有这种体验和感觉时的情形。

大学生被试在阅读了五种问卷之一的指导语之后，被要求回答两个问题：①当时发生了什么事？（或者你做了什么？处于什么状态？）②你有什么样的体验和感受？对这些回答的定性分析揭示了存在幸福感的体验过程存在两种模式：①"迷失—转换—领悟"模式；②"离开—沉浸"模式。

模式 A："迷失—转换—领悟"。如图 1 所示，许多人会由于外在价值的驱动而在日常生活中"迷失"，如果不发生什么事，这种状态会一直持续，在日常生活中占主导地位。当他们经历一些特殊的事情之后，会发生"转换"。这种转换有赖于外在因素和内在因素的配合。外在因素包括家人陪同、突发事件、观察到他人的经历等；内在因素包括注意转换、内在反省、发现好的生活方式等。转换的发生对于存在幸福感的体验非常重要，一旦个体意识到生活中更重要的是内在价值和追求之后，就会有新的"领悟"。这种领悟对个体的心理健康和成长具有非常积极的作用，可以概括为"纠正/恢复"和"整合/成长"。纠正/恢复是指对迷失的纠正，找到正确的生活方向，这种转换使压力和疲劳得到缓解，生活本质得到恢复。整合/成长是指对过去的经历和自我的认识进行整合，形成新的自我定位，在心理上获得成长，从而具有积极的动力向前发展。"领悟"的这些功能，在被试的文字描述中具有一些显著的特征：消极情绪的消除、自由感和自信感以及感到新生。

例如，在上述列举的问卷例子中，一位被试形象地描述了他在观察到他人的经历之后，如何转换了他对物质财富在人生中作用的看法，认为亲情更可贵。

高二的时候，我的一个同学得了良性肿瘤，本来应该是一个很简单的手术就可以痊愈的，但最后因为一些事后才发现的医疗事故，我的同学在术后半个月去世了。我们都去参加了他的追悼会，**亲眼目睹**了他的父亲几天内头发全都变白，他的家人极度悲痛的样子。我在过去的四年里一直与他的家人保持着联系，一个本来稳定且富足的家庭完全被摧毁了。他的母亲辞去了工作，一心想通过司法途径找回公道，但最终没有胜诉。

这件事情**完全改变**了我对生活的看法。从那以后我**真正清楚地**

认识到相对于生命而言，一切物质性的财富在价值上都是渺小的。尤其是在亲自见证了一个本来良好的家庭是怎样被无法预知的灾难瞬间击垮后，更让我意识到亲情的可贵以及家庭的重要性。在情感的纽带崩溃以后，外在的财富就完全失去了它的价值。这件事情确实让我亲身体会到了物质性的得失在更为重要的情感面前并没有多少价值。

模式 A：“迷失—转换—领悟”

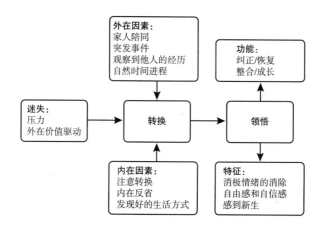

模式 B：“离开—沉浸”

图 1　存在幸福感体验模式

模式 B：“离开—沉浸”模式。如图 1 所示，有些人在获得存在幸福感体验方面表现出较高的主动性，他们已然把追求内在价值和存在性需要的满足作为健康生活方式的一部分。因此，虽然他们经常也处于日常压力之下并受外在价值驱动，但他们会有意识地主动寻找机会或安排时间，去追求内在价值和存在性需要的满足，即“离开”。当他们投入到另外一种活动或状态（如阅读或休闲）中时，将进入一种“沉浸”的享受状态，从而获得心理上的满足。这种最终的心理满足的特征和功能类似于模式 A。

三　中庸实践思维与存在幸福感

表面上看，好像中庸思维与存在幸福感并没有直接的联系。因为在已有的实证研究中，中庸思维经常被强调的重点是：在处理人际关系时如何去权衡不同人的感受，以达到和谐共处；或者强调在认知上如何看到事物的阴阳两面，以及这两面如何随着时间动态转换。然而，杨中芳（2010a）的中庸实践思维体系具有很强的整合性和开放性，尚有很多值得理论和实证研究去开发的空间。本文的存在幸福感研究很可能是可以被放在中庸实践思维体系框架之中，作为未来研究发展的方向之一。中庸思维无处不在，在元认知层面，它可以成为存在幸福感研究的一个分析工具；作为生活哲学，它与存在幸福感具有共性；作为实践思维，它可以体现在存在幸福感的体验模式 A 中；作为人格修养，存在幸福感可能是其中重要的一个方面。下面对中庸实践思维与存在幸福感的关系进行分析，并讨论存在幸福感研究对中庸实践思维体系研究可能具有的推动作用。

（一）将存在幸福感放入中庸实践思维体系

存在幸福感的提出，部分基于内在价值与外在价值、传统价值与现代价值等将不同价值观相区分的研究成果（Grouzet et al.，2005；Schwartz，1992；Kasser et al.，2007）。但笔者并没有将不同的价值观完全对立起来，而是在人生整体上考虑它们彼此之间的补偿和平衡。中庸思维部分代表了传统价值（与现在的工具理性相区分），但它作为行动取向的实践思维，可以脱离狭义的价值取向（张德胜等，2001）。由于具有实用性，中庸思维也并不是清晰地靠近内在价值或外在价值。因此，就价值层面来说，广义的中庸实践思维应该认可整体上的价值平衡。就这一点而言，存在幸福感完全可以被纳入中庸实践思维体系中来。尤其是在中庸实践思维体系支撑的集体文化思维层面（宇宙观/人观/价值观），在宏观层面与之对应的实证研究非常缺乏。存在幸福感研究可被看作一个范例，不仅体现了中庸强调整体上平衡的观念，而且可以和现有的西方幸福感研究在较为宏观的层面上对话（类似的对话，参见张仁和等，2014）。

在中庸实践思维体系里，"生活哲学"是中庸思维的核心，"具体事件处理"是中庸思维的具体体现。在生活哲学部分，中庸可谓无所不包，可以涵盖生活的各个方面。然而，对于"具体事件处理"，目前的框架主要涉及的是人际关系层面。存在幸福感研究关注的是个人对自我生活方式的把握，可以扩展中庸思维具体应用的领域。尤其是对存在幸福感体验过程的研究，不是静态地考察中庸思维在认知和信念上的体现，而是动态地分析中庸思维实践的过程。这一点也是已有中庸研究相对薄弱之处。另一方面，如果将"处理人际关系"和"个人独处自足"看作生活的阴阳两面，那么，在某种程度上，"处理人际关系"是一个择前审思、仔细权衡、事后反省，并反复拿捏的"受限"和"辛苦"过程，而"个人独处自足"就是一个"独乐乐"的"自由"和"轻松"境界。如此说来，存在幸福感的诸多成分（出世）可作为"处理人际关系"（入世）这一中国人最重要的日常事务的平衡和补偿。中庸之所以具有对中国文化的涵盖性，也是因为它像元认知一样总能超越既定的具体认知和思维方式。它不仅是儒家思想的集大成，也能容纳道家的思想，儒道互补更能代表中国文化。

（二）中庸核心构念与存在幸福感研究

阴阳转换的感知方式、内外无虑的生活目标和中庸处世信念/价值，是中庸的核心构念，也是中庸实践思维体系的重中之重（杨中芳、赵志裕，1997；赵志裕，2000）。这三个核心构念对应着中庸实践思维体系中生活哲学部分的三方面内容：看人论事、生活目标和处世原则（信念/价值）（杨中芳，2010a）。同时，这三方面内容与中庸实践思维体系的终极因变量"心理健康"直接相关。存在幸福感恰恰是有关生活哲学的概念，也是心理健康的重要方面。因此，中庸核心构念与存在幸福感研究具有紧密的联系。

从杨中芳（2010a）的中庸实践思维体系构念图看，中庸实践思维（作为对中国文化的一个核心代表）对中国人影响的重点，不是强调追求物质享乐与个人成就，而是教人提高个人修养与促进人际和谐。杨中芳（2010a）认为，中庸的生活哲学，特别是所追求的人生目标，亦即人们"安身立命"之所在，应该是人们决定自己是否幸福、快乐及心理健康的依凭，因此在探研华人的"心理健康"为何时，要把其文化的人生追求放进去考虑。那么，中庸人生目标的具体内容是什么呢？Lee 等（2013）提出的安适幸福感细化了所谓"内心和谐、平衡和安定"的人生目标内涵，并开发了相应的量表。该研究在某种程度上弥补了西方幸福感研究的不足。存在幸福感强调追求存在性需要的满足，认为对生命本质的体验对心理健康具有重要的作用。首先，该概念的提出是对安适幸福感的一种呼应，进一步拓展了中庸人生追求的内涵；其次，存在幸福感是在反思西方价值观（目标）研究缺陷的基础上提出的概念，其对内容结构的研究可以直接与价值观（目标）研究进行对话，而采用价值与目标方面的研究术语能够更好地揭示中庸生活哲学的内涵，也有利于将其放在已有的价值观跨文化研究的成果中去进行文化特征分析。

相比于生活目标，阴阳转换的感知方式（见本辑《来得早不如来得巧：中庸与阴阳转折的时机》一文以及林升栋，2008；孙蒨如，2008）和中庸处世信念/价值（杨中芳、赵志裕，1997；赵志裕，2000；黄金兰、林以正、杨中芳，2012）是大家研究较多的中庸核心构念。然而，杨中芳（2010a）指出，大部分研究考察的是个体对一般事物的理解方法及看法，而不涉及自我陈述的处世经验。人们可以相信和认为中庸很重要，但不一定做得到。林玮芳等（见本辑林玮芳、黄金兰、林以正《来得早不如来得巧：中庸与阴阳转折的时机》）让被试想象自己在面对不幸时有什么反应，然后通过内容分析考察他们自我报告的阴阳转折的时机，并考察这种阴阳转折的特点与幸福感的关系，结果充分说明阴阳转折是一种能力。本文介绍的存在幸福感研究同样是采用开放式问卷的方法，而且不是模拟，是让被试回忆自己的真实经历。在研究所揭示的存在幸福感体验模式 A 中，清晰地呈现了一个阴阳转换的过程，人们将人生的外在追求转换为内在追求。更重要的是，这种转换不仅有赖于注意转换和内在反省等个体内在因素的作用，也有赖于突发事件、观察到他人的经历等外在因素的作用。结合恢复性环境强调环境本身具有恢复性的观点（Kaplan，1995），本文认为，中庸的阴阳转换思想可能具有一定的生态基础。自然万物本身就包含阴阳相互转换的趋势，所谓物极必反；同时人体的生理机能也包含了阴阳转换的机制，如无意注意与有意注意的自然转换，图形与背景的注意焦点转换，等等。因此，真实的阴阳转换可能比想象中更复杂。

（三）存在幸福感与中庸人格修养

"处理人际关系"固然是中庸思维非常核心的内容，但根本上，中庸指向一种自我的人格修养。内外和谐、平衡安定是这种人格修养的理想状态。这种理想状态具有一定的超越性，与存在幸福感的体验状态有不少相似之处。如前所述，在存在幸福感体验的领悟阶段，个体可以获得心理上的"纠正/恢复"和"整合/成长"。这里体现的过程和功能，与李美枝对中庸拿捏是一种对"违和"的纠正的描述颇为相似（转引自杨中芳，2010b）。

设想一下，当中庸修养的功夫达到一定阶段时，一个人可以无限接近收放自如的自觉状态。在存在幸福感的体验模式 B 中，揭示了一种在生活方式上追求平衡的自觉范例。有些人在获得存在幸福感体验方面有较高的自觉性和习惯性，他们已然把追求内在价值和存在性需要的满足作为健康生活方式的一部分。因此，他们会有意识地主动寻找机会或安排时间，去追求内在价值和存在性需要的满足。这种自觉地对生活方式加以平衡的做法，也许构成了中庸人格自我修养的一个关键。当个体达至这个阶段时，可以较容易地消除消极情绪，获得自由和平静的感受。

（四）未来研究方向

综上所述，存在幸福感研究从个体追求生活方式平衡的角度，弥补以往中庸研究主要强调"处理人际关系"的不足。通过运用定性分析的方法，我们发现，存在幸福感的体验过程揭示了中庸阴阳转换的动态过程，"转换"的发生有赖于外部因素和内部因素的共同作用。如果一个人能够不时获得存在幸福感的体验，使生活得到平衡，将对心理健康起到重要的促进作用。在中庸实践思维体系的总框架下，存在幸福感研究指出了中庸研究的几个可能的新方向：①生活方式的反省研究。正如杨中芳（2010a）所指出的，有关中庸反思的研究一直未引起研究者的注意。存在幸福感的初步研究发现，内在反省对生活方式的转换具有重要的作用，而存在幸福感的体验亦能够起到整合个体过去经历的作用。②生活方式异化的研究。中庸思维和存在幸福感有一个共同的特点，那就是实践起来有难度，所以往往被异化。因此，对生活方式异化的研究可以从相反的方面认识存在幸福感和中庸的人生目标追求。③结合定量和定性的方法进行研究。在回应对研究方法的质疑时，杨中芳（2010b）认为定量研究和定性研究各有优势，建议在中庸研究中综合使用。存在幸福感的研究为这个建议提供了佐证，从定性的角度出发，确实能够发现一些定量研究所不能发现的内容。

参考文献

黄金兰、林以正、杨中芳，2012，《中庸信念/价值量表之修订》，（台北）《本土心理学研究》第 38 期，第 3～41 页。

林升栋，2008，《阴阳转换思维之测量》，中国社会心理学会 2008 年年会，天津，10 月 24～26 日。

孙蒨如，2008，《中国人的阴阳思维》，中国社会心理学会 2008 年年会，天津，10 月 24～26 日。

韦庆旺，2012，《荣格》，载俞国良编《心理健康经典导读》，北京：开明出版社。

吴佳辉、林以正，2005，《中庸思维量表的编制》，（台北）《本土心理学研究》第

24 期，第 247~299 页。

杨中芳，2009，《传统文化与社会科学结合之实例：中庸的社会心理学研究》，《中国人民大学学报》第 3 期，第 53~60 页。

杨中芳，2010a，《中庸实践思维体系探研的初步进展》，（台北）《本土心理学研究》第 34 期，第 3~96 页。

杨中芳，2010b，《一个中庸、各自表述》，（台北）《本土心理学研究》第 34 期，第 159~165 页。

杨中芳、赵志裕，1997，《中庸实践思维初探》，第四届华人心理与行为科际学术研讨会，台北，5 月 29~31 日。

张德胜、金耀基、陈海文、陈建民、杨中芳、赵志裕、伊沙白，2001，《论中庸理性：工具理性、价值理性和沟通理性之外》，《社会学研究》第 2 期，第 33~48 页。

张仁和、林以正、黄金兰，2014，《西方智能研究新动态与中庸思维的关系》，《中国社会心理学评论》第八辑（出版中）。

赵志裕，2000，《中庸思维的测量：一个跨地区研究的初步结果》，《香港社会科学学报》第 18 期，第 33~35 页。

Blanchflower, D., & Oswald, A. (2004). Well-being overtime in Britain and the USA. *Journal of Public Economics*, *88*, 1359 – 1386.

Brown, K. W., & Kasser, T. (2005). Are psychological and ecological well-being compatible? The role of values, mindfulness, and lifestyle. *Social Indicator Research*, *74*, 349 – 368.

Burroughs, J. E., & Rindfleisch, A. (2002). Materialism and wellbeing: A conflicting values perspective. *Journal of Consumer Research*, *29*, 348 – 370.

Cozzolino, P. J., Staples, A. D., Meyers, L. S., & Samboceti, J. (2004). Greed, death, and values: From terror management to transcendence management theory. *Personality and Social Psychology Bulletin*, *30*, 278 – 292.

Deci, E. L., & Ryan, R. M. (1985). *Intrinsic motivation and self-determination in human behavior*. New York: Plenum Press.

Deci, E. L., & Ryan, R. M. (1991). A motivational approach to self: Integration in personality. In R. Dienstbier (Ed.), *Nebraska symposium on motivation*, *Vol.* 38: *Perspectives on motivation* (pp. 237 – 288). Lincoln, NB: University of Nebraska Press.

Deci, E. L., & Ryan, R. M. (1995). Human autonomy: The basis for true self-esteem. In M. Kernis (Ed.), *Efficacy*, *agency*, *and self-esteem* (pp. 31 – 49). New York: Plenum.

Deci, E. L., & Ryan, R. M. (2000). The "what" and "why" of goal pursuits: Human needs and the self-determination of behavior. *Psychological Inquiry*, *11*, 227 – 268.

Diener, E. D., Emmons, R. A., Larsen, R. J., et al. (1985). The satisfaction with life scale. *Journal of Personality Assessment*, *49*, 71 – 75.

Diener, E. D., Ng, W., & Tov, W. (2008). Balance in life and declining marginal utility of diverse resources. *Applied Research Quality Life*, *3*, 277 – 291.

Diener, E. D., & Seligman, E. P. (2004). Beyond money: Toward an economy of well-being. *Psychological Science in the Public Interest*, *5*, 1 – 31.

Dunlap, R. E. , Van Liere, K. D. , Mertig, A. G. , & Jones, R. E. (2000). Measuring endorsement of the New Ecological Paradigm: A revised NEP scale. *Journal of Social Issues*, *56*, 425 – 442.

Duriez, B. , Vansteenkiste, M. , Soenens, B. , & DeWitte, H. (2007). The social costs of extrinsic relative to intrinsic goal pursuits: Their relation with right-wing authoritarianism, social dominance, and racial prejudice. *Journal of Personality*, *75*, 757 – 782.

Greenberg, J. , Pyszczynski, T. , & Solomon, S. (1986). The causes and consequences of a need for self-esteem: A terror management theory. In R. F. Baumeister (Ed.), *Public and private self*. New York: Springer-Verlag.

Grouzet, F. , Kasser, T. , Ahuvia, A. , Fernandez-Dols, J. M. , Kim, Y. , Lau, S. , Ryan, R. M. , Saunders, S. , Schmuck, P. , & Sheldon, K. M. (2005). The structure of goal contents across fifteen cultures. *Journal of Personality and Social Psychology*, *89*, 800 – 816.

Hobfoll, S. E. (2002). Social and psychological resources and adaptation. *Review of General Psychology*, *6*, 307 – 324.

Kahneman, D. , & Krueger, A. B. (2006). Developments in the measurement of subjective well-being. *The Journal of Economic Perspectives*, *20*, 3 – 24.

Kaplan, S. (1995). The restorative benefits of nature: Toward an integrative framework. *Journal of Environmental Psychology*, *15*, 169 – 182.

Kashdan, T. B. , Biswas-Diener, R. , & King, L. A. (2008). Reconsidering happiness: The costs of distinguishing between hedonic and edudaimonia. *The Journal of Positive Psychology*, *3*, 219 – 233.

Kasser, T. , Cohn, S. , Kanner, A. D. , & Ryan, R. M. (2007). Some costs of American Corporate Capitalism: A psychological exploration of value and goal conflicts. *Psychological Bulletin*, *18*, 1 – 22.

Kasser, T. , & Kasser, V. G. (2001). The dreams of people high and low in materialism. *Journal of Economic Psychology*, *22*, 693 – 719.

Kasser, T. , & Ryan, R. M. (2001). Be careful what you wish for: Optimal functioning and the relative attainment of intrinsic and extrinsic goals. In P. Schmuck & K. M. Sheldon (Eds.), *Life goals and well-being: Towards a positive psychology of human striving* (pp. 116 – 131). Goettingen, Germany: Hogrefe & Huber.

Kasser, T. , & Sheldon, K. M. (2000). Of wealth and death: Materialism, morality salience, and consumption behavior. *Psychological Science*, *11*, 348 – 351.

Lee, Y. , Lin, Y. , Huang, C. , & Fredrickson, B. L. (2013). The construct and measurement of peace of mind. *Journal of Happiness Studies*, *14*, 571 – 590.

Lu, L. (2001). Understanding happiness: A look into the Chinese folk psychology. *Journal of Happiness Studies*, *2*, 407 – 432.

Lu, L. (2008). The Chinese conception and experiences of subjective well-being. *Discovery of Applied Psychology*, *1*, 19 – 30.

Maslow, A. (1968). *Toward a psychology of being* (2nd ed.). New York: Van

Nostrand.

Park, C. L. , Cohen, L. H. , & Murch, R. L. (1996). Assessment and prediction of stress-related growth. *Journal of Personality*, *64*, 71 – 105.

Pyszczynski, T. , Greenberg, J. , & Solomon, S. (1997). Why do we need what we need? —A terror management perspective on the roots of human social motivation. *Psychological Inquiry*, *8*, 1 – 20.

Richins, M. L. (1995). Social comparison, advertising, and consumerdiscontent. *American Behavioral Scientist*, *38*, 593 – 607.

Richins, M. L. , & Dawson, S. (1992). A consumer values orientationfor materialism and its measurement: Scale development and validation. *Journal of Consumer Research*, *19*, 303 – 316.

Ring, K. (1984). *Heading toward Omega: In search of the meaning of the near-death experience*. New York: Morrow.

Ryan, R. M. , & Deci, E. L. (2001). On happiness and human potentials: A review of research on hedonic and eudaimonic well-being. *Annual Review of Psychology*, *52*, 141 – 166.

Ryff, C. D. , & Singer, B. H. (1998). The contours of positivehuman health. *Psychological Inquiry*, *9*, 1 – 28.

Schwartz, S. H. (1992). Universals in the content and structure of values: Theory and empirical tests in 20 countries. In M. Zanna (Ed.), *Advances in experimental social psychology* (Vol. 25) (pp. 1 – 65). New York: Academic Press.

Sheldon, K. M. , & McGregor, H. (2000). Extrinsic value orientation and the tragedy of the commons. *Journal of Personality*, *68*, 383 – 411.

Sheldon, K. M. , & Niemiec, C. P. (2006). It's not just the amount that counts: Balanced need satisfaction also affects well-being. *Journal of Personality and Social Psychology*, *91*, 331 – 341.

Tedeschi, R. G. , Park, C. L. , & Calhoun, L. G. (Eds.) (1998). *Posttraumatic growth: Positive changes in the aftermath of crisis*. Mahwah, NJ: Lawrence Erlbaum.

Tsai, J. L. , Knutson, B. , & Fung, H. H. (2006). Cultural variation in affect valuation. *Journal of Personality and Social Psychology*, *90*, 288 – 307.

Ulrich, R. S. (1984). View through a window may influence recovery from surgery. *Science*, *224*, 420 – 421.

Ulrich, R. S. , Simons, R. F. , Losito, B. D. , Fiorito, E. , Miles, M. A. , & Zelson, M. (1991). Stress recovery during exposure to natural and urban environments. *Journal of Environmental Psychology*, *11*, 201 – 230.

Veenhoven, R. (2000). Freedom and happiness: A comparative study in forty-four nations in the early 1990s. In E. diener & E. M. Sul (Eds.), *Culture and subjective well-being* (pp. 257 – 288). Cambridge, MA: The MIT Press.

Watson, D. , Clark, L. A. , & Tellegen, A. (1988). Development and validation of brief measures of positive and negative affect: The PANAS scales. *Journal of Personality and Social Psychology*, *54*, 1063 – 1070.

Wei, Q. (2013). Existential value realization: Patterns, functions and features. (unpublished manuscript).

Toward an Existential Well-Being: Zhongyong and Life Balance

Wei Qingwang　　*Guo Zheng*

Department of Psychology, Renmin University of China

Abstract: In this paper, the authors propose a concept of "existential well-being" and discuss its relationship with the concept of zhongyong. Firstly, a review of past well-being studies reveals imbalances of focus while using the yin-yang perspective on which zhongyong thinking is based. The imbalances appear in the studies of positive versus negative emotion, materialism versus spirituality, external value versus internal value, and human versus nature. Secondly, the concept of existential well-being is proposed to make up for these inadequacies and the patterns from which existential well-being are layed out through the concept of yin-yang transformation. The functions of the experience of existential well-being are provided by some preliminary empirical evidence. Finally, the relationship between existential well-being and zhongyong thinking were analyzed in depth and, based on it, current zhongyong studies are critically assessed.

Keywords: Existential Well-being, Terror Management Theory, Value, Death Consciousness, Restorative Environments, Zhongyong Thinking

附录一 中庸实践思维体系构念图

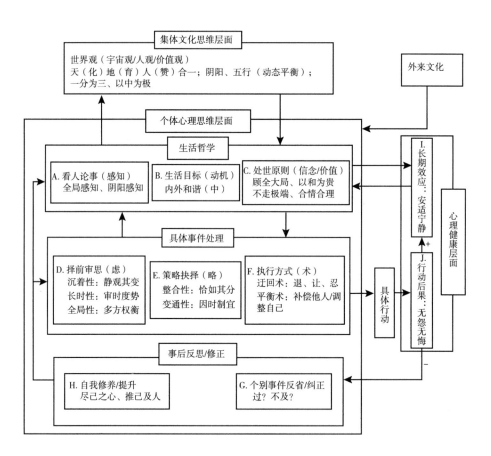

附录二　中庸相关量表总汇

1. 中庸信念/价值量表（黄金兰、林以正、杨中芳，2012）

请仔细阅读下列每一题中包含的两个陈述句，在句子**左边**的括号中，勾选一个您比较同意的句子（**请务必二选一**）；之后，请您在该陈述句右边栏内，圈选一个数字（1~7），表达您同意该陈述句的程度。

例如，对下面两个句子，如果您比较同意第二句，且同意的程度"非常"高，请回答如下：

( )	例	自我反省是很重要的。	1	2	3	4	5	⑥	7
(√)		事情做完就不要回头想它。							

			非常不同意	比较不同意	有点不同意	不确定	有点同意	比较同意	非常同意
( )	**1**	与人相处，不能吃亏，否则别人会得寸进尺。	1	2	3	4	5	6	7
( )		*与人相处，吃点眼前亏，将来对自己可能有好处。							
( )	**2**	处理事情，要当机立断，免得节外生枝。	1	2	3	4	5	6	7
( )		*事情发生时不要急于采取行动,先静观一下事态的发展再说。							
( )	**3**	做事如不采取强硬态度，别人便会看不起你。	1	2	3	4	5	6	7
( )		*任何事做得过火，通常会适得其反。							
( )	**4**	*一件事情总有好的和坏的两方面，就看你怎么看了。	1	2	3	4	5	6	7
( )		不管你怎么看，每件事情都可以归结为"好的"或"不好的"。							

续表

（ ）			非常不同意	比较不同意	有点不同意	不确定	有点同意	比较同意	非常同意
（ ） （ ）	5	*与人相处,只做到"合理"是不够的,还要"合情"才恰当。 与人相处依理行事即可,不必兼顾人情。	1	2	3	4	5	6	7
（ ） （ ）	6	人为争一口气,有时候得不怕得罪人。 *为了与周围的人和睦共处,有时候得忍一口气。	1	2	3	4	5	6	7
（ ） （ ）	7	*一个人就算运气好,也要看你能否抓住机会。 一个人要是运气好,自己不用做什么,机会也会自动找上门。	1	2	3	4	5	6	7
（ ） （ ）	8	*不管自己多么有理,"放人一马"总是好的。 有理就要据理力争。	1	2	3	4	5	6	7
（ ） （ ）	9	*做事总要以维持大局为重,不要只考虑到自己。 做事总是要顾全大局的话,往往只是委曲求全。	1	2	3	4	5	6	7

*为同意中庸的题目。

2. 人生目标量表（杨中芳编）

以面列出的成语描述了一些人们经常提到的、有关做人处世想达到的状态,有的也可能是您想达到的目标,有的您可能不以为然。请在每一个成语右边栏内圈选一个数字（1~6）,表达您在做人处世时,想要达到该状态的程度。请注意,我们这里问的是您"想要"达到的,而不是问您目前"已经"达到了没有。

		非常 不想要 达到	比较 不想要 达到	有点 不想要 达到	有点 想要 达到	比较 想要 达到	非常 想要 达到	从来没 有这样 想过
1	万无一失	1	2	3	4	5	6	0
2	*融洽和谐	1	2	3	4	5	6	0
3	外圆内方	1	2	3	4	5	6	0
4	*问心无愧	1	2	3	4	5	6	0
5	八面玲珑	1	2	3	4	5	6	0
6	*恰到好处	1	2	3	4	5	6	0

*为"中庸人生"目标,其余为"圆满人生"目标。

3. 中庸阴阳感知成语量表 （杨中芳编）

下面列出的是一些我们常用的成语，请您在阅读了每一个成语之后，告诉我们您觉得该成语说得是否有道理。请在右边栏内圈选一个数字（1~6），代表您觉得该成语说得有道理（或没道理）的程度。如果您不明白该成语的意思，请圈选最右边的"0"。

		非常 没道理	比较 没道理	有点 没道理	有点 道理	比较 有道理	非常 有道理	不明白 意思
1	满盈招损（转）	1	2	3	4	5	6	0
2	塞翁失马，焉知非福（两）	1	2	3	4	5	6	0
3	盛极必衰（转）	1	2	3	4	5	6	0
4	吃亏是福（两）	1	2	3	4	5	6	0
5	苦尽甘来（转）	1	2	3	4	5	6	0
6	合久必分，分久必合（转）	1	2	3	4	5	6	0
7	有利必有弊（两）	1	2	3	4	5	6	0
8	否极泰来（转）	1	2	3	4	5	6	0
9	退即是进（两）	1	2	3	4	5	6	0
10	不是冤家不聚头（两）	1	2	3	4	5	6	0

注：两表示两极感知；转表示转换感知。

4. 中庸处世原则成语量表 （杨中芳编）

下面列出的是一些我们常用的成语，请您在阅读了每一个成语之后，告诉我们您觉得该成语说得是否有道理。请在右边栏内圈选一个数字（1~6），代表您觉得该成语说得有道理（或没道理）的程度。如果您不明白该成语的意思，请圈选最右边的"0"。

		非常 没道理	比较 没道理	有点 没道理	有点 道理	比较 有道理	非常 有道理	不明白 意思
1	施恩勿念，受施勿忘（律）	1	2	3	4	5	6	0
2	处富知贫（因）	1	2	3	4	5	6	0
3	诚心诚意（律）	1	2	3	4	5	6	0
4	退一步，让三分（律）	1	2	3	4	5	6	0
5	居安思危（因）	1	2	3	4	5	6	0
6	过归己，功让人（律）	1	2	3	4	5	6	0
7	能屈能伸（因）	1	2	3	4	5	6	0
8	己所不欲，勿施于人（律）	1	2	3	4	5	6	0
9	未雨绸缪（因）	1	2	3	4	5	6	0
10	藏巧于拙（因）	1	2	3	4	5	6	0

注：律表示律己宽人；因表示因应逆转。

5. 趋势掌握量表（杨中芳改编自余思贤，2008）

下面是一些对自己进行描述的句子，请仔细阅读每一句，并在右边栏内圈选一个数字（1~6），代表该描述与您的实际情况相符合的程度。

		非常不符合	比较不符合	有点不符合	有点符合	比较符合	非常符合
1	我习惯从较长远的时间角度来判断利弊得失。	1	2	3	4	5	6
2	预估事情未来的转变，让我领悟到现在该把握什么。	1	2	3	4	5	6
3	我会依据事情发展的轨迹来制定恰当的策略。	1	2	3	4	5	6
4	我会斟酌事情未来的变化来调整应对方针。	1	2	3	4	5	6
5	我经常看到一件事的过去、当下及未来之间存在紧密的联系。	1	2	3	4	5	6
6	我总是在历史的脉络中来理解一件事情的真正意义。	1	2	3	4	5	6
7	在决定下一步要怎么走时，我常把事情发生的来龙去脉放进去考虑。	1	2	3	4	5	6

6. 中庸意见表达量表（吴佳辉、林以正，2005）

下面是一些对自己进行描述的句子，请您仔细阅读，并在右边栏内圈选一个数字（1~7），代表该描述与您的实际情况相符合的程度。

		非常不符合	比较不符合	有点不符合	不确定	有点符合	比较符合	非常符合
1	意见讨论时，我会兼顾相互争执的意见。	1	2	3	4	5	6	7
2	我习惯从多方面的角度来思考同一件事情。	1	2	3	4	5	6	7
3	在意见表决时，我会听取所有的意见。	1	2	3	4	5	6	7
4	做决定时，我会考虑各种可能的状况。	1	2	3	4	5	6	7
5	我会试着在意见争执的场合中，找出让大家都能够接受的意见。	1	2	3	4	5	6	7
6	我会试着在自己与他人的意见中，找到一个平衡点。	1	2	3	4	5	6	7
7	我会在考虑他人的意见后，调整我原来的想法。	1	2	3	4	5	6	7
8	我期待在讨论的过程中，可以获得具有共识的结论。	1	2	3	4	5	6	7

续表

		非常不符合	比较不符合	有点不符合	不确定	有点符合	比较符合	非常符合
9	我会试着将自己的意见融入他人的想法中。	1	2	3	4	5	6	7
10	我通常会以委婉的方式表达具有冲突的意见。	1	2	3	4	5	6	7
11	意见决定时，我会试着以和谐的方式让少数人接受多数人的意见。	1	2	3	4	5	6	7
12	我在决定意见时，通常会考虑整体气氛的和谐性。	1	2	3	4	5	6	7
13	做决定时，我通常会为了顾及整体的和谐，而调整自己的表达方式。	1	2	3	4	5	6	7

7. 安适感量表（杨中芳改编自李怡真，2009）

下面是一些对生活经验的描述句，请在句子右边栏内圈选一个数字（1~5），告诉我们您是否经常会有该句所描述的感受。

		从没有感受到	很少感受到	有时感受到	经常感受到	总是感受到
1	内心轻松自在。	1	2	3	4	5
2	生活在怡然自得之中。	1	2	3	4	5
3	过着平静安宁的日子。	1	2	3	4	5
4	内心无怨无悔。	1	2	3	4	5
5	*很难让自己有安定的感觉。	1	2	3	4	5
6	*内心焦躁不安。	1	2	3	4	5
7	愉快、和谐地过日子。	1	2	3	4	5

*为反向计分题。

8. 中庸实践自评量表总汇（杨中芳编）

下面是一些有关您与他人相处时可能出现之情况的描述句，有的可能经常发生在您身上，有的则不常出现。请您仔细阅读每一句后，在右边栏内圈选一个数字（1~5），表示您觉得该句所描述的情况在您身上发生的频率。

		从未如此	偶尔如此	有时如此	经常如此	总是如此
*1	我会事后反省自己做的事是不是对得起自己，也对得起别人。（反）	1	2	3	4	5
*2	事情发生时，我尽量注意当时的特殊情况，不一概而论。（慎）	1	2	3	4	5
*3	我会反问自己有没有太自私，有没有替别人着想。（反）	1	2	3	4	5
4	因为事前没有考虑周全，事情被我搞砸了。（慎）（R）	1	2	3	4	5
5	事情做完了，我不会再回头去想它。（反）（R）	1	2	3	4	5
*6	即使与人发生一点小争执，我也会半天心神不定，难以专心做事。（迷）	1	2	3	4	5
*7	遇到与他人发生不愉快事件时，我很难克制自己，以致闹到不可收拾的局面。（克）（R）	1	2	3	4	5
*8	委曲求全，让我觉得很累。（迷）	1	2	3	4	5
*9	我最怕别人叫我即席发表意见。（克）（R）	1	2	3	4	5
10	因考虑到别人的情况，我改变了我原来的决定。（迷）	1	2	3	4	5
*11	在做事前，我会仔细想想有哪些方面必须考虑进去。（慎）	1	2	3	4	5
*12	我会检讨看看，如果下次再做同样的事，要如何做得更好。（反）	1	2	3	4	5
*13	先静观事态进一步发展，我才考虑采取什么行动。（慎）	1	2	3	4	5
*14	对做过的事，我会斟酌自己是做得太过分还是不太够。（反）	1	2	3	4	5
*15	在做出反应前，我预先想好可能造成的后果。（慎）	1	2	3	4	5
*16	在没有把事情弄清楚之前，我先按捺住自己的脾气。（慎）	1	2	3	4	5
*17	事情想太多、太复杂，令我感到迷惘，不知所措。（迷）	1	2	3	4	5
18	为了与人和睦相处，我尽量忍了又忍。（克）	1	2	3	4	5
*19	因为太过谨慎，考虑得太多，以致我做不成事。（迷）	1	2	3	4	5
*20	我觉得自己性子太急、出手太快，以致坏了事。（克）（R）	1	2	3	4	5
21	当我问心无愧时，就一切处之泰然了。（迷）（R）	1	2	3	4	5
*22	我觉得自己好像在为他人活着。（迷）	1	2	3	4	5
*23	觉得世事瞬息万变，我很难掌握自己的方向。（迷）	1	2	3	4	5
*24	遇到与他人闹不愉快后，我几天都会很不舒服。（迷）	1	2	3	4	5
25	想清楚了再做的决定，我不会患得患失。（迷）（R）	1	2	3	4	5

*经项目分析后保留的题目，共19题。

注：克表示沉着克制；慎表示多方慎思；反表示事后反省；迷表示迷惘委曲；R表示反向计分题。

9. 中庸形容词核对表（林升栋，2005）

请对下面每个词是否符合自己的性格做出判断，要求按照行或列的顺序尽快进行选择。另外，之前选择了的词语请不要进行修改，一直做下去就行了。选择词语的数量无限制。

例如：

贪心（　）　　调皮（　）　　落伍（　）　　温暖（0）　　土气（　）

用数字"0"选定了"温暖"。

淳朴（　）　　威严（　）　　粗犷（　）　　潇洒（　）　　强悍（　）

迷糊（　）　　俗气（　）　　自私（　）　　精明（　）　　好静（　）

贪心（　）　　调皮（　）　　落伍（　）　　温暖（　）　　土气（　）

胆小（　）　　节俭（　）　　优雅（　）　　勤劳（　）　　敬业（　）

畏缩（　）　　孤僻（　）　　努力（　）　　死板（　）　　健谈（　）

善良（　）　　悲观（　）　　开朗（　）　　自卑（　）　　诚实（　）

冷漠（　）　　敏感（　）　　懒惰（　）　　坚强（　）　　马虎（　）

谦虚（　）　　依赖（　）　　直率（　）　　严肃（　）　　勇敢（　）

内向（　）　　大方（　）　　冲动（　）　　聪明（　）　　粗心（　）

计较（　）　　上进（　）　　急躁（　）　　好学（　）　　虚伪（　）

理性（　）　　粗暴（　）　　可爱（　）　　圆滑（　）　　开通（　）

文静（　）　　保守（　）　　友善（　）　　严厉（　）　　积极（　）

犹豫（　）　　合群（　）　　热心（　）　　爽快（　）　　主动（　）

被动（　）　　沉默（　）　　谨慎（　）　　安静（　）　　害羞（　）

规矩（　）　　镇定（　）　　理智（　）　　稳重（　）　　成熟（　）

沉着（　）　　沉稳（　）　　包容（　）　　老练（　）　　客观（　）

条理（　）　　深沉（　）　　浮躁（　）　　偏激（　）　　任性（　）

倔强（　）　　暴躁（　）　　极端（　）　　直爽（　）　　性急（　）

好强（　）　　激进（　）　　主观（　）　　坦率（　）　　和气（　）

诚恳（　）　　老实（　）　　礼貌（　）　　随和（　）　　和蔼（　）

忠诚（　）　　亲切（　）　　慈爱（　）　　狠毒（　）　　残忍（　）

蛮横（　）　　无情（　）　　猖狂（　）　　残暴（　）　　机灵（　）

果断（　）　　活泼（　）　　豪放（　）　　风趣（　）　　拘谨（　）

邪恶（　）　　乐观（　）　　忧郁（　）　　自信（　）　　狡猾（　）

热情（　）　　迟钝（　）　　勤奋（　）　　软弱（　）　　认真（　）

骄傲（　）　　独立（　）　　含蓄（　）　　幽默（　）　　懦弱（　）

外向（　） 小气（　） 冷静（　） 愚蠢（　） 细心（　）
宽容（　） 堕落（　） 耐心（　） 贪玩（　） 真诚（　）
感性（　） 温柔（　） 可恶（　） 正直（　） 固执（　）
活跃（　） 开放（　） 凶恶（　） 温和（　） 消极（　）

用于分组和计分的矛盾词（60个）：

善良、邪恶、悲观、乐观、开朗、忧郁、自卑、自信、诚实、狡猾、冷漠、热情、敏感、迟钝、懒惰、勤奋、坚强、软弱、谦虚、骄傲、依赖、独立、直率、含蓄、严肃、幽默、勇敢、懦弱、大方、小气、冲动、冷静、粗心、细心、计较、宽容、急躁、耐心、好学、贪玩、虚伪、真诚、理性、感性、粗暴、温柔、圆滑、正直、开通、固执、文静、活跃、保守、开放、严厉、温和、积极、消极、犹豫、果断。

另外有20个词用于被试练习，熟悉自我判断的操作流程。

10. 企业员工行为中庸化问卷（邵爱国，2003）

下面是一些有关人们在其工作单位遇到情况的描述，请仔细阅读每一句，并在右边栏内圈选一个数字（1~6），代表该描述与您及贵单位的实际情况相符合的程度。

示例："我总是容光焕发"。如您觉得这一描述"比较符合"您的实际情况，请圈选5。

		非常不符合	比较不符合	有点不符合	有点符合	比较符合	非常符合
1	我觉得受同事们的欢迎。	1	2	3	4	5	6
2	我和多数类型的同事都能处得很好。	1	2	3	4	5	6
3	同事们出去游玩的时候，喜欢约我同去。	1	2	3	4	5	6
4	我能很好地与同事合作。	1	2	3	4	5	6
5	大多数同事认为我很难相处。	1	2	3	4	5	6
6	通常，我能很全面地看待工作中的问题。	1	2	3	4	5	6
7	工作之余，我能够参加多数的集体活动。	1	2	3	4	5	6
8	我总大胆地批评别人的言行。	1	2	3	4	5	6
9	我常向周围的同事倾诉不如意的事。	1	2	3	4	5	6
10	同事常说我"出语伤人"，可我不这样认为。	1	2	3	4	5	6
11	工作中遇到可气之事，我就怒不可遏。	1	2	3	4	5	6

续表

		非常不符合	比较不符合	有点不符合	有点符合	比较符合	非常符合
12	被同事误解时,我很难从烦闷中解脱出来。	1	2	3	4	5	6
13	如果有同事批评我,我会很恼火。	1	2	3	4	5	6
14	我为同事在工作上取得的成就感到高兴。	1	2	3	4	5	6
15	我觉得倾听和自己意见不同的见解很困难。	1	2	3	4	5	6
16	我从不轻易对同事做出评价。	1	2	3	4	5	6
17	工作中,一点小事就能引起我的情绪波动。	1	2	3	4	5	6
18	我无法容忍自己在工作中犯错误。	1	2	3	4	5	6
19	我善于处理工作中的紧急情况或突发事件。	1	2	3	4	5	6
20	工作中,我能较快地接受新观念。	1	2	3	4	5	6

附录三 中庸相关名称中英文对照表

中庸实践思维体系

构念图　Conceptualization Map

中庸实践思维体系　C. F. Yang's Zhongyong Action-Deliberation System

中庸实践思维体系构念图　The Conceptualization Map of C. F. Yang's Zhongyong Action-Deliberation System or C. F. Yang's Zhongyong Conceptualization Map

中庸思维　Zhongyong Thinking Mode

以下术语参照"中庸实践思维体系"的逻辑顺序排列

集体文化思维层面　Collective-cultural thinking level

世界观　World view

天地人合　Nature/person unity

动态平衡　Dynamic equilibrium

以中为极　Neutrality as supreme

生活哲学　Life-philosophy

看人论事　Person-in-situation frame-of-mind

全局感知　Global mode of perception

阴阳感知　Yin-yang mode of perception

生活目标　Life-goal（motivation）

中　Neutrality

和、和谐　Harmony

内外和谐　Intrapersonal and interpersonal harmony

处世原则（信念/价值）　Living axioms（belief/value）

顾全大局　Goodness-for-all primacy

以和为贵　Harmony primacy

不走极端　Non-extremism

合情合理　Reasonableness

具体事件处理　Life-event management

择前审思　Pre-action situation appraisal

静观其变　Wait-and-see before act

审时度势　Long-term trend analysis

多方权衡　Multi-facet consideration

策略抉择　Strategy selection（optimization towards neutrality and harmony）

整合性　Integration

恰如其分　Appropriateness

变通性　Flexibility

因时制宜　Situation-oriented

执行方式　Action execution

退　Retreat

忍　Forbearance

让　Benevolence

事后反思/修正　Reflection/revision

自我修养/提升　Self-cultivation and self-elevation

个别事件反省/纠正　Post-action reappraisal and change

心理健康层面　Mental health level

行动后果　Post-action feeling

无怨无悔　No resentments and regrets

长期效应　Long-term psychological effect

安适宁静　Ease and serenity

中庸相关量表名称

（量表参见附录二，含子量表名称）

安适感量表　Feeling of Ease and Serenity Scale

趋势掌握量表　Trend Consciousness Scale

中庸处世原则成语量表　Zhongyong Living Axioms Idiom Scale

因应逆转成语子量表　Responsiveness to Reverse Change Idiom Scale

律己宽人成语子量表　Self-Disciplane/Kindness-To-Others Idiom Scale

中庸信念/价值量表　Zhongyong Belief/Value Scale

中庸实践自评量表总汇　Zhongyong Action Self-Report Inventory

多方慎思量表　Comprehensive Assessment Scale

沉着克制量表　Pre-Action Calm/Restraint Scale

事后反省量表　Post-Action Reappraisal Scale

迷惘委曲量表　Feeling of Lost and Resentment Scale

中庸阴阳感知成语量表　Yin-Yang Perception Idiom Scale

两极感知成语子量表　Bipolar Perception Idiom Scale

转换感知成语子量表　Bipolar Reversibility Idiom Scale

《中国社会心理学评论》投稿须知

  《中国社会心理学评论》是由中国社会科学院社会学研究所主办的学术集刊。本集刊继承华人社会心理学者百年以来的传统，以"研究和认识生活在中国文化中的人们的社会心理，发现和揭示民族文化和社会心理的相互建构过程及特性，最终服务社会，贡献人类"为目的，发表有关华人、华人社会、华人文化的社会心理学原创性研究成果，以展示华人社会心理学研究的多重视角及最新进展。

  本集刊自 2005 年开始出版第一辑，每年一辑。从 2014 年开始每年出版两辑，分别于 4 月中旬和 10 月中旬出版。

  为进一步办好《中国社会心理学评论》，本集刊编辑部热诚欢迎国内外学者投稿。

  一、本集刊欢迎社会心理学各领域与华人、华人社会、华人文化有关的中文学术论文、调查报告等；不刊登时评和国内外已公开发表的文章。

  二、投稿文章应包括：中英文题目、中英文作者信息、中英文摘要和关键词（3~5 个）、正文和参考文献。

  中文摘要控制在 500 字以内，英文摘要不超过 300 个单词。

  正文中标题层次格式：一级标题用"一"，居中；二级标题用"（一）"；三级标题用"1"。尽量不要超过三级标题。

  凡采他人成说，务必加注说明。在引文后加括号注明作者、出版年，详细文献出处作为参考文献列于文后。文献按作者姓氏的第一个字母依 A - Z 顺序分中、外文两部分排列，中文文献在前，外文文献在后。

  中文文献以作者、出版年、书（或文章）名、出版地、出版单位（或期刊名）排序。

  例：

  费孝通，1948，《乡土中国》，北京：三联书店。

  杨中芳、林升栋，2012，《中庸实践思维体系构念图的建构效度研究》，《社会学研究》第 4 期，第 167~186 页。

外文文献采用 APA 格式。

例：

Bond，M. H.（Ed.）（2010）. *The Oxford handbook of Chinese psychology.* New York，NY：Oxford University Press.

Hong，Y. Y.，Morris，M. W.，Chiu，C. Y.，& Benet-Martinez，V.（2000）. Multicultural minds：A dynamic constructivist approach to culture and cognition. *American Psychologist*，55，709 – 720.

统计符号、图表等其他格式均参照 APA 格式。

三、来稿以不超过 15000 字为宜，以电子邮件方式投稿。为了方便联系，请注明联系电话。

四、本集刊取舍稿件重在学术水平，为此将实行匿名评审稿件制度。本集刊发表的稿件均为作者的研究成果，不代表编辑部的意见。凡涉及国内外版权问题，均遵照《中华人民共和国版权法》和有关国际法规执行。本集刊刊登的所有文章，未经授权，一律不得转载、摘发、翻译，一经发现，将追究法律责任。

五、随着信息网络化的迅猛发展，本集刊拟数字化出版。为此，本集刊郑重声明：如有不愿意数字化出版者，请在来稿时注明，否则视为默许。

六、请勿一稿多投，如出现重复投稿，本集刊将采取严厉措施。本集刊概不退稿，请作者保留底稿。投稿后 6 个月内如没有收到录用或退稿通知，请自行处理。本集刊不收版面费。来稿一经刊用即奉当期刊物两册。

《中国社会心理学评论》编辑部

主编：杨宜音
主办：中国社会科学院社会学研究所

联系电话：86 – 10 – 85195562
投稿邮箱：ChineseSPR@ 126. com
邮寄地址：北京市东城区建国门内大街 5 号中国社会科学院社会学研究所《中国社会心理学评论》编辑部，邮编 100732

图书在版编目（CIP）数据

中国社会心理学评论. 第 7 辑/杨宜音主编. —北京：社会
科学文献出版社，2014.4
ISBN 978 - 7 - 5097 - 5428 - 3

Ⅰ.①中… Ⅱ.①杨… Ⅲ.①社会心理学 - 研究 - 中国 -
文集 Ⅳ.①C912.6 - 53

中国版本图书馆 CIP 数据核字（2013）第 293110 号

中国社会心理学评论（第七辑）

主　　编／杨宜音
本辑特约主编／杨中芳　韦庆旺

出 版 人／谢寿光
出 版 者／社会科学文献出版社
地　　址／北京市西城区北三环中路甲 29 号院 3 号楼华龙大厦
邮政编码／100029

责任部门／社会政法分社（010）59367156　　　　责任编辑／杨桂凤
电子信箱／shekebu@ssap.cn　　　　　　　　　　 责任校对／李佳佳
项目统筹／童根兴　　　　　　　　　　　　　　　 责任印制／岳　阳
经　　销／社会科学文献出版社市场营销中心（010）59367081　59367089
读者服务／读者服务中心（010）59367028

印　　装／三河市尚艺印装有限公司
开　　本／787mm×1092mm　1/16　　　　　　　印　　张／17.75
版　　次／2014 年 4 月第 1 版　　　　　　　　　 字　　数／315 千字
印　　次／2014 年 4 月第 1 次印刷
书　　号／ISBN 978 - 7 - 5097 - 5428 - 3
定　　价／59.00 元